高等学校语言文学教材系列

普通逻辑学
General Logic

闫坤如　著

暨南大学出版社
JINAN UNIVERSITY PRESS

中国·广州

图书在版编目（CIP）数据

普通逻辑学 / 闫坤如著. —广州：暨南大学出版社，2013. 8
（高等学校语言文学教材系列）
ISBN 978 - 7 - 5668 - 0706 - 9

Ⅰ. ①普…　Ⅱ. ①闫…　Ⅲ. ①形式逻辑—教材　Ⅳ. ①B812

中国版本图书馆 CIP 数据核字（2013）第 175853 号

出版发行：暨南大学出版社

地　址：中国广州暨南大学
电　话：总编室（8620）85221601
营销部（8620）85225284　85228291　85228292（邮购）
传　真：（8620）85221583（办公室）　85223774（营销部）
邮　编：510630
网　址：http：//www. jnupress. com　http：//press. jnu. edu. cn

排　版：弓设计
印　刷：佛山市浩文彩色印刷有限公司

开　本：787mm × 1092mm　1/16
印　张：17. 75
字　数：350 千
版　次：2013 年 8 月第 1 版
印　次：2013 年 8 月第 1 次

定　价：36. 00 元

前 言

逻辑学是一门古老的学科，至今已有2 000 多年的历史。逻辑学是研究思维形式及其规律的一门学科，通过研究语言的形式结构来实现对思维形式结构的研究，它对思维形式结构的认定必须借助于对相关语言形式的分析。逻辑学本身并不能直接提供任何具体的科学知识，但任何科学知识都需要借助思维形式结构来承载具体的思维内容，逻辑学的基本理论在其他学科的研究里被当作普遍适用的原则和方法。

在几千年的人类认识史和科学史上，逻辑一直是在人们思维认识中起着决定性作用的方法和工具。逻辑思维是批判性思维和创造性思维的核心与基石，逻辑学是一门基础性和工具性的学科。首先，逻辑学的基本理论是其他学科普遍适用的原则和方法；同时，它不仅能够为人们获取知识、论证思想提供必要的逻辑工具，也能为包括基础学科在内的一切科学提供逻辑分析、逻辑批判、逻辑推理、逻辑论证的工具。总而言之，逻辑学作为人们进行思维所必须运用的思维工具，是任何学科都离不开的，它的重要性毋庸置疑。1974 年联合国教科文组织编制的学科分类中，逻辑学位列七大基础学科的第二位，排位如下：数学、逻辑学、天文学和天体物理学、地球科学和空间科学、物理学、化学、生命科学。1977 年版的《英国大百科全书》将逻辑学列为知识的五大分科之首，即逻辑学、数学、科学（包括自然科学、社会科学和技术科学）、历史科学和人文科学（主要指语言文字）、哲学。

尽管如此，逻辑学在国内还是没有得到足够的重视。逻辑学往往作为专业课程来开设和讲授，而没有作为培养人的思维能力的必备工具，因此容易导致现代人的逻辑思维能力特别是批判性思维能力和创造性思维能力薄弱。同时，国内的各种考试认识到了逻辑思维能力对于人的培养的重要性，像公务员考试、工商管理硕士（MBA）入学考试以及硕士学位研究生入学资格考试（GCT）等却有大量考试内容涉及逻辑学。这种差异性导致国内的逻辑学著作和教材的发展呈现两个典型的趋势：第一是专业化，第二是应试化。专业化导致的结果是符号化的语言可以满足专业交流的需要，但很难达到普及的效果；应试化导致的结果是逻辑学的知识结构不够系统，仅根据考试的内容而定。

基于以上现象，笔者编著了一本避免过于专业化、能够系统地介绍逻辑学知识的著作。本著作具备以下特色：

第一，专业性和普及性相统一。这本著作既是研究逻辑学的导论性的专门性著作，也可以作为在本科生和研究生中普及逻辑学的工具性教程。此外，笔者也在书中介绍了最新的研究性成果。

第二，通俗易懂，便于读者掌握逻辑学相关知识。内容表述和例子尽量采用读者喜闻乐见的形式，在内容讲授中备有思考题，章节后面还有练习题和拓展训练题，学习完一章的内容之后，可以通过练习题达到巩固的目的。如果读者的时间和精力有余，还可以通过拓展训练题达到开拓思维和提高逻辑学基本知识的运用能力的目的。

第三，系统性。本著作不同于各种应试的逻辑学辅导书，而是系统地介绍逻辑学的基础知识，提高读者的批判性思维和创造性思维能力，进而使得读者能够系统地掌握逻辑学知识。既能够“知其然”，更能够“知其所以然”。

为了方便教师教学和学者进行科研活动，本著作的思考题、综合测试题及其答案都可以在暨南大学出版社网站直接下载，以供教师参考，或在科研和教学中应用；也可以供研究者通过练习题得到锻炼，加深对逻辑学的认识，并习惯把自然语言进行符号化的研究方式。

本书出版得益于暨南大学出版社杜小陆先生的提议和策划，同时对出版社所有为本书付出辛勤劳动的工作人员表示衷心的感谢。

此外，还在此感谢所有为本书提供参考资料以及修改意见的人。笔者才疏学浅、力有不逮，错误、疏漏之处在所难免，恳请各位同行和读者不吝赐教！

目　录

第一章　导　论

第一节　逻辑和逻辑学

一、逻辑和逻辑学

“逻辑”是个外来音译词，源于“logic”这个英文词，就像“芭蕾”、“维他命”、“坦克”等词一样是由英文音译过来的。英文词“logic”又来源于希腊文 λόγος（逻各斯），原意是指思想、言辞、理性、规律性等。在中国的传统逻辑理论中没有用“逻辑”这个词，而是按照中国传统文化中的逻辑思想把西方的逻辑著作译为“名学”、“辩学”、“理则学”、“论理学”等，如李之藻把西方的逻辑著作译为《名理探》，严复则把穆勒的逻辑思想译为《穆勒名学》，后来他又把“名学”音译为“逻辑”。

在现代汉语语境中，“逻辑”是一个多义词。根据不同的语境，“逻辑”这个词的含义一般可以分为以下几种：

（1）事物本身发生、发展的规律。如“‘物竞天择，适者生存’是自然界的逻辑”、“中国社会主义市场经济发展的逻辑”等。

（2）思维的规则、规律。如“这种想法有悖于逻辑”、“作出合乎逻辑的结论”等。

（3）某种奇怪的、反常的观点或主张。如“‘只许州官放火，不许百姓点灯’是流氓逻辑”、“‘红包’不算商业贿赂是什么逻辑”、“‘只因为你们的矿产太丰富了，所以我们要来开采、运走’是帝国列强的强盗逻辑”等。

（4）一门研究思维形式及其规律的学科。如“亚里士多德是逻辑学之父”、“学点逻辑是学好美学的基本条件之一”等。

二、逻辑学的产生和发展

逻辑学是一门历史悠久的学科，古希腊、古中国和古印度是它的三个发源地。早在两千多年前，这三大古国的学者们就有了各自的逻辑学思想。

古希腊是逻辑学的主要发源地之一，西方逻辑学具有相对完整的历史。德谟克利特、苏格拉底、柏拉图等学者对逻辑学的演绎、归纳、定义划分等都有自己独到的见解。古希腊学者对逻辑学进行了全面、系统的研究，其中的佼佼者当属亚里士多德。亚里士多德被称为“逻辑学之父”，其是古典形式逻辑的创始人。他第一个全面、系统、自觉地研究了人类的逻辑思维问题。在总结、概括当时各门学科成果与前人研究的基础上，亚里士多德以反对诡辩为目的，创立了以三段论为中心，包括论辩的、分析的、非分析的、归纳的本体论的逻辑学。他著作颇多，在《范畴篇》、《解释篇》、《前分析篇》、《后分析篇》、《论辩篇》和《辩谬篇》中，亚里士多德研究了概念、判断、三段论等逻辑内容。在《形而上学》中研究了不矛盾律和排中律等逻辑规律，奠定了西方逻辑学发展的基础。

亚里士多德之后，古希腊的斯多葛学派对逻辑学中的判断逻辑进行了研究，推动了传统逻辑学的发展和完善。

中世纪，为教会服务的经院哲学束缚了人们的思想，逻辑学也成为论证上帝存在的工具。随着自然科学的发展和实践科学的繁荣，演绎逻辑的不足日益显现，归纳逻辑的意义日益凸显。英国哲学家培根在批判亚里士多德的基础上，创建了归纳逻辑。归纳法得到了笛卡尔等人的继承和发展，并由穆勒将归纳方法系统化，提出了寻找因果关系的五种归纳方法，即“穆勒五法”。自此，归纳方法作为和演绎方法同等地位的逻辑学方法进入了逻辑学体系。

德国的哲学家和数学家莱布尼茨提出了用数学方法处理逻辑问题的设想，为现代数理逻辑的发展奠定了基础。之后经过布尔、弗雷格、罗素、怀特海等学者的努力，数理逻辑作为一门新兴的学科得以确立并日渐成熟，且被广泛应用于现代科学研究的各个领域。

而在我国春秋战国时期，诸侯争霸、思想活跃，当时知识分子中不同学派的涌现及各流派争芳斗艳、纵横论辩的文化繁荣，出现了历史上有名的以阴阳家、儒家、墨家、名家、法家等为代表的百家争鸣的局面。各学派的论辩过程中包含了丰富的逻辑学思想，最具代表性的是墨家学派。墨子在《墨经》中提出了“以名举实，以辞抒意，以说出故”。这里的“名”指的是概念，“辞”指的是判断，“说”指的是推理，包含了传统逻辑的概念、判断、推理等核心逻辑思想。在《墨经》中还包含了对逻辑规律、逻辑推理形式以及概念划分等逻辑学核心内容的阐释，奠定了中国逻辑学的基础。名家代表人物公孙龙在《白马论》中提出了“白马非马”的论证，从概念类的属种关系来分析“马”和“白马”这两个概念，揭示了一般和个别的关系。古代中国的逻辑学基于名辩学说，虽没有提出三段论式的论证体系，但其逻辑思想丰富，创立了独特的逻辑学体系。

古代印度的逻辑学思想主要基于“因明学说”。“因明”作为佛教逻辑的专称，主要是指古印度关于推理、论证的学说。“因”是指推理的根据、理由，“明”是指知识、智慧。所以因明是指通过宗、因、喻等所组成的论式进行推理、证明的学问。从思想上说，因明包括逻辑学和认识论。在陈那（Dinnāga）的《因明正理门论》（梵文 Hetuvidyā nyāya dvāra śāstra）和商羯罗主的《因明入正理论》（梵文 Nyāya prave śatāka śāstra）等著作中，对推理和论证都进行了详细的阐述，形成了古代印度特有的逻辑学思想。陈那提出的“三支论式”，认为每个推理都是由“宗”、“因”、“喻”三个部分构成。就像三段论的三个组成部分一样，这里的“宗”指的是三段论的结论，“因”指的是三段论的小前提，“喻”指的是三段论的大前提。

宗　此山有火
因　此山有烟
喻　有烟必有火

由此可见，古代印度的“三支论式”与古希腊亚里士多德的三段论推理形式基本相同。

古代希腊的亚里士多德逻辑、古代中国的名辩学体系以及古代印度的因明逻辑并称为世界三大传统逻辑。

三、逻辑学的分类

作为一门学科，逻辑学具有狭义和广义之分。广义的逻辑学指的是研究思维形式、思维形式的结构和思维规律的学科。除研究推理形式外，也研究与推理形式相关的各种判断形式、词项及其种类、关系、定义、划分等，还研究认识现实的一些逻辑方法以及逻辑理论的应用。狭义的逻辑学一般指的是研究思维形式的逻辑。根据不同的界定，逻辑学可以划分为以下分支体系：

（1）按照年代划分：古代逻辑、中世纪逻辑、近现代逻辑、当代逻辑等；

（2）按照地域划分：东方逻辑（印度因明、中国先秦名辩）、西方逻辑等；

（3）按照研究内容划分：词项逻辑、判断逻辑等；

（4）按照逻辑发展的历程划分：传统逻辑（传统演绎逻辑和传统归纳逻辑）和现代逻辑（现代演绎逻辑和现代归纳等逻辑）等；

（5）按照逻辑研究的方法划分：形式逻辑（如数理逻辑、公理逻辑）、非形式逻辑（如自然语言逻辑、辩证逻辑）等；

（6）按照逻辑研究的层次划分：基本逻辑（标准逻辑和非标准逻辑）、元逻辑（逻辑句法学、逻辑语义学、逻辑语用学）、应用逻辑（逻辑在哲学中的应用、逻辑在数学中的应用、逻辑在自然科学中的应用）等。

逻辑学可分类如下：

- 逻辑学
  - 基本逻辑
    - 标准逻辑
      - 判断逻辑
      - 谓词逻辑
    - 非标准逻辑
      - 多值逻辑
      - 模态逻辑
      - 模糊逻辑
      - 直觉主义逻辑
      - 相干逻辑
  - 元逻辑
    - 逻辑句法学
    - 逻辑语义学
    - 逻辑语用学
  - 应用逻辑
    - 认知逻辑
    - 哲学逻辑
    - 问题逻辑
    - 规范逻辑
    - 时态逻辑
    - 量子论逻辑
    - 电路分析逻辑
    - 控制逻辑
    - 次协调逻辑

第二节　逻辑学的研究对象

一、逻辑学的研究对象

每一学科都有自己独特的研究对象，逻辑学是研究思维的逻辑形式、逻辑过程及其基本规律的学科。恩格斯指出："逻辑是关于思维过程本身的规律的学说。"① 逻辑学的研究内容如下图所示：

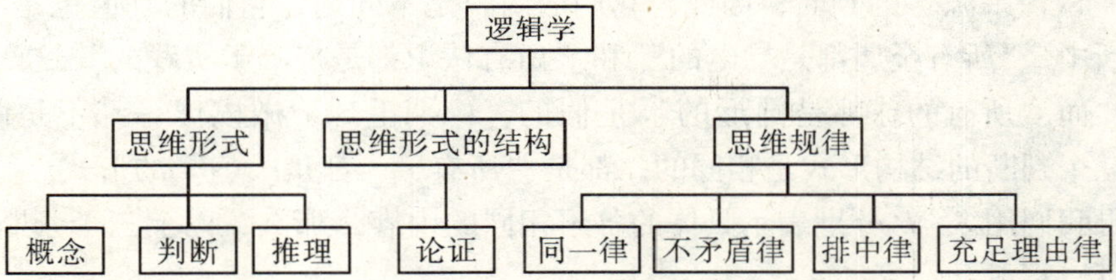

逻辑是关于思维的科学。那什么是思维呢？思维是人脑的一种特殊功能，是人脑对于客观事物间接的、概括的反映，是同人的认识过程紧密联系的。有人把思维分为形象思维和抽象思维。所谓形象思维主要是用直观形象和表象解决问题的思维，其特点是具体形象性、完整性和跳跃性。形象思维的基本单位是表象，它是用表象来进行分析、综合、抽象、概括的过程。而抽象思维的基本单位是概念，人们通过概念进行判断和推理，概念、判断、推理是抽象思维的基本形式。抽象思维是人类特有的思维形式。逻辑学主要是研究人类的抽象思维，研究人类的思维形式、思维形式的结构和思维规律。

二、思维形式

思维内容指的是思维所反映的特定的对象及其属性。思维形式指的是思维内容的反映形式（概念、判断和推理等）。逻辑学就是一门从思维内容中抽出思维形式加以研究的学科。思维的逻辑形式就是不同思维内容的判断和推理所具有的共同的构成方

---

① 中共中央马克思恩格斯列宁斯大林著作编译局．马克思恩格斯选集（第四卷）．北京：人民出版社，1995．253．

式或形式结构。

人的思维的内容是各不相同的，但其构成方式或形式结构却是可以相同的。比如：

所有金属都是导电的，
所有的球都是圆形的，
所有认识都是来源于实践的。

上面几句话的内容完全不同，判断本身也有真有假。其中第一个判断的内容是关于“金属”属性的，第二个判断的内容是对“球”的属性的认识，第三个判断的内容是对“认识来源”的判断，因此，它们的内容是不同的，它们的真值也是不同的。三个判断中，“所有金属都是导电的”和“所有认识都是来源于实践的”这两个判断是真的，而“所有的球都是圆形的”是假的，像羽毛球、橄榄球等都不是圆形的。但以上三个判断的结构形式是相同的，都是“所有……都是……”的形式。

如果我们用 S、P 分别表示具体的各不相同的内容，那么，以上三个判断的共同形式就可以写成：

所有 S 都是 P

我们就把“所有 S 都是 P”作为以上三个判断共同的结构形式，这种共同的结构形式就是逻辑学所要研究的逻辑形式。任何逻辑形式都是由逻辑常项和逻辑变项两部分构成的，逻辑常项是指在一个逻辑形式中有确定的逻辑含义并始终保持不变的部分，比如上述的“所有”、“都是”。逻辑变项是指在一个逻辑形式中可变的部分，可以用不同的具体概念或判断来加以代换，如上述的“S”、“P”。

三、推理和论证

推理是研究一系列判断组成的思维形式或过程。推理是一个判断序列，其中一个判断是结论，其余的是前提。在推理的日常规范表达中，在“所以”、“因此”等语词后面的是结论，其余的内容是前提。比如以下两个推理：

A：所有的金属都是导电的，
铁是金属，
所以，铁是导电的。

B：金是导电的，
　　银是导电的，
　　铜是导电的，
　　铁是导电的，
　　锡是导电的，
　　金、银、铜、铁、锡都是金属，
　　所以，金属都是导电的。

以上两个推理都是关于“金属”的“导电性”的，因此，在思维内容上具有相似性，但是两个推理的思维形式是不同的。

论证是用一个或一些已知为真的判断去确定另一判断的真实性的思维过程。论证是一个推理序列，包含了一系列推理，且上一个推理的结论也许充当了下一个推理的前提。论证是由已有的正确的前提到被论证的正确的结论一连串的推理过程，无论是在科学研究，还是人们的日常生活中，论证都是经常被采用的思维方式。一个论证由三要素组成，即论题（或称论点）、论据和论证方式。论题就是要通过论证来确定其真实性的判断。论据就是用来确定论题的真实性的判断，它是使论题得以成立的理由或根据。用作论据的判断一般有两类：一类是已被确认的有关事实的判断；另一类则是表述科学原理（包括定义、公理、已证定理、定律）的判断。论证方式，即论题与论据间的联系方式，是指论证过程中采用的推理形式。例如，在巴基斯坦影片《人世间》中，女主人公拉基雅的丈夫恶贯满盈，最后被人枪杀，拉基雅因开了枪而被认为是凶手。正直的律师曼索尔证明了拉基雅不是杀死她丈夫的凶手，她是无辜的。曼索尔是这样证明的：

如果拉基雅是凶手，那么她手枪中的五颗子弹必然最少有一发打中了她的丈夫。而经过现场检查，她手枪中的五发子弹都打在对面的墙上，打在墙上，当然没有打中她丈夫。再者，如果拉基雅是杀死她丈夫的凶手，那么，子弹一定是从正面打进她丈夫的身体的，因为拉基雅是面对面地对她丈夫开了枪。但是，经过法医检查，尸体上的子弹是从背后打进去的。

在这个例子中，律师曼索尔用了两个充分条件假言推理的否定后件式，通过两次演绎论证，证明了“拉基雅不是凶手”这个论题。

四、思维规律

逻辑学除了对思维形式和思维内容进行研究外，它的研究对象还包括思维规律。逻辑学的思维规律一般包括同一律、不矛盾律、排中律和充足理由律等。这些基本规律是确保我们思维有确定性、一贯性和明确性的必要条件，其对人们的思维具有指导作用。

五、逻辑方法

逻辑学的简单逻辑方法是反映思维对象的抽象同一性、确定性和单一性的逻辑方法。主要包括：限制、概括、定义、划分、寻求因果联系的方法以及回溯方法等。关于思维规律和简单逻辑方法的具体内容我们到后面有关章节再进一步学习和把握。

第三节　逻辑学的性质

逻辑学是撇开思维的具体内容来研究思维的逻辑形式、思维形式的结构以及思维的基本规律的学科，由此决定，逻辑学只提供形式推理，并不提供事实真理。也就是说，逻辑学只要求揭示思维规律、提供思维方法，而不涉及经验内容，逻辑判断的经验内容由其他学科来检验真假，而逻辑学研究的对象及其特点决定了它是一门工具性的科学。普通逻辑学属于具有基础性和工具性的学科，逻辑学基本知识是各门科学和哲学所共同预设的基础知识，它为各门科学和哲学提供共同使用的推理和论证工具。

1. 逻辑学具有工具性

逻辑学是一门工具性的科学，它是人们正确思维、论证和表述的必要工具。逻辑学研究思维的逻辑形式及其规律，它规定了运用概念构成判断进行推理的规律、规则。同时，逻辑学也是论证和表述的必要工具。任何人要正确思维、认识世界、论证和表述思想，都要运用有效的逻辑形式，都要遵守逻辑规律。逻辑学能够为人们获取新知识，表述论证思想提供必要的逻辑手段和方法，它是人类进行思维活动和思想交流不可或缺的手段与工具。

2. 逻辑学具有基础性

逻辑学是一切科学的基础。在联合国教科文组织编制的学科分类中，逻辑学是与数学、天文学和天体物理学、地球科学和空间科学、物理学、化学、生命科学并列的七大基础学科之一。逻辑学在各门学科的建立、融合和发展中起到了基础理论性作用，各门学科都以逻辑学的应用为基础构建了其理论体系，逻辑学基本知识是各门科学和哲学所共同预设的基础知识，它为各门科学和哲学提供共同使用的推理和论证工具。

3. 普通逻辑具有全人类性

不同时代、不同民族甚至不同地域的自然语言是不同的，但是，语言所表达的推理或者论证的形式是可以相同的。而逻辑学所研究的逻辑形式及其规律则是从整个人类思维的发展过程中概括出来的，是对客观规律的反映。不论哪个时代、哪个民族、哪个地区，其逻辑推理、论证遵循的规律、规则都是相同的。因此，作为研究思维形式的普通逻辑具有全人类性。

第四节　学习逻辑学的意义及方法

一、学习逻辑学的意义

逻辑学作为人们进行思维所必须运用的思维工具，是任何学科都离不开的，它对提高人们的思维能力具有重要意义。逻辑作为正确思维、论证和表述的必要工具，任何理论工作者和实践工作者都离不开它。逻辑学在现代教育、科学、文化发展中日益显现出它的重要性。

1. 学习逻辑学有助于提高人们的逻辑思维能力，有助于人们识别、揭露谬误，反驳诡辩

任何一个正常的人都具有进行逻辑思维的能力，但水平有很大差异。一个人的逻辑思维能力越强，对知识的理解越透，掌握得越牢固，运用就越灵活。因此，培养和提高人们的逻辑思维能力，是提高我们整个民族科学文化水平的一个重要方面。学习逻辑学可以使人们自发地上升为自觉运用逻辑形式进行思维活动，对防止和纠正错误具有重要的意义。

在工作和日常生活中，逻辑可以帮助我们随时分析情况，作出正确判断，使我们少犯逻辑错误。

例 1：“你说你爸爸才六岁，和你一样大?”“当然是啦！他是我生下来才开始做爸爸的呀！”

例 2：甲：水能淹死人，茶杯里的水也是水，所以茶杯里的水也是能淹死人的。

例 3：只要是男孩子就不会胆小，我不是男孩子，所以我胆小。

以上都是属于违背逻辑规律的例子，学习逻辑学后有助于主动避免违背逻辑规律，犯以上类型的错误。

2. 学习逻辑学有助于提高推理能力，获取新知识和认识新事物

人们要获得正确的知识和认识新事物，就必须正确地进行思维活动，而逻辑学正是为人们正确地进行思维活动提供了规范。学习逻辑学，可以帮助人们根据来源于实践并经过实践检验的真实知识，经过正确的推理，推出新知识。这是认识世界所不可或缺的逻辑环节，是获取正确知识的必要条件。运用逻辑知识作出重大发现的事实，在科学发展史上比比皆是。

凯库勒为了弄清苯分子的结构进行了长期的艰苦探索。1865 年的一天，他昏昏欲睡，不久便进入梦乡。在睡梦中，他似乎觉得碳原子都活了起来，在他眼前翩翩起舞……突然一条碳链像蛇一样盘成一圈。凯库勒从梦中惊醒过来，不禁大喊一声：“我找到了！”他的答案是：苯分子是像手镯一样的环状结构。

凯库勒提出苯分子的结构，虽产生于睡梦惊醒的那一刻，但实际上是他对苯分子结构作了长期研究之后并受到环状手镯的启发而突然想到的。

3. 学习逻辑学有助于正确地表达思想

思维是表达的前提和基础。只有思维合乎逻辑，表达才能清楚准确和鲜明生动。不合乎逻辑就容易闹笑话。比如，下面韩复榘的讲话就犯了逻辑错误，闹了大笑话。

解放前，盘踞山东的大军阀韩复榘，是个不学无术的大草包，可他却常常装出一副很有学问的模样，到处发表演讲。有一次，正值齐鲁大学校庆，他也赶去凑热闹。屁股还没坐稳，就发表演讲了。

“诸位，各位：今天是什么天气？今天是演讲的天气。开会的人来齐了没有？看样子大概有个五分之八啦，没来的举手吧！很好，都到齐了。你们来得很茂盛，敝人也实在很感冒……今天兄弟召集大家，来训一训，兄弟有说得不对的地方，大家应该互相谅解。因为兄弟和大家比不了，你们是文化人，都是大学生、中学生和留洋生，

你们这些乌合之众是学科学的、学化学的，都懂七八国的英文，兄弟我是大老粗，连中国的英文也不懂。……你们是从笔筒里爬出来的，兄弟我是从炮筒里钻出来的，今天到这里讲话，真使我蓬荜生辉，感恩戴德。其实我没有资格给你们讲话，讲起来嘛就像……就像……对了，对牛弹琴。”正当听众哭笑不得之时，他又提示性地交代：

“今天不准备多讲，先讲三个纲目。蒋委员长提倡的新生活运动，兄弟我举双手赞成，就是一条，‘行人靠右走’着实不妥，实在太糊涂了，大家想想，行人都靠右走，那左边留给谁呢？还有件事，兄弟我想不通：外国人都在北京的东交民巷建了大使馆，就缺我们中国的。我们中国为什么不在那儿也建个大使馆？说来说去，中国人真是太软弱了！”

第三个纲目讲他进校的所见，就学生的篮球赛，他痛斥总务处长说道：“要不是你贪污了，那学校为什么这样穷酸？十来个人穿着裤衩抢一个球像什么样子，多不雅观！明天到我公馆再领笔钱，多买几个球，一人发一个，省得再你争我抢。”

学习逻辑学可以避免犯这种不能正确表达思想的错误。

4. 学习逻辑学有助于提高工作效率

学习逻辑学有助于人们在较短的时间内综合分析大量材料，处理众多信息，提高工作效率和学习效率。学习逻辑学的根本意义，是训练和提高人们的逻辑思维能力，促进人们自觉地运用逻辑知识，提高学习和工作的质量。比如：

某人拜师学习，第一天老师教他“一”，第二天教他“二”，第三天教他“三”。第四天他就不学了，认为都学会了。第五天，其父叫他写个“万”字，他自认为“万”字就是画一万画，结果写了一上午才写了400画。

这个故事就犯了简单归纳的错误，学习逻辑学有助于避免这种错误，提高工作效率。

5. 学习逻辑学有助于应对需要逻辑素质能力的考试

现在的考试，越来越需要逻辑素质水平。不管是硕士学位研究生入学资格考试（GCT）、公共管理硕士（MPA）的考试，还是公务员考试中《行政职业能力测试》的定义判断、图形推理、类比推理、演绎推理等，都主要依赖于逻辑学知识，如果缺乏逻辑思维能力，则难以应对众多考试，而系统学习逻辑学则为有关逻辑思维能力的考试提供基础理论知识。

某部门响应为灾区捐款，其中有一人捐款没有留名，下面5个人说的话，只有1

个人说的是真的，其余的为假。

刘新说，是小明或者小兵。

叶青说，是陈波。

陈波说，不是小兵也不是小明。

周航说，不是汪敏就是陈波。

李宁说，肯定不是谢军。

通过学习逻辑学，利用逻辑学基本规律中的不矛盾律“两个互为矛盾的判断，不能同时为真”，我们会轻而易举得出结论。因此，学习逻辑学有助于理清思路，在各类涉及逻辑学的考试中取得好成绩。

二、学习逻辑学的方法

1. 学会和习惯形式化的逻辑分析，在理解的基础上把握各种逻辑形式的特征

逻辑是形式化的学科，学会把具体问题“形式化”，也就是要学会撇开具体内容，抽象出思维的逻辑形式。简而言之，就是学会用字母和符号来代替语言文字表述的具体问题。不能拘泥于自然语言，更不能纠结于自然语言表达的具体内容。学习逻辑学就是要掌握把具体问题形式化的方法，会把复杂的问题分析得简单明了，这样就更容易理解和掌握各种逻辑形式的特征和关系。

2. 注重理论联系实际

逻辑学侧重于逻辑思维能力的考察，逻辑学的应用主要侧重于对具体问题的分析，对逻辑学知识的应用非常灵活。所以，单纯死记硬背不能解决实际问题，必须在平时多下功夫，加强训练，提高解决问题的能力。

3. 要循序渐进，多做练习，保持良好的心态

逻辑学是工具性、基础性的学科，不能一蹴而就，对学习逻辑学不能抱着急于求成的心态。必须转换思维模式，循序渐进，习惯形式化的思维，保持良好的心态，多做练习，才能熟悉和把握逻辑学的知识，从而为其他学科的学习和研究奠定良好的基础。

第二章 概 念

第一节 概念及其特征

一、概念的定义

概念（也称词项）是反映思维对象的本质属性和特有属性的思维形式。所谓的思维对象指的是人们思维活动所涉及的一切事物及其特性。思维对象的范围非常广泛，既包括山川湖泊、日月星辰、蚊虫鼠豹、鸡鸭鱼狗、梅兰竹菊等宏观物质，也包括量子、原子、分子等微观物质，还包括场、能量等物质，还有国际、阶级、商品等抽象的对象，这些都是逻辑学的思维对象。

事物具有属性，所谓的概念就是对思维对象的本质属性和特有属性的界定。属性是指对象具有的性质及对象之间的关系，包括本质属性和非本质属性。本质属性是决定一事物之所以成为该事物而区别于其他事物的属性，某事物固有的规定性和与其他事物的区别性是本质属性的两个特点。非本质属性指对事物的存在和发展起辅助作用的属性。比如，“商品”的本质属性就是“用来进行交换的劳动产品”，而“商品”的“产地、花色”等就是“商品”的非本质属性。“哺乳动物”的本质属性是“胎生”，而“肢体大小、毛色、体温”等则是“哺乳动物”的非本质属性。人的本质属性就是“人性”，即“能思维、会说话、能制造和使用生产工具进行劳动”，而非本质属性是对“肤色、身高、性别”等方面的界定。

人类对事物的本质属性的认识也是一个不断深化的过程。比如对“人”的本质属性的认识。古希腊哲学家柏拉图的认识是“人是两足无毛直立行走的动物”。他的一个学生把一只鸡拔光了毛，开玩笑说：“这就是柏拉图的‘人’！”原因就在于柏拉图没有把“人”的本质属性表述出来。法国哲学家帕斯卡尔把“人”比作“会思考的芦苇”。中国古代对“人”的定义是“有历史典籍，能把历史典籍当作镜子以自省的动物”。那些没有历史典籍的部族，虽有语言，能使用工具劳动，都只能算野蛮动物，其邦族称号在汉字中都从犬旁。直到我们把“人”界定为“能够制造和使用工具的动物”才真正揭示了“人”的本质属性。

二、概念和语词

概念和语词既有联系又有区别。概念作为一种思维形式，它所反映的内容是通过语词来表达的。没有语词，概念是无法表达的。概念是语词的思想内容，语词是概念的语言表达形式。

概念和语词的区别主要表现在以下几个方面：

（1）概念不能直接感知，语词可以直接感知。概念是对思维对象的反映，是人们头脑中的东西，不能为人们所直接感知；而语词是表达思维对象的声音、符号或笔画，是概念的物质外壳，能为人们所直接感知。

（2）概念没有民族性，而语词具有民族性。不同的国家、地区、民族可以用不同的语言文字表达同一个概念，概念是不同民族语言内部的事物的本质属性。

（3）概念和语词并非一一对应。两者具有下列三种情况：

①任何概念都要用语词表达，但并非任何语词都表达概念。在现代汉语中，实词反映了一定事物，具有实在意义，能够单独充当句子成分的实词表达概念。如河流高山、跑跳投、高矮胖瘦、我你他等名词、动词、形容词、数词、量词、代词等语词就可以表达概念。没有实在意义的虚词，如之、其、于、以、而、则、乃、若、且、者、为、然、是、此、斯、彼、何、安、孰、胡、虽、虽然、然而、然则、也、矣、乎、哉、焉、耳等语词就不能表达概念。

②同一个概念可以用不同的语词表达。土豆可以用洋芋、马铃薯、薯仔等语词来表达；馄饨可以用云吞、抄手、扁食等语词来表达；菠萝可以用凤梨、番梨等语词来表达；老婆这个概念可以用妻子、拙荆、糟糠、夫人、内人等语词来表达。这些不同的语词都表达了同一种概念。

③同一个语词在不同的语境中可以表达不同的概念。“杜鹃”既可以指一种叫“杜鹃”的鸟，也可以指一种叫“杜鹃”的花；“白头翁”有的时候指的是一种鸟，有的语境中表达的是一个白头发老头；“赛先生”在“五四”运动时期指的是科学，现在可能指的是姓赛的男子。在三段论推理中有时出现“四概念错误”，常常就是因为在同一条件下，同一语词表达了不同的概念，“四概念错误”就是混淆了概念在不同语境中不同的表达方式。例如，“中国人是勤劳勇敢的，懒汉朱八戒是中国人，所以，懒汉朱八戒是勤劳勇敢的”。其中，第一个语词“中国人”在语境中表达的是集

合概念，它指的“中国人”是作为一个整体具有的特征，第二个语词“中国人”在语境中表达的是个体概念，它指的“中国人”是作为个体具有的特征，这个例子就是混淆了语词在不同语境中表达的不同概念而犯了逻辑错误。

我们看下面两个小笑话：

A：几个中国人和外国朋友在一次吃饭的时候，一人说出去方便一下，老外不知道“方便”的意思，旁人告诉他方便就是“上厕所”的意思。敬酒时，另一人对老外说，希望下次出国时能给予方便，老外纳闷不敢问。酒席上，有个电视台的美女主持人提出，在她方便的时候会安排老外做专访。老外愕然：怎么能在你方便的时候？美女主持人说：“那在你方便时，我给你安排做个专访。”老外迷惑不解。

B：阿呆过年给阿雄送红包的时候，两人的对话颇有意思。

阿雄：“你这是什么意思？”

阿呆：“没什么意思，意思意思。”

阿雄：“你这就不够意思了。”

阿呆：“小意思，小意思。”

阿雄：“你这人真有意思。”

阿呆：“其实也没有别的意思。”

阿雄：“那我就不好意思了。”

阿呆：“是我不好意思。”

通过以上两个小笑话我们可以看出，语词在不同的语境中可以表达不一样的概念。第一个小笑话里面的语词“方便”在不同的语境中有“上厕所”、“关照”和“空闲”等含义。第二个小笑话中的语词“意思”在不同的语境中也有不同的含义。因此，我们在思考问题或者谈论问题的过程中，必须在同一意义上使用语词以表达确定的概念，而不允许混淆或者偷换，否则就犯了“偷换概念”的错误。

从理论上讲，概念是对象本质属性的反映，它是确定的。而语词是语言的组成部分，它随着语种的不同，语言习惯的不同而改变，所以就形成了概念和语词不一一对应的现象。

还有一种是概念和语词的特殊用法，在不同语境中有不同的理解。比如，对于两会召开期间的某个报纸的标题“新疆代表团长途跋涉来到北京”和南京长江大桥上面的欢迎标语“南京市长江大桥欢迎您”。如果有人认为“新疆代表团”的团长的名字叫“途跋涉”，“南京市市长”的名字叫“江大桥”，就犯了逻辑错误，因为在这两个语句中，“团长”和“市长”在此种语境下是两个字，而不是语词，即使这两个字在其他场合能够表达两个概念，在这里也不构成两个语词。

三、概念的逻辑特征——内涵与外延

概念作为一种思维的现象，它一开始就是和语言中的词汇联系在一起的，不依附于语言的概念在各类科学中几乎是不存在的。但概念又不等同于语言，语言在不同的组合中所表达的概念往往大相径庭。

例如，“白”可以表示“雪”的颜色，在“明白”和“真相大白”中就表示“清楚”；在“白吃”、“白看”中就表示“无代价的”；在“白区”、“白军”中就表示“反动的”；在“写白字”和“念白字”中就表示“错误的”；在“一穷二白”中表示“没有文化”等。

动词“打”在不同语言中所表达的概念也是不同的。“打”字在“殴打”中是“攻击”的意思，如文天祥《过零丁洋》中的“身世浮沉雨打萍”；在“打首饰”中是“做，造”的意思；在“打灯笼”中是“举起”的意思；在“打这边走”中是“从这边走”的意思，如“你打华州，须从这条路走”（《水浒传》）；“打柴”中是“割或者砍”的意思，如“只在左近人家佣工，替人家挑土打柴”（《儒林外史》）；“打”也有“除去”的意思，如“风流总被，雨打风吹去”（辛弃疾《永遇乐·京口北固亭怀古》）；“打”也有“摇荡”的意思，如“西江水阔吴山远，却打船头向北行”（王建《扬州寻张籍不见》）。

1. 概念的内涵和外延

所谓概念的内涵就是概念所反映对象的本质属性。概念的内涵是概念质的方面，它回答对象“是什么”或“什么样”的问题，说明概念所反映的对象是什么。概念的外延所指的是概念所反映对象的类，概念的外延是概念量的方面，它回答对象“有哪些”或“是哪些”，概念的外延是概念所包含的对象范围。

宗教是现实世界在人们主观意识中的虚妄的、颠倒的反映。目前世界上流行的宗教有基督教、佛教和伊斯兰教，有些国家还有自己独特的宗教，比如，中国的道教、日本的神道教、印度的印度教、犹太的犹太教等。

上述宗教的内涵指的是“现实世界在人们主观意识中的虚妄的、颠倒的反映”，宗教的外延指的是“基督教、佛教、伊斯兰教、中国的道教、日本的神道教、印度的印度教、犹太的犹太教”。又如，“商品”概念的内涵指的是“用来交换的劳动产品”，而“服装鞋帽、锅碗瓢盆、食品家电、电子产品”等都属于“商品”的外延。

内涵指的是概念的定义，外延指的是这个概念包含的对象。概念的内涵和外延必须明确，否则就会闹出笑话。

> 《悲惨世界》的作者、法国大作家维克多·雨果，有一次出国旅行，走到了某国边境，宪兵要检查登记，便问道：“姓名？”“雨果。”“干什么的？”“写东西的。”“以什么谋生？”“笔杆子。”于是，宪兵在登记簿上写道：“姓名：雨果。职业：笔杆贩子。”就这样，堂堂的大作家在宪兵看来竟然成了笔杆贩子。

为什么会发生这个笑话？这就涉及概念的内涵和外延。任何一个概念都有内涵和外延两个方面，这是概念的两个基本特征。概念的内涵是指概念所反映对象的特性和本质属性，外延是指概念所反映对象的具体范围。雨果与宪兵对“以笔杆子谋生”这个概念的内涵和外延都作了不同的理解：雨果所说的“以笔杆子谋生”，内涵指的是“以写文章获得稿费维持生计”，外延所指的对象是“作家”；宪兵所理解的“以笔杆子谋生”，内涵指的是“以贩卖笔杆子为生”，外延指的对象是“笔杆贩子”。宪兵完全没有理解雨果所使用的概念的内涵和外延，所以闹出了大笑话。因此，要掌握一个概念，必须要把握这个概念的确切含义和所指的对象范围。

要明确概念就要明确它的内涵和外延，也就是要明确这个概念反映的是事物的哪些特有属性以及它指的是哪些事物。

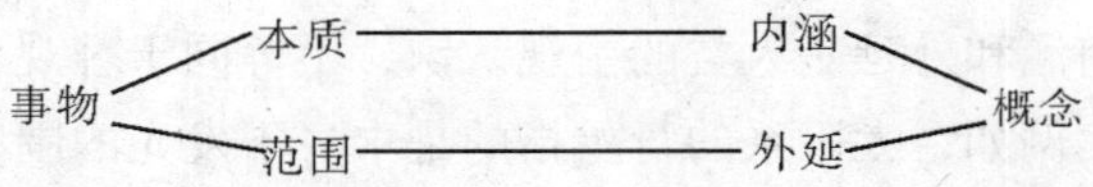

2. 概念的内涵和外延的反变关系

概念是内涵和外延的统一体，概念的内涵决定了概念的外延，一个概念的内涵确定了，它的外延也就随之确定。一个概念，其内涵越多，那么这个概念的外延越小；一个概念的内涵越少，那么这个概念的外延越大。概念的内涵和外延之间是一种反变关系。

> 自然数—整数—有理数—实数—复数—数

这几个概念的内涵和外延间的关系是：内涵减少，外延增大。

学生—大学生—重点大学的学生—北京大学的学生—北京大学的学生干部

这几个概念的内涵和外延间的关系是：内涵增多，外延减小。

影视演员刘晓庆有一句名言：做人难，做女人难，做名女人更难，做单身的名女人难上加难！

“人—女人—名女人—单身名女人”的内涵是依次增多的，外延则依次减小。其中，“人”的外延包括“古今中外所有的人”，“女人”就只包括“性别为女性的人”，“名女人”就不包括“普通的女人”，“单身名女人”又不能包括结婚的名女人。我们用 A 表示“人”，B 表示“女人”，C 表示“名女人”，D 表示“单身名女人”，用欧拉图（18 世纪瑞士数学家欧拉创造的一种用圆圈表示概念间的外延关系的图解法，后人称为欧拉图）表示为：

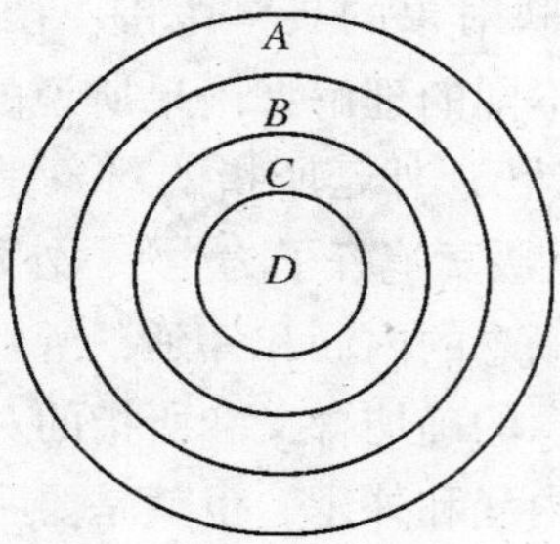

3. 概念的内涵和外延需要说明的几个问题

第一，概念的内涵和外延是人类的主观认识，不等同于客观对象固有的本质属性和对象的实际范围。例如，太阳系的行星指的是本身不发光的围绕太阳这颗恒星运转的天体，按照离太阳的距离从近到远，它们依次为水星、金星、地球、火星、木星、土星、天王星、海王星，这是现在太阳系的内涵和外延。2006 年 8 月之前，天文学界主流的观点认为太阳系有九大行星，牛顿时期的科学家还认为太阳系有七颗行星。无论人类认为太阳系有几颗行星，这都属于人类对自然界的认识，属于人的主观认识范畴。太阳系真正有几颗行星属于客观对象的本质属性和对象的实际范畴，它不以人类是否认识到为标准，太阳系的客观对象的实际范畴才是太阳系的内涵和外延。这两者属于两个不同的层次，不能混淆。

第二，概念的内涵和外延具有确定性和变动性。概念是客观事物的本质属性和固有属性。一般来讲，概念具有确定性。概念的确定性来自客观事物的相对稳定性。概念还具有变动性，人类对概念的认识是不断变动的。比如，对“原子”概念的认识就有一个变动的过程。经典力学对“原子”这个概念作出如下概括：原子为物质世界的最小颗粒，物质的最原始组成；原子本身不可再分、无结构。随着放射性物质的发现，特别是J. J. 汤姆生发现了电子，原子不是像原来所设想的那样是永恒不变、不可分割的。恰恰相反，它是可分割的、可破坏的，而且具有复杂的构造。

第三，概念的内涵和外延有时候并没有明确的指称对象。一般来讲，一个概念同时具有内涵和外延，但是也有例外，有的概念有内涵没有外延，这种没有外延的概念就是虚假概念。虚假概念是人们对客观事物歪曲的反映，在客观现实中没有与之相应的事物，如“神”、“鬼”、“龙王爷”、“上帝”等，这种虚假概念只有内涵没有外延。还有一些概念只有外延没有内涵，最基础的概念没有比它更大的外延，像“物质”这样的最初概念。

第二节 概念的种类

逻辑学根据概念的内涵和外延来对概念进行分类，按照不同的根据，对概念进行不同的分类。通过这些分类，使人们能够正确地掌握概念的内涵和外延，在交流中正确地使用概念。

一、单独概念、普遍概念和空概念

根据概念所反映的事物外延数量的不同，概念所反映的事物是一个还是两个或者两个以上的对象，可以把概念分为单独概念和普遍概念。

单独概念是反映某一个特定或者个别事物的概念，其外延为一个独一无二的具体事物。比如，“中国”、“万里长城”、“黄山”、“长江”、“鼓浪屿”、“广州”等。

普遍概念也叫类概念，是指以两个或者两个以上的事物为反映对象的概念，是反映某一类事物的概念，其外延为两个或两个以上的对象。比如，“大学”、“作家”、“商品”、“律师”等。

一般来讲，语词中的普遍名词都表达了普遍概念，比如，“博客”、“电视”、“罪犯”等。除此之外，动词和形容词也可以表达普遍概念，比如，“唱歌”、“跳舞”、“跑”、“勤劳”、“勇敢”等，这些都属于对人或事物的动作行为或者性质状态的描述，也属于普遍概念。代词有的时候也表示普遍概念，特别是人称代词，比如“我们的”、“我的”等。这些人称代词既可以表示实体，也可以表示属性，因此也是普遍概念。

空概念也叫虚假概念、虚概念，它是外延不存在的概念，比如，“鬼”、“神”、“阎王”、“永动机”、“圆的方”等，这类概念反映的对象在现实生活中是不存在的。空概念反映的对象是一个空类，这是一种特殊的普遍概念，但我们使用普遍概念的时候一般是在不包含空概念的含义上来使用的。

二、集合概念和非集合概念

根据概念所反映的事物或者对象是否为集合体，我们可以把概念分为集合概念和非集合概念。客观事物存在着两种不同的关系：一种是集合体和个体的关系。集合体是由个体根据一定的结合方式构成的整体，整体具有的属性是集合体的属性，个体不一定具有。例如，“森林”和“树”的关系就是集合体和个体的关系，“森林”是由“树”构成的整体，而“树”则是一个个体。“森林”具有的属性，“树”不一定具有。“工人阶级”的“先进性、革命性和大公无私”也不是每一个“工人”所必然具有的。非集合体大多只表现为一类事物的量的积聚，则客观事物存在的另一种关系可称为类和分子的关系。一类事物的所有分子都必然具有类的性质，比如，“马”这一类事物有“大马”、“小马”、“白马”、“赤兔马”、“汗血宝马”等若干分子，而“大马”、“小马”、“白马”、“赤兔马”、“乌骓马”、“汗血宝马”等都具有“马”的性质。

以从逻辑上区分客观事物的两种关系为基础，就能够很好地把握集合概念和非集合概念。所谓集合概念就是以集合体为反映对象的概念。如“丛书”、“群岛”、“舰队”、“森林”、“部队”、“联合国”、“群众”等都是集合概念。集合概念的外延是集合体本身，而不是集合体中的个体。例如，“山脉”指的是许多“山峰”构成的整体，而不是指某个具体的“山峰”；“丛书”指的是各类“书”的集合体，而不是指其中的某一本具体的“书”；“部队”指的是许多“军人”组成的整体，而不是指某一个具体的“军人”。

集合概念也分为两类：普遍的集合概念和单独的集合概念。如果一个集合概念包含的集合体不是一个而是很多个，那这个集合概念就是普遍的集合概念，如“森林”、“部队”、“群岛”等就是普遍的集合概念。如果一个集合概念包含的集合体仅有一个，那这个概念就是单独的集合概念，如“联合国”、“中国共产党”、“欧盟”、“世界贸易组织”等就是单独的集合概念。

非集合概念是不以事物的集合体为反映对象的概念，即是反映非集合体的概念。非集合概念的特点是它所反映的类所具有的属性，其分子必然具有，如“学生”、

"牛"、"玫瑰花"、"草"等是非集合概念。

这里，要特别注意的是，同一语词在不同的语境中既可以表达集合概念，又可以表达非集合概念，一定要正确区分一个语句中某一语词所表达的到底是集合概念还是非集合概念。比如：

中国人是勤劳勇敢的。
张三是中国人。

在第一个语句中，"中国人"是集合概念，在第二个语句中的"中国人"是非集合概念。因为"勤劳勇敢"这一性质是"中国人"这个集合体才具有的，但不能排除"中国人"中也有懒惰懦弱的人。因此，并不能保证每一个"中国人"都必然具有"勤劳勇敢"的属性。"张三是中国人"表明"张三"这个个体是"中国人"，是"张三"这个个体所具有的属性。如果不能区分集合概念和非集合概念就会导致思维混乱，犯逻辑错误。

A：一辆公交车进站，有些人便一窝蜂地往上挤。突然，"哗啦"一声，一块玻璃被一个人碰碎了。售票员冲着那个人大声喊："玻璃碎了，要照价赔偿！"那个人反问："要我赔什么？"售票员说："损坏公物当然要赔偿，这是人民的财产。"那个人理直气壮地说："我是人民的一员，人民的财产有我的一份。人民的财产为什么要人民赔？"

B：群众是历史的创造者，我是群众，所以我是历史的创造者。

以上两个例子中的概念"人民"和"群众"有的是在集合概念上使用的，有的是在非集合概念上使用的。这两个例子都是因为混淆集合概念和非集合概念而犯了逻辑错误。

如何区分集合概念和非集合概念呢？一般来讲，在概念前面加上"每一个"三个字（如果这个词在句子的前头），或在这个语词后加"之一"两个字（如果这个词在句子的后头），加了之后的语句或者判断的意思完整、合乎情理，那么一般来说这个概念就是非集合概念。如果加上"每一个"或者"之一"以后，由这个概念组成的句子不合乎情理，那么这个句子中的概念就是集合概念。比如：

（每一个）人民是历史的创造者。
（每一个）人民享有广泛的民主和自由。

“人民是历史的创造者”中的“人民”是集合概念，因为加上“每一个”后整个语句的意思不合情理；“人民享有广泛的民主和自由”中的“人民”是非集合概念，因为加上“每一个”后语句的意思合乎情理。又比如：

（每一个）鲁迅的作品是一天读不完的。
《孔乙己》是鲁迅的作品（之一）。

第一个句子加上“每一个”之后语句意思不合乎情理，因此，第一个“鲁迅的作品”是集合概念；第二个“鲁迅的作品”加上“之一”后，语句意思合乎情理，因此第二个“鲁迅的作品”是在非集合概念意义上使用的。区分集合概念和非集合概念非常重要，否则容易出现思维混乱，前言不搭后语，犯逻辑错误。

思考题

判断以下“书”的概念是在集合概念还是非集合概念意义上使用的。

1. 书不可不读。
2. 书是装订成册的著作。
3. 我们应当爱护图书馆的书。
4. 书，犹药也，多读，可以医愚。
5. 书是人类进步的阶梯。

三、正概念和负概念

正概念又叫肯定概念，是反映对象具有某种属性的概念。比如，“大学”、“正义”、“年轻人”、“勇敢”、“健康”等都是正概念。

负概念又叫否定概念，相对于某个正概念而言，反映对象不具有或缺乏某种属性的概念。比如“不健康”、“非正义”、“非法”、“未婚”、“不勇敢”等。负概念一般带有否定词，像“非”、“无”、“不”、“没”等词，但并非所有包含这些否定前缀的都是负概念，像“非洲”、“非难”、“无锡”、“不丹”就不是负概念，因为这里的“非、无、不”字不是否定词，不起否定作用，这样的词不是负概念。正概念和负概念是从概念性质上来划分的，我们区分负概念的语言形式是负概念前面都带有否定词，但带有否定词样的未必都是负概念。

如何区分正概念和负概念还要注意一点：正负概念是从对象具不具有某种属性上来划分的，不是从词义上来划分的，并非正概念的反义词就是负概念。如“勇敢”是正概念，而“勇敢”的反义词“懦弱”就不是负概念，“懦弱”也是表明对象具有“懦弱”的属性，因此也是个正概念，“不勇敢”才是一个负概念。

在使用负概念的时候还要注意其适用范围，不能乱用。比如，“张三属于非科学”就不妥，因为“张三”属于“人”的范畴，而“科学”与“非科学”属于“学科”的范畴，这样就犯了“范畴错误”。还有像语句“张大爷是非三八红旗手”，是不是“三八红旗手”一般是针对“女性”而言的，“张大爷”用在这个语句中虽然没有语法错误，但他不在“三八红旗手”的适用范围内。因此在使用概念的时候要注意其适用范围，避免犯“范畴错误”。

春节晚会上，孙涛、秦海璐等表演小品《你摊上事儿了》。孙涛扮演的保安，坚持不带工作证件者不许入内，也就是说不在这个写字楼工作的人不能入内，如果门上写着“非本楼工作人员不得入内”，那么，“工作证”又不是“工作人员”，怎么可以进入本楼呢。因此，门上的话应该改为“工作人员不带工作证不得入内”。

四、实体概念和属性概念

根据概念是反映对象的本身还是对象所具有的属性，我们可以把概念分为实体概念和属性概念。

实体概念是反映具体事物本身的概念，比如，“中国”、“长江”、“泰山”等就是实体概念，实体概念一般用名词和代词表示。

属性概念指的是某种事物具有某种属性的概念，比如“懒惰”、“香喷喷”、“骄傲”、“光荣”等属于属性概念，属性概念一般用形容词来表示。

除此之外，概念的区分还有其他分类方式，在此不详加表述。我们应当注意的是，概念的分类方式是相对的，同一个概念可以在不同的意义上使用。“中国人”可以是一个普遍概念、集合概念、非集合概念、正概念、实体概念等，“未婚”可以是一个普遍概念、集合概念、负概念、属性概念等，具体是哪种概念要在具体使用的语境中去区分和把握。

第三节　概念间的关系

逻辑学研究概念间的关系，指的是概念外延间的关系。根据两个概念外延间的关系是否重合以及重合程度的多少，我们把概念间的关系分为五种：全同关系、种属关系、属种关系、交叉关系和全异关系。

一、全同关系

全同关系也称为同一关系、重叠关系。所谓全同关系指的是两个概念的外延是完全相同的，但其内涵是不同的，要不就不能称为两个概念。有 a、b 两个概念，如果它们的外延全部重合，即所有的 a 都是 b，同时，所有的 b 全是 a，那么，a 与 b 两个概念之间的关系就是全同关系。即外延完全相同的两个概念间的关系就是全同关系。

a：《明朝那些事儿》的作者　　b：当年明月
a：北京　　b：中华人民共和国的首都
a：世界上最高的峰　　b：珠穆朗玛峰
a：等边三角形　　b：等角三角形
a：三月八日　　b：国际劳动妇女节
a：爱因斯坦　　b：相对论的创立者

概念的外延有大小之分，概念外延的大小可以用圆圈之间的关系来表示，这种表示法我们称为欧拉图，全同关系可用欧拉图表示如下：

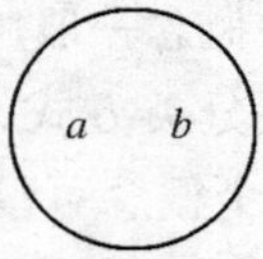

全同关系指的是 a 的外延和 b 的外延是完全相同的，但其内涵不同。比如“等边三角形”和“等角三角形”的外延是相同的，但两者内涵是不同的。“等边三角形”是从“三角形的边的长度”来描述三角形的，“等角三角形”是从“三角形的角的度数”来描述三角形的。

他是一位思想深邃、学识渊博、多才多艺的艺术大师、科学巨匠、文艺理论家、大哲学家、诗人、音乐家、工程师和发明家，他几乎在每个领域都作出了巨大的贡献。后代的学者称他是“文艺复兴时代最完美的代表”、“文艺复兴三杰之一”，是“第一流的学者”，是一位“旷世奇才”。所有的以及更多的赞誉他都当之无愧。

“一位思想深邃、学识渊博、多才多艺的艺术大师、科学巨匠、文艺理论家、大哲学家、诗人、音乐家、工程师和发明家”、“文艺复兴时代最完美的代表”和“文艺复兴三杰之一”这三个是全同概念。它们所描述的外延是相同的，都是用来指达·芬奇的。

“诗伯”的《宿山房即事》诗云：“一个孤僧独自归，关门闭户掩柴扉。半夜三更子时分，杜鹃谢豹子规啼。”

诗中的“一个”、“孤”、“独自”指同一个人，“关门”、“闭户”、“掩柴扉”指同一个动作，“半夜”、“三更”、“子时”指同一个时间，“杜鹃”、“谢豹”、“子规”指同一个鸟，这首诗仅仅表达了“孤僧掩扉、夜啼子规”八个字的意思，却运用了很多外延相同、内涵不同的概念。

具有全同关系的概念是不同的概念，内涵是事物的本质属性，如果概念的内涵是不同的，那么概念就是不同的。我们不能把全同关系的概念看成用不同的语词表达的同一个概念，因为它们虽然外延完全相同，但内涵却是各不相同的。

二、种属关系

一个概念的外延完全包含于另一个概念的外延中，并且仅是另一个概念外延的组成部分，则外延大的概念是属概念，外延小的概念是种概念。属概念与种概念的区分不是绝对的，而是相对的。例如，“商品”相对于“冰箱”来说，是属概念，但相对于“产品”这个概念来说，它又是一个种概念；“学生”相对于“大学生”来说是属概念，但相对于“人”来说，又成了种概念；“马”相对于“白马”来说是属概念，但相对于“动物”来说，又是一个种概念。

概念间的种属关系就是指种概念的外延完全包含在属概念外延中。有 a、b 两个概念，如果 a 概念的全部外延都包含于 b 概念的外延之中，并且 a 概念的全部外延仅仅是 b 概念外延的一部分，即所有的 a 都是 b，但有的 b 不是 a，那么，a 概念就真包含于 b 概念。a 概念对于 b 概念的这种关系就是种属关系。

a：大学生　　　　b：学生
a：鸦片战争　　　b：战争
a：奶牛　　　　　b：牛
a：男人　　　　　b：人

种属关系可用欧拉图表示如下：

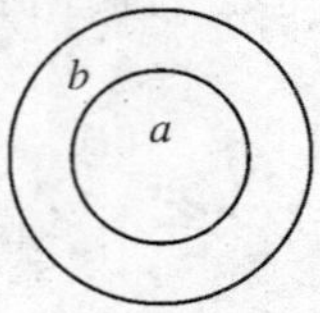

我国《交通法》规定酒后禁止驾车，有人喝了米酒后驾车被交警拦下，他说：“我没有喝酒，只喝了米酒，米酒不算酒，因此，我没有酒驾。”

上例中的这个人就是没有分清楚“米酒”和“酒”这两个概念间的关系。“米酒”和“酒”是种属关系，“米酒”是种概念，“酒”是属概念。所有“米酒”都是“酒”，因此喝了“米酒”就是喝了“酒”，不能“酒后驾车”。

三、属种关系

对于属种概念而言，如果一个概念的外延完全包含了另外一个概念的外延，那么这种关系称为属种关系，外延大的概念是属概念，外延小的概念为种概念。有 a、b 两个概念，如果 a 概念的外延包含着 b 概念的全部外延，并且 b 概念的全部外延仅仅是 a 概念外延的一部分，即所有的 b 都是 a，那么，a 概念就真包含 b 概念，a 概念对于 b 概念的这种关系就是属种关系。

a：规律　　　　b：经济规律
a：人　　　　　b：中国人
a：群岛　　　　b：舟山群岛
a：考试　　　　b：逻辑学考试

属种关系可用欧拉图表示如下：

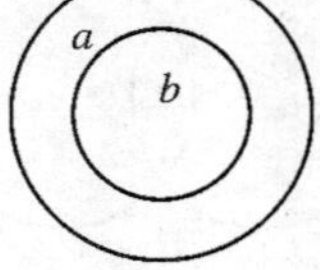

在历史上，公孙龙以其“白马非马”的诡辩之术让许多大儒无言以对。下面我们来看看关于公孙龙的例子。

据说公孙龙骑着白马过关，关吏说：“按照惯例，人可以过关，但是马不行。”公孙龙便说：“我这是白马，白马不是马。”关吏听了后点点头，说：“你说的也有道理。”

我们可以看出，关吏混淆了两个属种概念间的关系。“马”和“白马”是属种关系，“白马”的外延都在“马”的外延范围内，因此，“白马是马”。关吏不让“马”过关，那么，根据概念间的逻辑关系，“白马”、“黑马”都不能过关。

值得注意的是，具有属种关系或种属关系的概念一般不能并列使用，如果并列使用，就会出现逻辑病句。比如，“参加大会的有来自祖国各地的运动员和女运动员”，这里的“运动员”和“女运动员”是属种关系，把二者并列在一起使用，就犯了逻辑错误。

四、交叉关系

交叉关系是指一个概念的外延和另一个概念的外延部分重合的关系。比如，有 a、b 两个概念，如果 a 概念的外延与 b 概念外延只有一部分是重合的，即有的 a 是 b，有的 a 不是 b，并且，有的 b 是 a，有的 b 不是 a，那么，a 与 b 两个概念之间的关系就是交叉关系。

a：大学生	b：中国共产党党员
a：干部	b：妇女
a：社会精英	b：青年
a：整数	b：正数

交叉关系可用欧拉图表示如下：

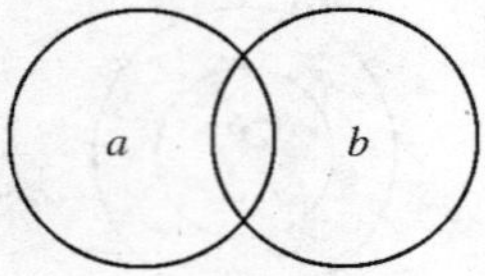

具有交叉关系的两个概念不会因为前后两个概念的顺序发生变化而影响它们之间的逻辑关系，也就是说，具有交叉关系的两个概念不包含顺序性。如果前一个概念与后一个概念是交叉关系，那么后一个概念与前一个概念也必然是交叉关系。而属种关系或种属关系则会因为两个概念间的前后顺序发生变化而关系也会变化。

有一个采购员，利用工作便利，以试用“样品”为名，收取了别的单位大量新产品。后来，发展到受贿。组织上发觉以后，要他检查交代。他说：“同志们不是常说，工作中的错误、缺点是不可避免的吗？我的这些错误恰好都是在工作中犯的，我是为了搞好工作，搞好关系，才犯这些错误的，因此，我请求大家原谅。”

很显然，采购员的话是为自己开脱，也是错把概念间的全同关系当成交叉关系。“工作中的错误”与“不可避免的错误”是一种交叉关系，即“工作中的错误”有一部分是不可避免的；而“不可避免的错误”有一部分是在工作中犯的。把“工作中的错误”都看成“不可避免的错误”，就是把具有交叉关系的两个概念混同于具有全同关系的两个概念。这是一种故意混淆概念间关系的逻辑错误，也是一种逻辑上的诡辩。

五、全异关系

全异关系指的是两个概念外延没有任何一部分重合的关系。有 a、b 两个概念，如果它们的外延没有任何部分重合，即所有的 a 都不是 b，那么，a 与 b 两个概念之间的关系就是全异关系。

a：人	b：红色
a：马	b：鹿
a：白色	b：黑色
a：玫瑰花	b：喇叭花

全异关系分为两种：一种是没有相同属概念的全异关系，如“人”和“红色”、“奥巴马”与“贪婪”等；另一种是有共同属概念的全异关系，如“白色”与“黑色”，“玫瑰花”与“喇叭花”等。其中，“白色”与“黑色”的属概念是“颜色”，“玫瑰花”与“喇叭花”的属概念是“花朵”，“马”与“鹿”的属概念是“动物”。一般来讲，我们说的概念间的全异关系指的是两个具有共同属概念的概念之间的关系。

全异关系可以用欧拉图表示为：

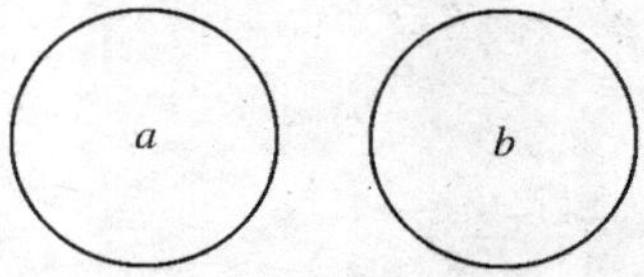

全异关系又分为以下两种关系：

（1）矛盾关系指的是如果一个属概念下的两个种概念的外延完全不同，它们的外延之和等于这个属概念的外延，那么这两个概念间的关系是矛盾关系。a 与 b 两个概念的外延完全不同，但二者相加之和等于邻近属概念的外延，那么 a 与 b 两个概念的关系就叫矛盾关系。

a：合法	b：非法
a：有核武器国家	b：无核武器国家
a：白色	b：非白色
a：机动车	b：非机动车

矛盾关系可以用欧拉图表示为：

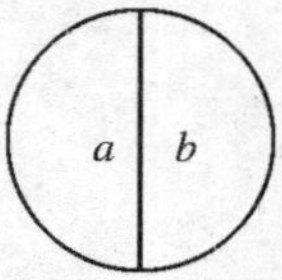

一般来说，矛盾关系中的一个语词是肯定概念，在这个肯定概念前面加上“不”、“非”、“无”等否定词就是这个概念的矛盾概念。矛盾关系一般由一对相互矛盾的概念构成，一个是肯定概念，一个是否定概念。但并非两个概念一个是肯定的一个是否定的就是矛盾的全异关系，而必须是两个种概念的外延之和等于属概念的全部外延才可以。比如，“导体”和“非导体”这两个概念的外延之和并不等于全部的属概念“物体”，还有“半导体”存在；“资产阶级”和“无产阶级”这两个种概念的外延之和也不等于属概念“阶级”的全部外延，除此之外，还有“小资产阶级”等其他的种概念。矛盾关系必须从外延方面去考量，而不是从哲学方面考虑两者互为矛盾。

（2）反对关系指的是如果一个属概念下的两个种概念外延完全不同，它们的外延之和小于这个属概念的外延，那么这两个概念之间的关系是反对关系。a 与 b 两个概念的外延完全不同，但二者相加之和小于邻近属概念的外延。那么 a 与 b 两个概念的关系就叫反对关系。

a：数学　　　　　b：语文
a：青年　　　　　b：老年
a：长篇小说　　　b：短篇小说
a：动物　　　　　b：火车

反对关系可以用欧拉图表示为：

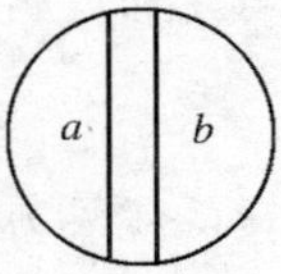

《吕氏春秋·离俗》中写了这样一个故事：

齐晋交战时，有一个参战的人失掉了一支戟，得到了一支矛。他问过路人：“失戟得矛，可以回去吗？”过路人说：“戟是兵器，矛也是兵器，失掉一件兵器又得到一件兵器，为什么不可以回去呢？”

上例中这个参战的人就混淆了“矛”和“戟”之间的关系，“矛”和“戟”之间是全异关系，而非全同关系。

以上概念外延间的关系可以用下表表示：

	全同关系	种属关系	属种关系	交叉关系	全异关系
概念外延间关系	全部和全部重合	全部和部分重合	部分和全部重合	部分和部分重合	全部和全部不重合

从概念的上述五种关系中可以进一步概括出以下几种概念间的关系：相容关系与不相容关系。所谓相容关系指的是概念间的外延至少有一部分是相同的两个概念间的关系，“全同关系”、“种属关系”、“属种关系”、“交叉关系”均属相容关系。不相容关系指的是概念间的关系是没有一个外延相同的两个概念间的关系，“矛盾关系”和“反对关系”这两种全异关系属于不相容关系。

综上所述，概念间的关系可以总结如下：

- 概念之间的关系
  - 相容关系
    - 全同关系
    - 种属关系
    - 属种关系
    - 交叉关系
  - 不相容关系：全异关系
    - 没有共同属概念的全异关系
    - 有共同属概念的全异关系
      - 矛盾关系
      - 反对关系

思考题

一位科学家回到家看到桌子上有一束鲜花，便问他夫人怎么回事，夫人说：“你都忘了啊，今天是你的结婚纪念日啊。”科学家说：“谢谢你哦，等你结婚纪念日，我也送你一束鲜花。”

请问：这位科学家混淆了哪两种概念间的关系？

第四节　限制和概括

概念内涵有多少之分，外延有大小之别。概念内涵的变化相应地会引起外延的变化，并且呈反变关系。所谓概念的反变关系就是：内涵越多，外延越小；内涵越少，外延越大。外延越大，内涵越少；外延越小，内涵越多。凡具有属种关系的两个概念在内涵与外延之间都具有反变关系，即种概念的内涵比属概念的内涵多，而外延小；属概念的内涵比种概念的内涵少，而外延大。反变关系是概念进行限制和概括的逻辑依据。

	电影	微电影	获奖的微电影
内涵：	少	多	更多
外延：	大	小	更小

一、概念的限制

1. 限制的定义

概念的限制是通过增加概念的内涵，以缩小其外延，由一个属概念变成种概念的逻辑方法。限制有方向性，是从一个外延较大的概念过渡到外延较小的概念。

限制可以表示为：

属概念＋内涵→（过渡到）种概念

比如：

女孩→善良的女孩→年轻善良的女孩

在上面的例子中，对“女孩”这个概念经过了二次限制。第一次增加了“善良的”这一内涵，其外延就缩小了，“善良的女孩”的内涵是“女孩＋善良”，只有“心地善良”并且是“女孩子”属于“善良的女孩”的外延，“男孩子”或者“邪恶的人”就不属于“善良的女孩”的外延。“年轻善良的女孩”对“女孩”的内涵又进一步增加了，外延也相应地变得更小了。“年轻善良的女孩”的内涵是“女孩＋善良＋年轻”，外延是这个“女孩”既“年轻”又“善良”，“上了年纪的女性”就不属于“年轻善良的女孩”的外延。

从上面的例子我们可以看出限制是通过增加内涵来实现的，内涵每增加一次，外延就缩小一些。概念的限制可以连续进行，比如，“水果→苹果→红富士苹果→大的红富士苹果→陕西产的大的红富士苹果”就是对“苹果”这个概念的多次限制。

下面的例子，也是对概念的多次限制：

北宋时著名诗人和书法家苏东坡任杭州刺史时，有一次去逛庙会，老和尚见他衣不出众，貌不惊人，就显得很冷淡，对他说：“坐。”然后对站在一边的小和尚说：“茶。”交谈了几句之后，老和尚发现苏东坡知识渊博，并非凡人，于是改变态度，谦恭地说：“请坐。”又对小和尚说：“敬茶。”最后，当老和尚了解到此人就是当时颇负盛名的苏东坡时，立即显得十分殷勤，笑容可掬地说：“请上坐。”又连忙叫小和尚：“快敬香茶。”临走时，老和尚请苏东坡题词留念，苏东坡挥笔写了一副对联，上联是“坐，请坐，请上坐”；下联是“茶，敬茶，敬香茶”。

在这里，苏东坡利用限制的方法，寥寥数笔就活灵活现地揭示了老和尚的心理变化过程，辛辣地讽刺了他按等级待客的势利眼态度。

2. 限制的规则

限制必须是由属概念推演到种概念，违反这一规则就会犯“限制不当”的逻辑错误。比如，“凡初次到这里来的人无不感到这个沿海城市变化之大”。既然“初次到这里来”，怎么能“感到城市的变化”呢。“感知城市变化的人”不属于“初次来这里的人”的种概念，这就犯了“限制不当”的逻辑错误。

“马→白马”是由属概念到种概念的限制，由“马→狗”就不是限制，由“马→动物”也不是限制。限制必须是由属概念到种概念。需要注意的是：

（1）概念间的关系中全同关系、交叉关系、种属关系、全异关系的概念不能进行限制。如“天安门→雄伟壮丽的天安门”，这个不是限制，因为“天安门”和“雄伟壮丽的天安门”是全同关系，不是属种关系。从“诗人→作家”也不是限制，因为这两个概念间的关系是交叉的，不是属种关系。全异关系“男人→植物”也不是属种关系，这样也不是限制。“学生→人”这种种属关系也不是限制。

（2）单独概念也不能进行限制。单独概念没有种概念，像“亚洲→中国→广东省→广州市”这就不是限制，因为无论是“亚洲”还是“中国”、“广东省”还是“广州市”都是单独概念，它们具有地理位置上的从属关系，但是概念间不具有属种关系，因此，也不是限制。

在语言上，概念的限制一般表现为中心语前后加修饰成分，如“学生→大学生”，但并非加上修饰成分的都是限制，如“处女地→未被开垦的处女地”，这个就是加了修饰成分，而非缩小了概念的外延。

概念的限制是一般转向特殊的思维过程。限制可以避免笼统和不具体，在日常工作中，如对案件的侦破、对人员的选拔等，往往会用到概念的限制。

二、概念的概括

1. 概括的定义

概念的概括是通过减少概念的内涵，以扩大其外延的逻辑方法。概括是由种概念过渡到属概念。概括可以表示为：

种概念 - 内涵 →（过渡到）属概念

比如：

中国科学家→科学家
桃树→树

对“中国科学家”减去“中国”这一内涵，“中国科学家”就可概括为“科学家”；对“桃树”减去“桃”这一内涵，“桃树”就可概括为“树”。上述概括都是通过减少内涵，外延就相应得以扩大来实现的。可见概括是通过减少内涵扩大外延实现的，概括适用于指出事物的所属范围，反映事物的共同本质，属于从个别到一般的思维模式。

在《孔子家语·好生第十》里面讲到一个《楚王失弓》的故事：

楚恭王喜欢打猎，他拥有一把天下著名的宝弓。有一次，他打完猎准备回宫，就将宝弓交由部下保管。一行人在路上走到一半，宝弓不知传到谁的手上不见了。于是大家分头去找，最后还是找不到。楚恭王度量宽大，就说：“别找了！楚王失弓，楚人得之。”弓既然在楚国境内遗失，将来捡到的想必是楚国人。孔子听说这件事后，就说：“何必曰楚？应该说：王失弓，人得之。”

在这个故事里面就运用了概括，概括如下“楚恭王→楚王→楚人→人”。“楚恭王”丢了弓，有“人”捡到了，就等于“楚恭王”没有丢弓。这就是犯了把概括后的概念等于原概念的错误。

2. 概括的规则

（1）每一次概括必须是由种概念推演到属概念。违反这一规则就会犯“概括不当”的逻辑错误。比如，把“清华大学”概括为“大学生”就犯了“概括不当”的逻辑错误，因为“大学”与“大学生”是全异关系，而不是属种关系。比如“鸡、鸭、鹅、猪、牛等家禽宰杀后要经过 4 ~ 6 小时后开始烹饪为宜”。这就犯了“概括不当”的逻辑错误，在这里面“鸡”、“鸭”、“鹅”是家禽的种概念，而“猪”和“牛”不是家禽的种概念，因此，这种把“鸡”、“鸭”、“鹅”、“猪”、“牛”概括为家禽是犯了“概括不当”的逻辑错误。“农作物的生长，要吸收土壤中的水分、氮、磷、钾等肥料。”其中“水分”不是“肥料”的种概念，这也犯了“概括不当”的错误。

（2）概念间的全同关系、交叉关系、属种关系、全异关系不能进行概括。

如“美丽的宝岛台湾→台湾”，这个不是概括，因为“美丽的宝岛”和“台湾”

是全同关系，不是种属关系。从“学生→党员”也不是概括，因为这两个概念间的关系是交叉的，不是种属关系。全异关系“未成年人→成年人”以及“半岛→马来半岛”这种属种关系也不是概括。

（3）集合概念不能概括。集合概念没有属概念。像“群岛”、“丛书”等就不能概括，因为没有属概念，集合概念本身就是最大的概念。

（4）哲学范畴是概括的极限。比如物质、意识等这样的概念，没有比它们更大的属概念了。例如“花朵→植物→生物→物质”，这就概括到了哲学范畴，不能再往下概括了，因为物质的外延已经最大，内涵最少了，“物质”没有属概念。再比如“世界观→观点→社会意识→意识”也不能再接下去概括了。

3. 概括中的逻辑错误

除了以上表述的概括不当等逻辑错误外，概括的逻辑错误还包括以下几种：

（1）“缺少概括”指对使用的概念在该概括的时候而不概括的逻辑错误。

在某火车站有这样一条标语：“青少年应该讲文明、讲礼貌。”

孤立地看这条标语的内容并没有错，但作为火车站这种场合，只有青少年讲文明、讲礼貌是不够的，中年人、老年人也应当讲文明、讲礼貌。因此，应该把“青少年”概括为“人”，改为“人人都应该讲文明、讲礼貌”。

（2）“过分概括”指的是概括一定要恰当。概括到什么程度，要视具体情形而定，要适可而止，不能任意地概括，否则，就会犯“过分概括”的逻辑错误。

有人问：“爱迪生发明了什么？”
答：“灯。”

有人指着一台计算机问：“这是什么？”
答：“这是机器。”

以上两种回答都犯了“过分概括”的错误。

批评人时无限上纲上线、乱扣帽子，从逻辑上来说也是犯了“概括不当”的错误。比如，一位小学生在踢足球时不小心踢坏了教室窗户的玻璃，教师批评他“破坏了社会主义经济建设”，这就犯了“过分概括”的逻辑错误。

（3）“轻率概括”指的是以偏概全，即只考察了一类事物中很小的一部分，就从中概括出反映整个这一类事物的一般性结论。这种只见树木不见森林的结论是不可靠的、缺乏说服力的。

《王安石三难苏学士》讲的是有一天，苏轼到王安石那里拜会，恰好他不在，苏轼在王安石的书桌上看到了王安石一首还未完成的诗："西风昨夜过园林，吹落黄花满地金。"苏轼就想，菊花开在秋里敢傲秋霜，最能耐久，就是干枯，也不会落瓣。于是，就在后写道："秋花不比春花落，说与诗人仔细听。"王安石回来后看到，并没有说什么。次日上朝，则暗地里告诉皇上，直接把苏轼贬到黄州，苏轼只以为王安石记恨其更改他的题诗。待到菊花开的时候，一日，苏轼到花园看菊，一阵秋风吹过，菊花落了一地，苏轼方明白被贬黄州的原因。

在这个历史故事中，苏轼犯了"轻率概括"的错误。

概念的概括不一定是唯一的，我们可以对同一概念从不同角度加以概括。如"人"，可以概括为"脊椎动物"，也可以概括为"哺乳动物"，还可以概括为"生物"等。究竟从哪个角度进行概括，应根据实际需要而定。

概念的概括是特殊转向一般的思维过程。概括有助于人们对事物的认识从特殊过渡到一般，掌握事物的共同本质。

值得注意的是，逻辑上所说的对概念的概括或限制，是关于概念外延的扩大或缩小的一种逻辑方法，是在具有种属关系或者属种关系的概念之间进行的。因此，无论是概括或限制，其前后之间的概念间关系，只能是属概念与种概念之间的关系，不具有这样的关系，就不是我们这里所说的概括与限制。例如，由"树叶"到"树枝"到"树"，或者由"全国人民代表大会"到"广东省人民代表大会"，这种概念之间的变化，都不是属概念与种概念之间的过渡，不存在外延大小的变化问题，因而都不是我们这里所讲的概念的概括或限制。

第五节　定　义

一、定义的含义和结构

1. 定义的含义

定义是揭示概念内涵的逻辑方法。给一个概念下定义就是用简短、精练的语句揭示概念所反映的对象的特有属性和本质属性。

商品是用来交换的劳动产品。

人是能制造和使用生产工具进行劳动的高级动物。

气压计是用以测量大气压力的物理仪器。

以上就是对“商品”、“人”和“气压计”的定义。

2. 定义的结构

一般来讲，定义由三个部分构成：被定义项（ *Ds* ）、定义项（*Dp*）和定义联项。

被定义项：其内涵需要被揭示的概念。

定义项：用以揭示被定义概念内涵的概念。

定义联项：联结被定义项和定义项的联结词。“是”、“就是”、“即”、“所谓，就是”等。

定义结构是：*Ds* 就是 *Dp*

比如，对于“商品是用来交换的劳动产品”的定义具有如下结构：

商品	是	用来交换的劳动产品
|	|	|
被定义项	定义联项	定义项

二、定义的方法

我们要给一个概念下定义，先要找出这个概念的邻近的属概念，再在属概念的范围内找出被定义概念反映的对象与其他同类对象之间的差别，也就是把被定义概念放在比它更广泛的概念里，然后找出种差。再将种差作为定语加在表达属概念的语词的前面，最后用联结词和被定义概念组成一个陈述句。

这种下定义的方法可以用公式来表示：

被定义概念＝种差＋邻近的属概念

例如，要给“商品”这个概念下定义，首先要找出它邻近的属概念：“劳动产品”，然后再找它的种差：“用来交换”，这样我们就可以得出商品的定义：“商品是用来交换的劳动产品。”给“逻辑学”下定义，首先要找出“逻辑学”邻近的属概念“科学”，把“逻辑学”置于“科学”这个更广泛的概念里，确定“逻辑学”是“科学”的一种。然后把“逻辑学”同其他科学加以比较，找出它与其他科学的差别，即“研究思维的逻辑形式、逻辑规律和逻辑方法”，这就是它与其他科学相区别的种差。最后，将“种差”和“邻近的属概念”相加，就形成了定义：“逻辑学是研究思维的逻辑形式、逻辑规律和逻辑方法的科学。”

（商品）是（用来交换的）（劳动产品）
（被定义项）＝（种差）＋（属概念）

“属加种差”定义法关键在于能否准确地揭示“种差”。“属加种差”定义有正误之分，准确地揭示了对象的“种差”和“属”的定义就是正确的；否则，就是错误的。“缝纫机是用来耕地的工具”就是一个错误的定义，因为它没有准确揭示被定义项的“种差”。而“缝纫机是用来做针线活的工具”是正确的定义，因为它准确地揭示了被定义项的“种差”和“邻近的属”。如果说“缝纫机是物质”，就犯了“定义过宽”的错误；如果说“缝纫机是农具”就犯了“范畴错误”。

由于事物的本质属性或特有属性是多方面的，在不同的科学领域，人们可以从不同方面揭示被定义项所反映的对象的种差，作出不同的定义。例如，从化学的角度看，水同其他化合物的差别在于它是由两个氢原子和一个氧原子组成的；从物理学的角度看，水同其他化合物的差别在于它是无色、无味，常温下为液体，零摄氏度凝固，一百摄氏度沸腾，比重为1。可见，对同一概念所下的不同定义，并不意味着只有一个是正确的，我们在使用定义的时候也要根据不同的语境来使用。如“我渴了，我想喝水”，不能说“我渴了，我想喝一种无色、无味，常温下为液体，零摄氏度凝固，一百摄氏度沸腾，比重为1的物体”，也不能说“我渴了，我要喝点 H_2O”。

三、定义的种类

定义有两大类：真实定义与类似定义。真实定义是真正揭示概念内涵的定义；类似定义是从结构上看像定义，但未真正揭示概念内涵的定义。事物的本质属性具有多样性，根据研究目的的不同，可以有不同的定义分类。这里，我们根据是否揭示概念的内涵来对定义进行划分。

（一）内涵定义

内涵定义就是以揭示对象的内涵作为种差的定义方式。一般来讲，内涵定义具有以下四种形式。

1. 性质定义

性质定义是以被定义项所反映的对象的本质属性或特有属性为种差。种差是事物的特有性质。

哺乳动物是以分泌乳汁喂养出生后代的脊椎动物。

诉讼是司法机关在当事人和其他诉讼参与人参加下，按照法定程序为解决案件而进行的活动。

梯形就是一组对边平行的四边形。

苦行僧是用苦行的手段修行的宗教徒。

2. 发生定义

发生定义是以被定义项所反映的对象产生或形成的情况为种差，种差是事物特有的形成情况。

犯罪集团是三人以上共同实施犯罪而组成的较为固定的犯罪组织。

脚气病是由于缺乏维生素 B_1 而引起的疾病。

月食是太阳、地球、月亮处在一条直线上时，月亮被地球所遮而产生的部分或全部失光的天文现象。

核能是指在核反应过程中，原子核结构发生变化所释放出来的能量。

3. 关系定义

关系定义是以被定义项所反映的对象与其他对象之间的关系为种差。种差是事物之间特有的关系。

姐姐是与自己辈分相同而年纪比自己大的女子。

偶数是指能被 2 整除的整数。

负数是小于零的数。

4. 功能定义

功能定义是以被定义项所反映的对象的功能和用途为种差。种差是事物特有的功能。

温度计是测量温度的仪器。

粒子对撞机是一种通过两束相向运动的粒子束对撞的方法提高粒子有效相互作用能量的实验装置。

教室是学校里进行教学的房间。

伞是能遮阳挡雨的用具。

“属加种差”定义法是一种常用的内涵定义的方法，但是也有其局限性，“属加种差”定义必须有“属概念”和“种概念”。如果一个定义是最大概念，那么这种最大类概念就难以找到“属概念”，也就不能用“属加种差”定义法来定义。比如，对“物质”的定义就没有办法用“属加种差”法来定义，因为“物质”已经是最大的“属概念”。

单独概念也难以运用属加种差法来定义，因为单独概念反映的是一个单独对象，而单独对象与其他对象区别的属性很多，难以概括出它的种差。比如，对“英国女王伊丽莎白二世”的定义，就很难用“属加种差”定义来界定“她是怎样的人”。

（二）外延定义

外延定义是用简短的语言揭示被定义项的对象范围的定义。

“司法工作人员”是指有侦查、检察、审判、监管职责的工作人员。

“建安七子”是指孔融、陈琳、王粲、徐干、阮瑀、应玚和刘桢。

“五讲四美”是指“讲道德、讲文明、讲礼貌、讲秩序、讲卫生”和“心灵美、语言美、行为美、环境美”。

外延定义旨在揭示被定义项的对象是什么或是哪一些，它不同于划分，划分旨在明确某一概念的外延可分成哪些小类。

内涵定义和外延定义常常合在一起使用，先给出某个概念的一些或全部内涵，再列举该概念部分或全部的外延。比如，社会关系是人们在社会生活过程中结成的各种关系的总称，包括经济、政治、思想、文化以及家庭等各方面的关系。

四、定义的规则

1. 定义必须相应相称

定义必须相应相称指的是定义项的外延与被定义项的外延必须是全同关系。违反这一规则，如果定义项的外延大于被定义项的外延，就会犯“定义过宽”的逻辑错误；如果定义项的外延小于被定义项的外延，就会犯“定义过窄”的逻辑错误。

如对于宪法，有如下三种定义：

宪法是法律。

宪法是中国的根本大法。

宪法是国家的根本大法。

我们如果说“宪法是法律”则定义项的外延大于被定义项的外延，犯了“定义过宽”的错误。如果把宪法定义为“宪法是中国的根本大法”那么定义项的外延小于被定义项的外延，犯了“定义过窄”的错误。“宪法是国家的根本大法”才是对于“宪法”这个概念正确的定义。

18世纪美国著名的科学家富兰克林的仆人是个黑人，他多次问富兰克林：“主人，绅士是什么东西?”富兰克林有一次回答说：“这是一种生物，是一个能吃、能喝、会睡觉，可是什么也不做的有生命的东西。”过了一会儿，仆人跑到富兰克林身边说：“主人，我现在知道绅士是什么东西了。人们在工作，马在干活，牛也在劳动，唯有猪只知道吃、睡而什么都不干。毫无疑问，猪便是绅士了。”

上例中，富兰克林对“绅士”的定义就犯了“定义过宽”的错误。如果说“三角形是几何图形”也是犯了“定义过宽”的错误。如果说“商品就是通过货币进行交换的劳动产品”就犯了“定义过窄”的错误。对于概念定义，不管犯哪种错误，都不能解释概念的内涵和本质属性。

2. 被定义项不得直接或间接地出现在定义项中

给概念下定义就是用定义项去说明被定义项的内涵，如果定义项中直接或间接包含了被定义项，那就达不到明确概念的目的。

如果定义项中直接包含了被定义项，即简单重复被定义项的语词，违反这一规则就会犯“同语反复”的逻辑错误；如果定义项中间接包含了被定义项，即定义项还需被定义项来说明，就会犯“循环定义”的逻辑错误。不管犯了哪种逻辑错误，都没有揭示出被定义概念的内涵。

形而上学者就是主张形而上学观点的人。

逻辑学是研究逻辑的科学。

罪犯就是犯了罪的人。

人民内部矛盾就是人民内部的矛盾。

工业就是进行工业生产的企业。

以上几个例子对“形而上学者”、“逻辑学”、“罪犯”等定义均犯了“同语反复”的错误。

我们看以下父子间的对话：

儿子：“爸爸，什么是男人呢？”

爸爸：“男人就是和女人不同的人。”

儿子：“爸爸，那什么是女人呢？”

爸爸：“女人就是和男人不同的人。”

儿子：“爸爸，什么叫作矛盾的论断呢？”

爸爸：“矛盾的论断是不合逻辑的论断嘛！”

儿子：“那么什么是不合逻辑的论断呢？”

爸爸：“这还用问吗，不合逻辑的论断就是矛盾的论断啊！”

父亲在给“男人”和“矛盾的论断”下定义的时候，就犯了“循环定义”的错误。“男人”的定义用“女人”来界定，同样，“女人”的定义用“男人”来界定；“矛盾的论断”用“不合逻辑的论断”来界定，“不合逻辑的论断”用“矛盾的论断”来界定。

甲：什么是原因？乙：原因是引起结果的事件。

甲：什么是结果？乙：结果就是原因引起的事件。

甲：什么是诉讼？乙：诉讼就是打官司。

甲：什么是打官司？乙：打官司就是诉讼。

甲：什么是奇数？乙：奇数就是偶数 +1。

甲：什么是偶数？乙：偶数就是奇数 -1。

以上这些例子都犯了“循环定义”的逻辑错误。

不管是同语反复还是循环定义，都没有揭示概念的内涵，不能达到下定义的目的，因此，在下定义的时候不能犯这两种错误。

3. 定义项必须清楚确切

下定义必须以简洁、明了的语句确切地揭示被定义项的内涵，而那些累赘烦冗、含糊其词、形象比喻的语句则不能揭示被定义项的内涵。因此表达定义的语句不应是冗长、含混的，也不应使用比喻。如果在定义的时候用了含混、累赘的词汇，违反了这条规则就会犯“定义含混”的错误；如果在定义中用比喻则犯了“比喻定义”的错误。

例如，“生命是通过塑造出来的模式化而进行的新陈代谢”犯了“定义含混”的错误，“教师是人类灵魂的工程师”、“建筑是凝固的音乐”、“革命是历史的火车头”不能揭示“教师”、“建筑”和“革命”的内涵，这种比喻定义同样不能作为定义来使用。

爱情是建立在共同理想、共同生活态度基础上，具有对对方的责任感与义务感的一种崇高的感情。

爱情是两根琴弦由于有了相同的频率而发生的共振。

爱情是两个人心灵碰撞出的火花。

爱情是一种美妙的飘忽的情感。

第一个语句对“爱情”的内涵作了清晰、明确的揭示，是对“爱情”的定义。第二、三个语句是对“爱情”的比喻，不是对“爱情”的定义，犯了“比喻定义”的错误。第四个语句含混，也不是对“爱情”的定义，犯了“定义含混”的错误。

4. 定义一般用肯定的形式或正概念

下定义的目的就是要揭示概念的内涵，指出概念所指称的对象的本质属性或特有属性，而否定概念只指出对象不具有什么属性。因此，定义项一般不允许用否定概念，否则，就达不到下定义的目的。违反这条规则就会犯“否定定义”的错误。

贪污不是合法行为。

什么是人？人不是兽，不是鸟。

商品不是供生产者本人消费的产品。

电笔不是写字绘图的工具。

经济基础不是上层建筑。

科学就是不迷信。

民主不是独裁。

新闻不是过去发生事情的报道。

幽默绝非嬉皮笑脸。

这些否定的语句都不能揭示概念的内涵。因此，定义不能用表示否定的语词。

如果被定义项的内涵本身反映的就是对象不具有某种属性，这时采用否定概念下定义是可以的。例如，“未成年人就是不满十八周岁的人”、“非婚生子女就是指没有婚姻关系的男女所生的子女”。这样的定义方式就是对“未成年人”和“非婚生子女”的本质属性的解释，是对概念的正确定义。

定义规则和违反规则所犯的逻辑错误如下表所示：

定义规则	逻辑错误
定义必须相应相称	定义过宽　定义过窄
被定义项不得直接或间接地出现在定义项中	同语反复　循环定义
定义项必须清楚确切	比喻定义　定义含混
定义一般用肯定的形式或正概念	否定定义

第六节　划　分

一、划分的含义和组成要素

概念除了明确其内涵外，也需要明确其外延，要明确概念所反映的对象，明确概念的范围和子类。划分是一种明确概念外延的方法，我们要清楚一个概念的外延，必须知道这个概念的外延范围。

学科分为文、法、理、工、农、医等。

比如，我们要想明确和把握“学科”这个概念，必须要明确“学科”的内涵，除此之外，也要明确“学科”的外延，必须明确“学科”由“文”、“法”、“理”、“工”、“农”、“医”等构成，如果想明确“文科”或者“理科”这个概念，必须在明确“文科”和“理科”概念的内涵的基础上，明确这两个概念的外延，而划分就是一种明确概念外延的逻辑方法。

1. 划分的含义

划分是明确概念外延的逻辑方法，它是以对象的一定属性为标准，把一个属概念分为若干种概念，以明确概念外延的逻辑方法。划分是通过把一个概念所反映的对象，分为若干个小类，来揭示这个概念外延的逻辑方法。

小说可分为短篇小说、中篇小说和长篇小说。

生物分为动物、植物、微生物。

我们对“小说”和“生物”这两个概念在明确其内涵，即“什么是小说”、“什么是生物”的基础上，也需要明确“小说”和“生物”的外延，这种以概念一定的属性作为标准，把一个属概念的外延按照某个特定标准分成若干个种概念的过程就是划分。例句就是对概念“小说”和“生物”的划分。

2. 划分和分解

分解是把事物的整体分为部分，整体所具有的属性不一定为其部分所具有。分解是将一个有机体分成若干组成部分，而划分是将属概念分成种概念。分解前后是有机整体同组成部分的关系，不是属种关系，所以划分不是分解。

划分和分解的区别：

（1）划分是根据概念的属种关系，把一个属概念分成种概念；分解是把一个整体事物分成各个组成部分。

人分为男人与女人。

人分为手、脚、头、胸、腹、腰等。

其中第一个语句是划分，因为“人”相对于“男人”、“女人”来说是属概念，“男人”、“女人”是“人”的种概念。第二个语句是分解，因为“手、脚、头、胸、腹、腰”等是“人”这个整体的组成部分。

(2) 划分后的种概念具有属概念的属性；分解后各组成部分不一定具有整体事物的属性。

树分为树枝、树叶、树干、树根等。

树分为桃树、李树、杏树、梨树等。

其中，第一个语句是分解，因为“树枝”、“树叶”、“树干”和“树根”不具有“树”的整体的属性。第二个语句是划分，因为“桃树、李树、杏树、梨树”都具有“树”的属性。

(3) 划分后的子项可以用母项的名称去指称，而分解后的部分则不能用整体的名称去指称。

住房分为客厅、饭厅、卧室、厨卫等。

住房分为砖木结构住房、砖混结构住房、钢混框架结构住房、钢混剪刀墙结构住房、钢结构住房等。

第一个语句是对“住房”的分解，第二个语句是对“住房”根据楼体结构的分类进行的划分，我们不能用“客厅”来指称“住房”，但我们可以用“住房”来指称“砖木结构住房”。

划分和分解的区别可以表示如下：

	对象	结果	关系
划分	类	子类	子类必有类的属性
分解	整体	部分	部分不必然有整体的属性

思考题

以下哪些是划分，哪些是分解？

1. 地球分为南半球和北半球。
2. 地球上的陆地分为亚洲、欧洲、北美洲、南美洲、非洲、大洋洲和南极洲。
3. 一年分为春、夏、秋、冬四季。
4. 句子可分为主语、谓语、宾语、定语、状语、补语。

二、划分的三要素

任何一个划分都由三要素构成，即母项、子项和划分的根据，三个要素缺一不可。

比如，“人”根据国籍的不同，可以分为“中国人和外国人”，“人”就是母项，“中国人”、“外国人”就是子项，“国籍”就是根据。

划分的母项：被划分的属概念，上例中“人”就是划分的母项。

划分的子项：划分后得到的种概念，如上例中的“中国人”、“外国人”就是“人”的划分子项。

划分的根据：作为划分标准的属性，也就是划分所依据的对象的某个或某些属性。划分的根据就是划分的依据和标准。“小说可分为短篇小说、中篇小说和长篇小说”划分的根据就是“小说的篇幅”。

划分的这三个要素缺一不可。没有“划分的母项”划分就没有对象，不可能进行划分。没有“划分的子项”划分就没有结果，等于没有划分。最后，没有“划分的根据”就没有标准，我们无法进行划分。

每一次划分具体采用哪种划分根据，要根据实际情况决定。

三、划分的种类

划分按层次多少可分为一次划分和连续划分；按子项的数目可分为多分法划分和二分法划分；按对同一母项划分的次数可分为一次划分和多次划分；此外还有两种特殊的划分：分类和列举。

1. 一次划分和连续划分

一次划分指的是只包含由母项与子项形成的两个层次的划分方法。就是依据划分的根据把母项的外延一次划分完毕，这种划分只有母项和子项两个层次。

社会分为原始社会、奴隶社会、封建社会、资本主义社会和社会主义社会。

连续划分指的是包含由母项与子项形成的三个或更多层次的划分。具体操作方法就是将一个母项分为若干子项，接着又将子项作为母项划分为更小的子项，直到满足自己的需要为止。

- 词类
  - 实词
    - 名词
    - 动词
    - 形容词
    - 数词
    - 量词
    - 代词
  - 虚词
    - 介词
    - 副词
    - 连词
    - 助词
    - 叹词

以上就是对“词类”的连续划分，首先对“词类”这个属概念进行一次划分之后而划分为“实词”和“虚词”两个种概念，然后再把“实词”和“虚词”作为属概念进行划分，划分出其他的种概念。这种划分形式就是连续划分。

2. 多分法划分和二分法划分

多分法划分是将一个母项分成三个或三个以上子项的划分。比如，把小说分为“长篇小说、中篇小说、短篇小说”，把句子分为“陈述句、疑问句、祈使句、感叹句”，把“概念间的关系”分为“全同关系、属种关系、种属关系、交叉关系和全异关系”，这些就是多分法划分。

二分法指的是根据概念所指称的对象是否具有某种属性，而把一个属性分为两个互相矛盾的种概念的划分方法。

战争分为正义战争和非正义战争。

人口分为农业人口和非农业人口。

概念分为集合概念和非集合概念。

二分法是一种特殊的划分方法。它的一般形式是将一个属概念分为正负两个种概念。其优点是便于人们将注意力集中到应当注意的那一部分事物上面，并且这种划分简便易行，不易发生错误。这种划分的缺点是其子项中的负概念只反映对象不具有什么属性，并未说明它有什么属性，负概念的内涵和外延是不明确的。

3. 一次划分和多次划分

一次划分是按照一个根据对一个母项只划分一次就满足需要的划分。

人分为老年人、中年人、青年人、少年儿童和婴儿。

多次划分是按照两个以上根据对一个母项进行两次以上划分的划分。

邮件按照处理时限分为普通邮件和特快专递邮件；按运输方式分为航空邮件、水陆路邮件和空运水陆路邮件；按处理手续分为平常邮件和给据邮件；按邮局承担的责任分为保价邮件和非保价邮件等。

4. 分类和列举

分类是根据事物的本质属性或显著特征将事物分为若干个类，使每个类相对于其他的类都具有确定的地位。划分是分类的基础，分类是特殊的划分。分类的根据必须是事物的本质属性或显著特征，分类的结果一般具有稳定性和长期性。分类可以帮助我们发现事物的新的规律或更深层次的本质，因而具有很大的科学价值。如化学元素的分类、动植物的分类、社会形态的分类就属于这种分类。而划分则要求不那么严格，划分的根据可以是区别事物的一般属性，是由人们日常实践的需要决定的，当这一实践过程完毕，这种划分也就失去意义。

列举是通过揭示母项的部分子项从而明确概念外延的一种逻辑方法。当一个属概念不便于进行多分法划分，或者不必要进行完全划分时，就用列举。例如，“中国古代战乱很多，有牧野之战、巨鹿之战、赤壁之战、八王之乱、五胡乱华、安史之乱等”，这就是一个列举。举出一些具有代表性的例子，其余未列举出的子项就用“等”、“等等”表示。因为列举这种方法灵活简便，人们在明确概念外延时常采用。

四、划分的规则

要对一个概念进行正确的划分，除了要明确概念的内涵、概念划分结构和划分的方法外，还要遵守以下划分规则：

1. 划分子项外延之和必须等于母项的外延

划分是对母项的外延进行分析，是用子项来说明母项的外延，如果划分后各子项的外延之和大于母项的外延，那么就犯了“多出子项”的错误。如果划分后各子项的外延之和小于母项的外延，就犯了“划分不全”的逻辑错误。例如，把“燃料”

划分为“固体燃料”和“液体燃料”，漏掉子概念“气体燃料”，就犯了划分不全的错误。以下都是违背划分规则所犯的逻辑错误的例子。

法律分为宪法、刑法、民法、经济法、婚姻法。（划分不全）
生物可以分为动物和植物。（划分不全）
现代汉语的代词可以分为人称代词、指示代词。（划分不全）
直系亲属分为父母、配偶、兄弟姐妹和子女。（多出子项）
文学作品包括小说、诗歌、散文、戏剧、音乐、雕塑。（多出子项）
苏轼的作品包括诗、词、散文、书法、绘画、小说、戏剧。（多出子项）

2. 划分的子项必须互相排斥

划分是对母项的外延进行划分，划分后的子项的外延之和必须等于母项的外延，只有当子项中的每一个概念的外延不相容时，才能明确母项的外延。否则，就犯了“子项相容”的逻辑错误。

我班的同学有来自北方的、南方的、广州的，还有北京的。

以上表述就犯了“子项相容”的错误，“南方的”与“广州的”两个子项的外延是相容的，“北方的”与“北京的”两个子项的外延也是相容的。

3. 每次划分的根据必须同一

所谓划分就是按照同一个标准把一个属概念分成若干同级的种概念的过程，这个划分的标准必须是同一的。如果在划分中运用多个不同的标准和根据，就犯了“混淆根据”的逻辑错误。

法律可分为国内法、国际法、程序法、成文法和根本法。

其中，国内法与国际法是按照法的创制与适用主体的不同所做的划分，而程序法是按照法律规定的具体内容的不同所做的划分，成文法是按照法的创制和表达形式的不同所做的划分，而根本法是按照法的效力、内容和制定程序的不同所做的划分。把“法律”分为“国内法、国际法、程序法、成文法和根本法”犯的就是“混淆根据”的逻辑错误。

有一个卖瓜老汉在价格表上写着：“4 斤以上的西瓜每斤 1 角 5 分，4 斤以下的西瓜每斤 1 角。”一个顾客买一个西瓜，一称，不多不少，刚刚 4 斤。卖瓜的要按每斤

1角5分计价，因为“4斤以上”包括4斤嘛！买瓜的要按每斤1角计价，因为“4斤以下”应该包括4斤在内。这就成为难断的糊涂官司了。

从这件小事中可以领悟出这样一个道理：“以上”和“以下”不能在一个地方同时使用，否则就会出现划分不当的错误。

4. 划分的层次必须清楚

划分就是把一个属概念分成几个并列的种概念，如果需要连续划分，可以将种概念再划分为次一级的种概念，这样逐次进行。如果在划分中混淆了属种层次，就犯了“层次不清”或者“越级划分”的逻辑错误。

生物可以分为动物、植物、微生物、狗、牛等。

上例中有的是从生物的种类的层次划分的，有的是从动物的种类划分的，这样就犯了“层次不清”的错误。

生物分为狗、牛、羊、马等。

“生物”为属概念或者母项，下一个层次应该是“动物”、“植物”、“微生物”。动物的下一个层次才是“狗”、“牛”、“羊”、“马”等。这个例子就犯了“越级划分”的错误。

划分的规则和违背规则所犯的逻辑错误可以归结为下表：

划分规则	违背规则的逻辑错误
划分子项外延之和必须等于母项的外延	划分不全　多出子项
划分的子项必须互相排斥	子项相容
每次划分的根据必须同一	混淆根据
划分的层次必须清楚	层次不清　越级划分

思考题

某人慕名来到了一家知名的饺子馆，问服务员：“你们这里都有什么样的饺子啊？”服务员回答说：“有生的、熟的和半生不熟的。”

请问，这个服务员是否犯了逻辑错误？错在哪里？

练习题

一、选择题（以下题目至少有一个正确答案）。

1. 在下列语句中，在集合意义下使用语词“人”的是（　　）。

A. 人是有思维能力的　　B. 人非圣贤，孰能无过

C. 人贵有自知之明　　D. 人是世间万物中第一个可宝贵的

2. 下列语句作为划分，正确的是（　　）。

A. 战争分为常规战争和世界大战

B. 一年可以分为春、夏、秋、冬四季

C. 这个班的学生，除了七名女学生外，其余都是男生

D. 概念分为普遍概念、单独概念和正概念

3. 下列限制或概括不正确的是（　　）。

A. 把“森林”限制为“防护林”

B. 把“正概念”概括为“普遍概念”

C. 把“颜色”限制为“红色”

D. 把“中国”概括为“亚洲的国家”

E. 把“喜马拉雅山脉”限制为“喜马拉雅山最高峰”

4. 下列限制和概括中有错误的是（　　）。

A. “单独概念”概括为“概念”　　B. “不相容关系”限制为“反对关系”

C. “支判断”概括为“复合判断”　　D. “必然性推理”限制为“假言推理”

5. 若“A 可以分为 B、C”是正确划分，则 B 与 C 的外延关系是（　　）。

A. 反对关系　　B. 矛盾关系

C. 属种关系　　D. 交叉关系

E. 全异关系

6. 下列属于逻辑划分的是（　　）。

A. 三段论分为大前提、小前提和结论

B. 思维形式分为概念、判断和推理

C. 关系判断分为关系项、关系者项和量项

D. 定义分为被定义项、定义项和定义联项

7. 如果一次划分的子项外延处于（　　）关系，则该划分犯了“子项相容”的逻辑错误。

A. 全同　　B. 交叉　　C. 矛盾　　D. 反对

8. 设 a 为《祝福》，b 为《鲁迅全集》，则 a 与 b 的外延关系为（　　）。

A. 种属　　B. 交叉　　C. 全异　　D. 相容

9. 下列两概念外延间具有全异关系的是（　　）。

A. 青年、学生　　B. 全异关系、相容关系

C. 普通概念、正概念　　D. 鲁迅作品、文学作品

E. 概念、推理

10. 下列对概念的概括和限制，正确的是（　　）。

A. “菊花”限制为“墨菊”

B. “无产阶级”限制为“无产者”

C. “月亮”限制为“十五的月亮”

D. “南部非洲”概括为“非洲”

E. “徘徊”概括为“走动”

11. “我国著名森林有小兴安岭森林、西双版纳森林等”中，“森林”属于（　　）。

A. 集合概念　　B. 非集合概念

C. 单独概念　　D. 普遍概念

E. 负概念

12. 下列概念的概括或限制，正确的有（　　）。

A. “学校”限制为“高等学校”

B. “单独概念”概括为“普遍概念”

C. “干部”限制为“青年”

D. “诚实”概括为“品质”

二、下列作为定义和划分是否正确？为什么？

1. 建筑物是凝固的音乐，可分为生产性建筑物和非生产性建筑物。

2. 中餐馆就是中国人开的餐馆。

3. 小说可分为长篇、短篇、历史、纪实、科幻等多种。

4. 期刊就是每周或每月定期出版的出版物。

5. 凡是看机会而采取行动的人就是机会主义者。

6. 所谓大国，就是比小国领土大、人口较多的国家；所谓小国，就是比大国领土小、人口较少的国家。

拓展训练题

1. 我最爱阅读外国文学作品，英国的、法国的、古典的，我都爱读。上述陈述在逻辑上犯了哪项错误？（　　）

A. 划分外国文学作品的标准混乱，前按国别，后按时代

B. 外国文学作品，没有分是诗歌、小说还是戏剧等

C. 没有说最喜好什么

D. 没有说是外文原版还是翻译本

2. “平反是对处理错误的案件进行纠正。”依据以下哪项能最为确切地说明上述定义的不严格？（　　）

A. 对案件是否处理错误，应该有明确的标准，否则不能说明什么是平反

B. 应该说明平反的主体，平反的主体应该具备足够的权威性

C. 对原来重罪轻判的案件进行纠正不应该称为平反

D. 处理错误的案件包括三种：重罪轻判、轻罪重判和无罪而判

3. 过去，我们在道德宣传上有很多不切实际的高调，以至于不少人口头说一套，背后做一套，发生人格分裂现象，通过对此种现象的思考，有的学者提出，我们只应该要求普通人遵守“底线伦理”。

根据你的理解，以下哪一选项作为“底线伦理”的定义最合适？（　　）

A. 底线伦理就是不偷盗，不杀人

B. 底线伦理是作为一个社会普通人所应遵守的一套最起码、最基本的行为规范和准则

C. 底线伦理不是要求人无私奉献的伦理

D. 如果把人的道德比作一座大厦，底线伦理就是该大厦的基础部分

4. 谋杀：是指当一个人不但企图造成另一个人的死亡，而且也造成了这个人的实际上的死亡；或者是由于一个人的行为，明明知道自己正在做一件可能造成另一个人被杀死的危险事情，仍然不顾别人的生命而造成他人的死亡。

根据以上定义，下面哪种行为是谋杀？（　　）

A. 于某与其妻子发生争吵，打了她一巴掌，为的是不让她再哭，不巧将她打倒，她在倒下时，头碰在地板上，后来由于头部受伤而死亡

B. 一位老人得了一种绝症，不能忍受痛苦，请求护士给他服用致死剂量的安眠药，这个护士非常同情老人，就给了他，结果老人死亡

C. 曾某以每小时25千米的速度在公路上驾车行驶，没留神，他失去了对汽车的控制，撞上另外一辆汽车并引起爆炸，结果同车赵某死亡

D. 汤某，动物园管理员，正在动物园打扫老虎的笼子，打扫完后，他忘了锁门就离去，结果老虎从笼子里跑了出来，咬死了一名游客

5. 如今，人们经常讨论职工下岗的问题，但常常弄不清“下岗职工”的准确定义。国家统计局对“下岗职工”的说明是：下岗职工是指由于企业的生产和经营状况等原因，已经离开本人的生产和工作岗位，并已不在本单位从事其他工作，但仍与用人单位保留劳动关系的人员。

按照以上划分标准，以下哪项所述的人员可以称为下岗职工？（ ）

A. 钱二萍原来是某咨询公司的办公室秘书。最近，公司以经营困难为由，解除了她的工作合同，她只能在家做家务

B. 张三枫原来在手表厂工作，因长期疾病不能工作，经批准提前办理了退休手续

C. 李四喜原来在某服装厂工作，长期请病假。其实他的身体并不坏，目前在家里开了个缝纫部

D. 王五伯原来在电视机厂工作，今年 53 岁。去年工厂因产品积压，人员富余，让 50 岁以上的人回家休息，等 55 岁时再办正式退休手续

6. 在生活中有时候可以看到一些人会反复地洗手，反复对餐具进行高温消毒，反复地检查门锁等，重复这类无意义的动作并使自己感到十分烦恼和苦闷，这就是神经症中的一种，称为强迫症。王强每天洗手的次数超过普通人的 20 倍，看来，王强是得了强迫症。

以下哪项如果为真，将对上述结论构成最有力的质疑？（ ）

A. 王强在洗手时并没有感到任何的烦恼和苦闷

B. 王强的工作性质是需要洁净卫生的

C. 王强的家里人的洗手次数都比普通人高

D. 王强并没有检查门锁的习惯，甚至有一次还忘记了锁家门，结果被盗

参考答案

练习题

一、

1. D　2. C　3. BE　4. C　5. BE　6. B　7. B　8. C　9. BCE　10. AC　11. BD　12. AD

二、

1. 错误，比喻定义。

2. 错误，循环定义。

3. 错误，划分标准不统一。

4. 错误，违反了下定义的规则：即定义项的外延与被定义项的外延应该是全同关系。犯了定义过窄的逻辑错误，因为期刊并不只有每周或每月定期出版的，其他的还有双月刊、季刊等，甚至还有非定期出版的。

5. 错误，违反了下定义的规则：即定义项不得直接或间接地包含被定义项。本题的被定义项就直接包含在定义项中，犯了同语反复的逻辑错误。

6. 错误，违反了下定义的规则：即定义项不得直接或间接地包含被定义项。本题的被定义项大国、小国互相定义，犯了循环定义的逻辑错误。

拓展训练题

1. A　2. C　3. B　4. B　5. D　6. A

第三章　性质判断及其直接推理

第一节　判断概述

一、判断的定义及其逻辑特征

（一）判断的定义

判断是对思维对象有所断定的思维形式。所谓有所断定，就是说人们对思维对象的性质或关系有所肯定，或者有所否定，判断也称命题。

金属都是导电的。
广州不是中华人民共和国的首都。

第一个语句表达了“金属”具有“导电”这个属性，是对“金属”属性的断定；第二个语句表达了“广州”不具有“中华人民共和国的首都”这样的属性，是对“广州”不具有某种属性的断定。以上两个语句都是判断，都是对某个思维对象具有或者不具有某种属性或者性质的断定，不管是肯定还是否定，都是对事物属性或者关系的断定，都是判断。

（二）判断的逻辑特征

1. 判断必定有所断定

判断必定有所肯定或者有所否定。所谓有所断定是指对思维对象的性质、关系等的肯定或否定。任何一个判断都有其确定的断定内容，在同一思维过程中，它肯定什么就肯定什么，否定什么就否定什么。

2. 判断都有真假之分

如果判断与客观实际相符合，那么，该判断就是真的；如果判断与客观实际不相符合，那么，该判断就是假的。

(1) 1不是奇数。

(2) 没有共产党就没有新中国。

(3) 每一个行星都有卫星。

(4) 虚心使人进步。

上述判断（2）和（4）是真的，判断（1）和（3）是假的。

二、判断和语句的关系

语句是表达一个完整思想的最小的语言单位，是语言学的研究对象。语句是“指任何语法上正确和完整的自然语言表达式串”①。

判断和语句有如下区别：

1. 任何判断都必须用语句来表达，但并非所有语句都直接表达判断

所谓判断，就是对某个属性或者关系的真假有所判定的语句，因此，所有判断都是语句，但并非所有的语句都是判断。在现代汉语中要想完整地表达思想，一般有四种语句：陈述句、疑问句、祈使句和感叹句。

陈述句因为表达事物具有或者不具有属性或者事物之间具有或者不具有某种关系，因此可直接表达判断。

莫言是诺贝尔文学奖得主。

所有粒子都是可分的。

以上两个语句，都是对事物属性或者关系的断定的思维形式，因此都是判断。

疑问句主要的交际功能是提出问题、询问情况，疑问句的目的主要是提出疑问，而不是对事物的性质或者关系有所断定，一般不能表达判断。

---

① ［英］苏珊·哈克．逻辑哲学．罗毅译．北京：商务印书馆，2003．94．

你什么时候开学?

张红来不来参加会议?

天空为什么是蓝色的?

你喜欢逻辑学吗?

以上这些语句主要表达疑问，这种疑问句一般不能转换成陈述句，不能表达判断。而疑问句中的反问句可以转变成对事物属性或者关系有所断定的陈述句，可以表达判断。

字典难道不是我们的良师益友吗?

敢于徒手和歹徒搏斗，难道还不是英雄吗?

“字典难道不是我们的良师益友吗?”这个反问句可以转变成陈述句“字典是我们的良师益友”。“敢于徒手和歹徒搏斗，难道还不是英雄吗?”这个反问句可以转变成陈述句“敢于徒手和歹徒搏斗是英雄”。因此，这两个反问句都可以表达判断。

祈使句和感叹句虽然不直接表达判断，但是这种语句类型都可以转化成陈述句，因此也可以表达判断。

公共场所禁止吸烟!

九寨沟的景色真美啊!

“公共场所禁止吸烟!”这个祈使句可以转变成陈述句“公共场所是禁止吸烟的”。“九寨沟的景色真美啊!”这个感叹句可以转变成陈述句“九寨沟的景色很美”。以上祈使句和感叹句，因其可以转化成对事物性质或者关系有所断定的思维形式，因此能够表达判断。

要区分一个语句是否是判断，关键在于它是否能够判定真假。如果能够断定真假，就是判断；如果不能断定真假，就不是判断。

2. 判断和语句非一一对应关系

（1）同一判断可以用不同的语句表达。

判断具有全人类性，而语句只具有民族性。在不同的国家和民族之间，同一判断可以用不同的语句表达。

比如，对于表达情感的判断“我爱你”，就可以由以下不同的语句来表达：

汉语：我爱你
韩语：사랑해요
日语：君を爱している
英语：I love you
法语：Je t'aime，Je t'adore
俄语：Я люблю тебя

在汉语、韩语、日语、英语、法语、俄语等不同的民族语言中有不同的语言表达方式。在同一民族语言中，也可以用不同的句式来表达同一个判断：

他的行为触犯了法律。
难道他的行为没有触犯法律吗？
他的行为不是没有触犯法律。

这三个语句都表达了同一个判断，都是在断定“他的行为触犯了法律”。

（2）同一语句在不同的语境中表达不同的判断。

我遇见了白头翁。

“我遇见了白头翁”既可以表示“我”遇到了一种叫“白头翁”的鸟，也可以表示“我”遇到了一个“白发苍苍的老头”。语句究竟表达哪种判断要根据一定的语言环境来确定。

古代有个算命先生，算命算得准，大家都称他为活神仙。张先生和李先生两个人请他算卦。算命先生问了张先生的生辰八字和父母的出生年月，然后掐算一番，说：“这位官人是父在母先亡。”“哎呀！你算得真准啊！”张先生失声叫了起来，“我家确实是父亲健在而母亲先去世。”算命先生有点洋洋得意，又问李先生的生辰八字及父母的出生年月，算了一会儿，慢吞吞地说：“你是父在母先亡。”“这回你完全算错了，”李先生说道，“我母亲还健在，父亲却去世了。”“这就对了，我刚才说的‘父在母先亡’，就是说‘父亲在母亲之前先死亡’。”

一句“父在母先亡”，可以根据张先生和李先生的不同情况得出不同的意思，也就是同样一个语句在不同的语境中有不同的意思，在不同的语境中表达了不同的判断。

三、判断的类别

判断的类型比较多，根据不同的划分标准，可以对判断进行不同的分类。

（1）根据判断中是否带有模态词，可以把判断分为模态判断和非模态判断。

摩擦必然生热。

吸烟可能导致患肺癌。

GDP 不是衡量经济发展的唯一指标。

“摩擦必然生热”和“吸烟可能导致患肺癌”分别包含了模态词“必然”和“可能”，这两个判断就是模态判断。第三个判断“GDP 不是衡量经济发展的唯一指标”没有包含模态词，是一个非模态判断。

（2）根据判断中是否包含其他判断，可以把判断分为简单判断和复合判断。判断中不包含其他判断的是简单判断，包含其他判断的是复合判断。

鲸鱼不是鱼。

如果得了肺炎，那么就会发烧。

只有好好学习，才能取得好成绩。

“鲸鱼不是鱼”这个判断中不再包括其他判断，这是个简单判断。“如果得了肺炎，那么就会发烧”和“只有好好学习，才能取得好成绩”包含了其他判断，是复合判断。

（3）根据判断中语句的性质，可以把判断分为肯定判断和否定判断。

人是由古猿进化而来的。

我的未来不是梦。

第一个语句是肯定判断，第二个语句是否定判断。

除此之外，还有其他的分类方式，这里我们不再详述。如果对判断加以分类，可以用下图来表示：

- 判断
  - 非模态判断
    - 简单判断
      - 性质判断
      - 关系判断
    - 复合判断
      - 联言判断
      - 选言判断
      - 假言判断
      - 负判断
      - 其他复合判断
  - 模态判断
    - 必然判断
    - 可能判断
    - 道义判断
    - 知道判断
    - 时态判断

第二节　推理及其逻辑特征

一、推理的定义

推理是由一个或几个已知判断推出新判断的思维形式。每个推理都包含着两部分的判断：一部分是已知的判断，它是推理的根据，叫作推理的前提；另一部分是由此而推导出的判断，叫作推理的结论。如以下几个例子：

例 1：如果秋天到了，那么北雁将南飞。
秋天到了，
所以北雁将南飞。

例 2：小说是用语言塑造形象反映社会现实的，
诗歌是用语言塑造形象反映社会现实的，
戏剧是用语言塑造形象反映社会现实的，
散文是用语言塑造形象反映社会现实的，
（小说、诗歌、戏剧、散文是文学形式的全部子类）
可见，一切文学形式都是用语言塑造形象反映社会现实的。

例3：所有的鸟都会飞，

　　那么，有的鸟会飞。

例1中，“如果秋天到了，那么北雁将南飞”和“秋天到了”是推理的前提，“所以”后面的内容“北雁将南飞”是推理的结论。例2中前面四个判断是推理的前提，“可见”后面的“一切文学形式都是用语言塑造形象反映社会现实的”是推理的结论。例3中，“所有的鸟都会飞”是前提，结论是“那么”后面的内容“有的鸟会飞”。

二、推理的结构

推理一般由前提、结论和逻辑联结词构成。除此之外，推理还有推理的形式。

前提是指推理所依据的已知判断。

结论是指根据已知判断推导出来的新判断。

逻辑联结词是指联结已知判断和新判断的词，比如，上述中的“所以”、“可见”、“那么”等。

推理的形式是指已知判断和推导出来的新判断之间的逻辑关系。

以上例1的推理形式与下面的推理的逻辑关系是相同的：

如果物体摩擦，则物体会发热。

物体摩擦了，

所以，物体发热了。

逻辑形式为：

如果 p，那么 q

p
____

那么 q

以上例2的推理形式与下面的推理的逻辑关系是相同的：

蘑菇没有叶绿素，

香蕈没有叶绿素，

地衣没有叶绿素，

蘑菇、香蕈、地衣都是菌类植物，

所以，凡菌类植物都没有叶绿素。

它们共同的逻辑关系也就是推理形式是：

S_1 是 P
S_2 是 P
S_3 是 P
……
S_n 是 P
S_1、S_2、S_3……S_n 是 S 类中的全部或者部分对象
所以，所有的 S 都是 P

上述例 3 中的推理形式与“所有金属都导电，那么铁导电”这个判断虽然自然语言表示不同，但是具有同样的推理形式，即“所有 S 是 P，那么，有的 S 是 P”。

三、推理的种类

推理按照不同的标准，可以划分为不同的种类。

（1）根据推理的前提中是否含有模态词，可以把推理分成模态推理和非模态推理。

如果一个推理在前提中包含有“可能”、“不可能”、“必然”等模态词组成的判断，那么这个推理是模态推理，否则这个推理就是非模态推理。

A：正义必然战胜邪恶，
所以，正义不可能不战胜邪恶。

B：这个岛上所有居民都是土著人，
所以，这个岛上没有居民不是土著人。

以上推理 A 包含模态词，是模态推理；推理 B 不含有模态词，是非模态推理。

（2）根据从前提到结论这一推导过程的方向不同，可以将推理分为演绎推理、归纳推理和类比推理。

演绎推理是从一般性的前提到个别性的结论的推理；归纳推理是从个别性的前提到一般性的结论的推理；类比推理是从个别性前提到个别性结论或者从一般性前提到一般性结论的推理。

A：所有的鱼都是用鳃呼吸的动物，
鲤鱼是鱼，
所以，鲤鱼是用鳃呼吸的动物。

B：麻雀是卵生的，
燕子是卵生的，
大雁是卵生的，
老鹰是卵生的，
麻雀、燕子、大雁、老鹰都是鸟，
所以，所有的鸟都是卵生的。

C：光量子具有波动性，光量子具有粒子性，
电子具有粒子性，
那么，电子也具有波动性。

D：人的头盖骨由八片骨片组成，形薄、体轻、坚固，
罗马体育馆用 1 620 块类似头盖骨的构件组成，形薄、体轻，
所以，罗马体育馆是坚固的。

推理 A 中“所有的鱼都是用鳃呼吸的”是一个一般性的前提，“鲤鱼是用鳃呼吸的”是个别的结论。所以，这个推理形式是从一般到个别的演绎推理。

推理 B 中的前提是对一个个特定的“鸟”的属性的判定，是个别性的前提，结论是对“鸟”的类的属性的断定，是一般性的结论。这个推理是从个别到一般的归纳推理。

推理 C 是从“光量子”和“电子”具有的共同属性推导出“电子也具有波动性”。

推理 D 也是从“人的头盖骨”和“罗马体育馆”具有“形薄、体轻”等共同的属性，推出“罗马体育馆是坚固的”，形如推理 C 和 D 的推理模式叫作类比推理。

（3）根据推理的前提数量的不同可以把推理分为直接推理和间接推理。

直接推理是指仅仅由一个已知判断作为前提而推导出一个结论的推理。通常是指以一个性质判断为前提的推理。

间接推理是指由两个或两个以上的已知判断作为前提而推导出结论的推理。间接推理包含的推理形式比较多，一般有三段论推理、联言推理、选言推理、假言推理、

假言选言推理等复合判断组成的演绎推理，也包括归纳推理和类比推理。

一切知识都是来源于实践的，
所以，没有知识是不来源于实践的。

以上就是由一个判断作为前提就可以推导出结论，这样的逻辑关系叫直接推理。

凡语言都是交流思想的工具，
汉语也是交流思想的工具，
所以，汉语也是语言。

以上推理是由两个已知判断作为前提组成的推理形式，这种推理就是间接推理。

（4）根据前提是否蕴涵结论，推理可以分为必然性推理和或然性推理。

如果一个推理的前提必然得出结论，那么由这个前提组成的推理是必然性推理。如果一个推理的前提不必然得出结论，那么由这个前提组成的推理就是或然性推理。比如，由前提“所有人都是要死的”，推导出结论“张三是要死的”，这种推理是必然性推理；由前提“我看到的天鹅是白色的”，推导出结论“所有天鹅都是白色的”，这是或然性推理，因为由前提不能必然得出结论。

按照以上的推理的分类，我们可以用下图来表示各种形式的推理之间的关系：

- 推理
  - 非模态推理
    - 演绎推理
      - 简单判断推理
        - 性质判断推理
        - 关系判断推理
      - 复合判断推理
        - 联言判断推理
        - 选言判断推理
        - 假言判断推理
        - 负判断推理
    - 归纳推理
      - 完全归纳推理
      - 不完全归纳推理
        - 简单枚举归纳推理
        - 科学归纳推理
        - 概率推理
        - 统计推理
    - 类比推理
  - 模态推理

第三节　性质判断及其推理

一、性质判断的定义及其结构

（一）性质判断的定义

性质判断是断定对象具有或不具有某种性质的简单判断，又叫直言判断。

所有蛇都不是哺乳动物。

有的科学家是艺术家。

其中“所有蛇都不是哺乳动物”是对“蛇”不具有某种性质的判断，“有的科学家都是艺术家”是对“有的科学家”具有某种属性的判断。

（二）性质判断的结构

任何性质判断都是由主项、谓项、联项和量项四部分组成。

1. 主项

表示断定对象的概念。一般在性质判断中作主语，逻辑形式一般用大写字母“*S*”表示。上例中“蛇”和“科学家”是主项。

2. 谓项

表示主项的属性的概念。表示主项具有或者不具有某种性质的概念，一般在性质判断中作谓语，逻辑形式一般用大写字母“*P*”表示。上例中“哺乳动物”和“艺术家”是谓项。

3. 联项

联项是联结主项与谓项的词项。它是性质判断质的方面，一般情况下用“是”或“不是”两个词来表示。联项所表明的是判断的“质”，即表达了“是什么”、“不是什么”，也就是“具有什么属性”、“不具有什么属性”。

4. 量项

是反映被判断对象数量或范围的词项，表明的是判断的“量”。上例中的“所有”和“有的”是量项，量项一般有三种：

（1）全称量项：对判断的主项的全部外延做了断定。比如，“所有”、“一切”、“凡”等就是全称量项，在性质判断中可以省略。上例中的“所有蛇都不是哺乳动物”可以表述成“蛇都不是哺乳动物”。

（2）特称量项：只对判断的主项的部分外延做了断定。比如“有的”、“有些”、“有”、“至少有一个”等就是特称量项。特称量项在性质判断中一般不能省略，比如，“有的科学家是艺术家”不能表述为“科学家是艺术家”。因为对于第一个性质判断只要存在“一个科学家是艺术家”就成立，但对于第二个性质判断只有“所有的科学家是艺术家”才能成立，两个判断的质是不同的。

（3）单称量项：对判断的主项的某一个别对象作出断定。如“某个”、“这个”、“那个”等。如果主项为单独概念时单独量项可以省略，如果主项为普遍概念时单独量项不能省略。

黄河是中国的母亲河。
这个作家获得了茅盾文学奖。

主项“黄河”为单独概念，前面一般没有单称量项；主项“作家”是普遍概念，前面的单称量项不能省略。

在性质判断中，我们把性质判断的主项和谓项称为逻辑变项，把联项和量项称为逻辑常项。

二、性质判断的种类

（一）按质（联项）分为：肯定判断和否定判断

任何事物都是可以认识的。
所有行星都不是发光的。

第一个判断为肯定判断，其逻辑形式是：S 是 P。

第二个判断为否定判断，其逻辑形式是：S 不是 P。

肯定判断和否定判断是根据联项的性质来断定的，如果联项是肯定的性质判断就是肯定判断，联项是否定的性质判断就是否定判断。

（二）按量（量项）分为三种

（1）全称判断：判定一类事物的全部对象具有或不具有某种性质的判断。其逻辑形式为：所有 S 是（或不是）P。

规律是不以人的意志为转移的。

所有人都是要死的。

（2）特称判断：判定一类事物中至少有一个对象具有或不具有某种性质的判断。其逻辑形式为：有 S 是（或不是）P。

有些科学家是有宗教信仰的。

有的海洋生物不是用鳃呼吸的。

（3）单称判断：判定某一个单独对象具有或不具有某种性质的判断。其逻辑形式为：某个 S 是（或不是）P。

广州是广东省的省会。

奥巴马是美国的总统。

全称判断、特称判断和单称判断的区分是按照主项前面的量项来划分的，如果一个判断的量项指的是一类的全部对象，那么这个判断是全称判断；如果一个判断的量项指称一类中的部分对象，那么这个判断是特称判断；如果一个判断的量项指称某个个别的对象，那么这个判断是单称判断。

值得注意的是，在性质判断中，我们一般把单称判断当作全称判断来处理。另外，逻辑上讲的“有些（有的）”是“至少有一个”或“至少有些（有的）”的意思，它并不排除指称全部对象。比如“有些科学家是教育工作者”，只要存在一个“科学家”是“教育工作者”就可以肯定该判断是正确的，在逻辑上并不排除“所有科学家都是教育工作者”。而日常思维活动中，自然语言中的“有些（有的）”，往往排除全部，说“有些（有的）是”就意味着“有些（有的）不是”，相反，说“有些（有的）不是”，就意味着“有些是”。在日常语言中，“有的金属是液体”表示的是“有的金属是液体”，除此之外，还表示“有些金属不是液体”。

（三）按质和量的结合，性质判断可分为六种类型

（1）全称肯定判断：所有 *S* 是 *P* 。（通常用 *SAP* 表示，简称 *A*）

（2）全称否定判断：所有 *S* 不是 *P*。（通常用 *SEP* 表示，简称 *E*）

（3）特称肯定判断：有的 *S* 是 *P*。（通常用 *SIP* 表示，简称 *I*）

（4）特称否定判断：有的 *S* 不是 *P*。（通常用 *SOP* 表示，简称 *O*）

（5）单称肯定判断：某个 *S* 是 *P*。（通常用 *SaP* 表示，简称 *a*）

（6）单称否定判断：某个 *S* 不是 *P*。（通常用 *SeP* 表示，简称 *e*）

单称判断可以看作对一类事物所有对象的断定，不过这类事物只有一个而已。因此，断定了这个对象，也就相当于断定了它的全部，通常把单称判断当作全称判断来处理。我们可以把上述六种判断归结为以下四种判断：

判断类型	读法	表达式	简写
全称肯定判断	所有 *S* 是 *P*	*SAP*	*A*
全称否定判断	所有 *S* 不是 *P*	*SEP*	*E*
特称肯定判断	有的 *S* 是 *P*	*SIP*	*I*
特称否定判断	有的 *S* 不是 *P*	*SOP*	*O*

三、性质判断的主项、谓项的周延性

性质判断的主项和谓项的周延性，是指在性质判断中，对主项和谓项外延数量的断定情况。如果在一个性质判断中，断定了这个判断主项或谓项的全部外延，那么它相应的主项和谓项就是周延的。如果没有断定这个判断主项或谓项的全部外延，那么它相应的主项和谓项就是不周延的。

A、*E*、*I*、*O* 四种性质判断主项和谓项的周延情况如下：

1. 全称判断（*A*、*E*）的主项周延

全称判断的逻辑形式是“所有 *S* 是（不是）*P*”，它断定了主项 *S* 的全部外延是谓项 *P* 的部分外延或不是谓项 *P* 的全部外延，也就是对主项 *S* 的全部外延作了断定。

例如：商品都是有使用价值的。

用 *a* 表示“商品”，*b* 表示“使用价值”。“商品都是有使用价值的”可以表示为：

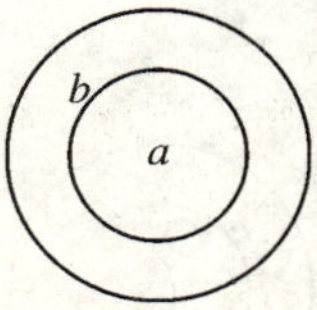

这个全称判断的主项“商品”的外延是“所有的商品”，对“商品”的全部外延都作了断定。全称判断的主项指称的是其全部外延，因此，全称判断主项是周延的。

2. 特称判断（I、O）的主项不周延

特称判断的逻辑形式是“有的 S 是（不是）P”，它断定了主项 S 至少有一部分外延是谓项 P 的部分外延或全部外延，没有指明主项 S 的全部外延。所以，主项 S 是不周延的。

有的牛奶是含三聚氰胺的。
有的牛奶不是含三聚氰胺的。

用 a 表示“牛奶”，b 表示“三聚氰胺”，“有的牛奶是含三聚氰胺的”可以表示为：

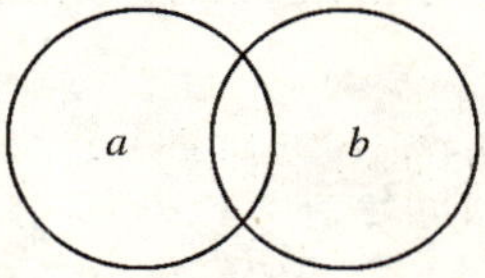

这两个特称判断的主项“牛奶”的外延，仅仅断定了“牛奶”的全部外延中的部分外延，仅指主项的一部分外延被肯定或被否定，并未指称“牛奶”的全部外延，因此“牛奶”是不周延的。也就是说，特称判断的主项是不周延的。

3. 肯定判断（A、I）的谓项不周延

肯定判断的逻辑形式是“所有（有的）S 是 P”，它断定了主项 S 的全部外延是谓项 P 的部分外延，并没有断定主项 S 的全部或部分外延是谓项 P 的全部外延。

所有鲸都是哺乳动物。
有的违法行为是犯罪行为。

如果 a 指的是“鲸”，b 指的是“哺乳动物”，“所有鲸都是哺乳动物”这个判断

可以表示为：

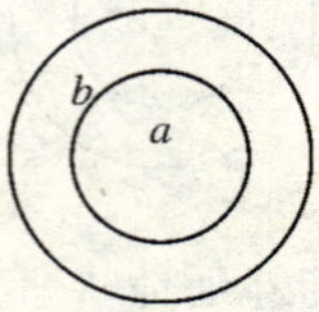

其中，主项“鲸”的外延使用的是全部外延，而谓项“哺乳动物”只使用了部分外延。因此，全称肯定判断中的谓项仅在部分外延的情况下使用。

如果用 a 表示“违法行为”，用 b 表示“犯罪行为”，“有的违法行为是犯罪行为”这个判断可以表示为：

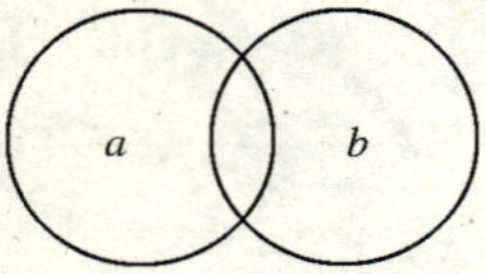

a 和 b 的交叉部分是“有的违法行为是犯罪行为”。其中，“犯罪行为”仅仅在部分外延情况下使用，因此特称肯定判断的谓项是不周延的。

不管是全称肯定判断还是特称肯定判断，只要是肯定判断，其谓项就是不周延的。

4. 否定判断（E、O）的谓项周延

否定判断的逻辑形式是“所有（有的）S 不是 P”，它否定了主项 S 的全部或部分外延是谓项 P 的全部外延，也就是说谓项 P 的全部外延都不是主项 S 的全部或部分的外延，这就断定了谓项“P”的全部外延，所以谓项 P 是周延的。

所有的植物都不是动物。

有些花不是红色的。

如果用 a 表示“植物”，用 b 表示“动物”，那么全称否定判断“所有的植物都不是动物”可以表示为：

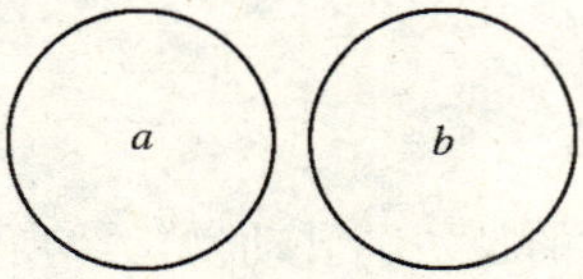

其中，b“动物”使用的是全部外延，因此，全称否定判断的谓项是周延的。

我们用 a 表示“花”，用 b 表示“红色”，特称否定判断“有些花不是红色的”可以表示为：

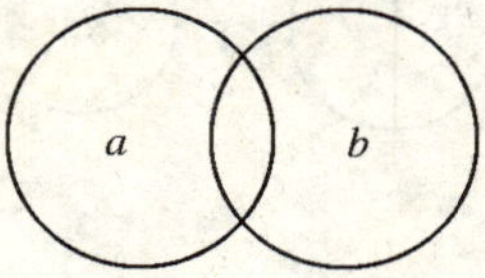

其中，谓项“红色的”用的是全部外延，因此，特称否定判断的谓项是周延的。

不管是全称否定判断，还是特称否定判断，只要判断的质是否定的，那么这个判断的谓项就是周延的。

上述性质判断（A、E、I、O）主项、谓项的周延情况可以用下表来表示：

判断类型	主 项	谓 项
A	周 延	不周延
E	周 延	周 延
I	不周延	不周延
O	不周延	周 延

因此，我们可以得出判断主项、谓项周延与否的原则：

（1）**全称判断的主项都周延。**

（2）**特称判断的主项都不周延。**

（3）**肯定判断的谓项都不周延。**

（4）**否定判断的谓项都周延。**

也就是说，主项的周延性依赖于量项，全称周延特称不周延。谓项的周延性依赖于联项，否定周延，肯定不周延。

四、性质判断之间的对当关系

性质判断是对思维对象具有或不具有某种性质的一种断定。思维对象具有或不具有某种性质，在性质判断中反映为判断主项和谓项具有或不具有某种关系。性质判断的对当关系，是指由相同的主项和谓项概念构成的 A、E、I、O 四种判断间的真假关系。主项概念和谓项概念外延间的关系表现为：全同关系、种属关系、属种关系、交叉关系和全异关系。如下图所示：

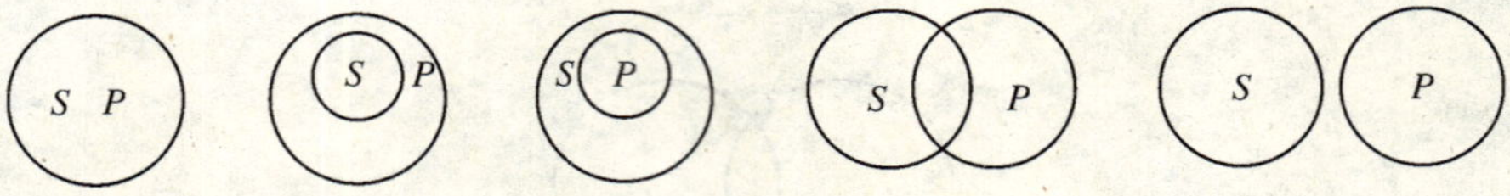

全同关系　种属关系　属种关系　交叉关系　全异关系

图a　图b　图c　图d　图e

图 a　全同关系表示的主项和谓项之间的关系：主项 *S* 与谓项 *P* 的外延是相同的；

图 b　种属关系表示的主项和谓项之间的关系：主项 *S* 真包含于谓项 *P*；

图 c　属种关系表示的主项和谓项之间的关系：主项 *S* 真包含谓项 *P*；

图 d　交叉关系表示的主项和谓项之间的关系：主项 *S* 与谓项 *P* 的外延有部分是重合的；

图 e　全异关系表示的主项和谓项之间的关系：主项 *S* 与谓项 *P* 的外延没有任何共同部分。

根据上图表示的性质判断的主项和谓项之间的关系，就可以确定 *A*、*E*、*I*、*O* 四种判断之间的真假关系。

1. 全称肯定判断（*A* 判断，所有 *S* 是 *P*）

全称肯定判断断定了主项 *S* 外延都是谓项 *P* 的外延。

菠萝是凤梨。	（全同关系）	*A* 判断真
广州人都是中国人。	（种属关系）	*A* 判断真
人人都是科学家。	（属种关系）	*A* 判断假
所有金属都导电。	（交叉关系）	*A* 判断假
谬误就是真理。	（全异关系）	*A* 判断假

通过以上例子我们可以看出：如果 *S* 和 *P* 具有全同或种属关系时，*A* 判断为真；如果 *S* 和 *P* 具有属种关系、交叉关系和全异关系时，*A* 判断为假。

2. 全称否定判断（*E* 判断，所有 *S* 不是 *P*）

全称否定判断断定了主项 *S* 的外延都不是谓项 *P* 的外延。

珠穆朗玛峰不是世界最高峰。	（全同关系）	E 判断假
动物都不是生物。	（种属关系）	E 判断假
所有的青年都不是共青团员。	（属种关系）	E 判断假
所有的作家都不是诗人。	（交叉关系）	E 判断假
所有蜘蛛都不是蚂蚁。	（全异关系）	E 判断真

通过以上例子，我们可以看出：如果 S 和 P 具有全异关系时，那么 E 判断为真；如果 S 和 P 具有全同关系、种属关系、属种关系和交叉关系时，E 判断为假。

3. 特称肯定判断（I 判断，有的 S 是 P）

断定了主项 S 的部分外延和谓项 P 的外延是重合的。

有的商品是用于交换的劳动产品。	（全同关系）	I 判断真
有的金属是物质。	（种属关系）	I 判断真
有的人是英雄。	（属种关系）	I 判断真
有的鱼是用鳃呼吸的。	（交叉关系）	I 判断真
有的沿海城市是内陆城市。	（全异关系）	I 判断假

如果 S 和 P 具有全同关系、种属关系、属种关系和交叉关系时，那么 I 判断为真；如果 S 和 P 具有全异关系时，那么 I 判断为假。

4. 特称否定判断（O 判断，有的 S 不是 P）

断定了主项 S 的外延与谓项 P 的外延没有共同的部分。

有的马铃薯不是土豆。	（全同关系）	O 判断假
有的金属不是物质。	（种属关系）	O 判断假
有些人不是英雄。	（属种关系）	O 判断真
有的科学家不是教育工作者。	（交叉关系）	O 判断真
有的沿海城市不是内陆城市。	（全异关系）	O 判断真

通过以上例子我们可以看出：如果 S 和 P 具有属种关系、交叉关系和全异关系时，那么 O 判断为真；如果 S 和 P 具有全同关系、种属关系时，那么 O 判断为假。

通过以上情况我们可以清楚地看出主项、谓项相同的 A、E、I、O 四种判断之间的真假制约关系。如下表：

S 与 *P* 关系 / 命题真值 / 命题类型	全同关系 	种属关系 	属种关系 	交叉关系 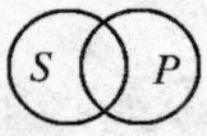	全异关系 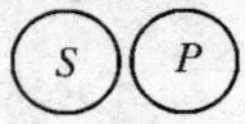
A	真	真	假	假	假
E	假	假	假	假	真
I	真	真	真	真	假
O	假	假	真	真	真

五、性质判断（*A*、*E*、*I*、*O*）之间的对当关系和逻辑方阵

在传统逻辑中，通常用一个正方形来表示 *A*、*E*、*I*、*O* 四种判断之间的真假制约关系。这种图形称为逻辑方阵图。通过逻辑方阵图所表示出来的 *A*、*E*、*I*、*O* 四种判断之间的真假关系，称为判断的对当关系。*A*、*E*、*I*、*O* 四种判断之间的对当关系是指相同主项和谓项的四种判断之间的真假关系，已知其中某一判断的真假情况，就可以相应地确定其他三种判断的真假情况。

A、*E*、*I*、*O* 之间的真假情况有四种：反对关系、下反对关系、矛盾关系和差等关系。

反对关系（*A*、*E* 之间的真假关系）；

下反对关系（*I*、*O* 之间的真假关系）；

矛盾关系（*A*、*O* 之间以及 *E*、*I* 之间的真假关系）；

差等关系（*A*、*I* 之间以及 *E*、*O* 之间的真假关系）。

下图就是 *A*、*E*、*I*、*O* 四种判断之间的“逻辑方阵”。

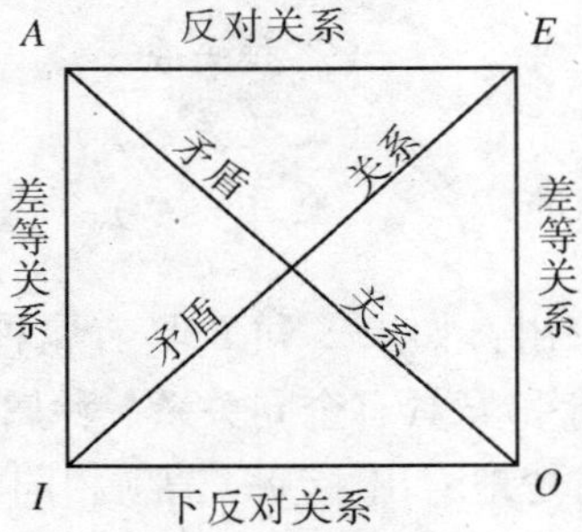

下面我们将详细介绍 *A*、*E*、*I*、*O* 四种判断之间的四种逻辑关系：

1. $A-E$ 反对关系

当 A 判断为真，E 判断的真值情况：

所有人都是会死的。	A 判断真
所有的人不都是会死的。	E 判断假
所有的动物都不是植物。	E 判断真
所有的动物都是植物。	A 判断假

当 A 判断是真的时候，E 判断是假的；当 E 判断是真的时候，A 判断是假的。

当 A 判断为假，E 判断的真值情况：

所有的青年都是学生。	A 判断假
所有的青年都不是学生。	E 判断假
所有的动物都是植物。	A 判断假
所有的动物都不是植物。	E 判断真

当 A 判断为假的时候，E 判断存在真、假两种真值情况。

当 E 判断为真的时候，A 判断的真值情况：

所有动物都不是金属。	E 判断真
所有动物都是金属。	A 判断假

当 E 判断为真的时候，A 判断必为假。

当 E 判断为假的时候，A 判断的真值情况：

所有商品都不是劳动产品。	E 判断假
所有商品都是劳动产品。	A 判断真
所有劳动产品都不是商品。	E 判断假
所有劳动产品都是商品。	A 判断假

当 E 判断为假的时候，A 判断存在真、假两种情况。

根据前面 A、E、I、O 四种判断之间的真假制约关系图也可以知道：当 S 和 P 之间是全同关系和种属关系的时候，A 判断为真，在这两种情况下，E 判断都是假的。当 S 和 P 之间是全异关系时，E 判断是真的，在这种情况下，A 判断是假的。当 S 和 P 之间是属种关系、交叉关系和全异关系时，A 判断为假，E 判断在属种关系和交叉关系的时候是假的，在全异关系的时候是真的。因此，A 判断为假时，E 判断真假不定。同样，E 判断在全同关系、种属关系、属种关系和交叉关系的时候是假的。A 判断在全同关系和种属关系的时候为真的，在属种关系和交叉关系的时候为假的。因此，E 判断为假时，A 判断真假不定。

由以上的 $A-E$ 判断之间的真值情况，可以得到：$A-E$ 判断之间，当一个为真时，另一个必假，A 判断和 E 判断不可以同时为真。当一个为假时，另一个真假不定，A 判断和 E 判断可以同时为假。

在反对关系中，A 判断和 E 判断之间的关系是：不能同真，可以同假。因此，可以由真推出假，不能由假推出真。

2. $A-I$、$E-O$ 差等关系

当 A 判断和 E 判断为真的时候，I 判断和 O 判断的真值情况：

所有的植物都是生物。	A 判断真
有的植物是生物。	I 判断真
所有的实词都不是虚词。	E 判断真
有的实词不是虚词。	O 判断真

当 A 判断为真时则 I 特称判断必真，当 E 判断为真时则 O 特称判断必真。也就是说，当全称判断是真的时候，特称判断也是真的。我们根据前面 A、E、I、O 四种判断之间的真假制约关系图可以知道：对某类事物的全部断定是真的，对其部分作断定自然也是真的。

因此，可以由 A 真推导出 I 真，可以由 E 真推导出 O 真。

当 I 判断和 O 判断为假的时候，A 判断和 E 判断的真值情况：

有些植物是动物。	I 判断假
所有的植物都是动物。	A 判断假
有些犯罪行为不是违法行为。	O 判断假
所有犯罪行为都不是违法行为。	E 判断假

通过以上例证可以知道：当 I 判断为假的时候，相应的 A 判断也为假。当 O 判断

为假的时候，相应的 E 判断也为假。也就是说当特称判断为假时则全称判断必假。某些对象具有或不具有某一属性是假的，那么某类对象具有或不具有某一属性，当然也是假的。

当 A 判断为假时，I 判断的真值情况：

所有的科学家都是博士。	A 判断假
有的科学家是博士。	I 判断真
所有的动物都是植物。	A 判断假
有的动物是植物。	I 判断假

通过以上例证可以看出，当 A 判断为假的时候，I 判断可以为真，也可以为假。因此，当 A 判断为假的时候，I 判断的真假不定。

当 E 判断为假时，O 判断的真值情况：

所有商品都没有使用价值。	E 判断假
有的商品没有使用价值。	O 判断假
所有科学家都不是博士。	E 判断假
有的科学家不是博士。	O 判断真

当 E 判断为假的时候，O 判断可以为真，也可以为假。因此，当 E 判断为假的时候，O 判断的真假不定。

当 I 判断为真的时候，A 判断的真值情况：

有的商品有使用价值。	I 判断真
所有商品都有使用价值。	A 判断真
有的花是红色的。	I 判断真
所有花都是红色的。	A 判断假

当 I 判断为真的时候，A 判断有的时候为真，有的时候为假。因此，当 I 判断为真时，A 判断的真假不定。

当 O 判断为真的时候，E 判断的真值情况：

有的内陆城市不是沿海的。　　　　O 判断真
所有的内陆城市都不是沿海的。　　E 判断真
有的花不是红色的。　　　　　　　O 判断真
所有的花都不是红色的。　　　　　E 判断假

当 O 判断为真的时候，E 判断有的时候为真，有的时候为假。因此，当 O 判断为真，E 判断真假不定。

通过对以上 A－I，E－O 的差等关系的例证可以看出：全称判断真，则特称判断必真；特称判断假，则全称判断必假；全称判断假，则特称判断真假不定；特称判断真，则全称判断的真假不定。

根据前面 A、E、I、O 四种判断之间的真假制约关系图可以知道：A 判断在全同关系和种属关系时为真，这时 I 判断也是真的。E 判断在全异关系时为真，这时 O 判断也是真的。因此，可以由全称的真推导出特称的真。

当 I 判断在全异关系时为假，A 判断也为假。当 O 判断在全同关系和种属关系时为假，E 判断也为假。因此，可以由特称的假推导出全称的假。

在全同关系、种属关系、属种关系和交叉关系时 I 判断为真，只有在全同关系和种属关系时，A 判断才为真。在属种关系和交叉关系时，A 判断为假。在属种关系、交叉关系和全异关系时，O 判断为真，只有在属种关系和交叉关系的时候 E 判断为假，而在全异关系时，E 判断为真。因此，不能由特称的真推导出全称的真。

根据以上对差等关系的描述，差等关系可以由全称的真推导出特称的真，由特称的假推导出全称的假。

3. A－O、E－I 矛盾关系

A 判断和 O 判断、E 判断和 I 判断之间当一个真时，另一个必假；当一个假时，另一个必真。

所有商品都有使用价值。　　　　　A 判断真
有的商品没有使用价值。　　　　　O 判断假
所有的男人都不是女人。　　　　　E 判断真
有的男人是女人。　　　　　　　　I 判断假
有些花是红色的。　　　　　　　　I 判断真
所有的花都不是红色的。　　　　　E 判断假

有些犯罪行为不是违法行为。　　O 判断真
所有犯罪行为都是违法行为。　　A 判断假

由此可见，在矛盾关系中，A 判断和 O 判断、E 判断和 I 判断之间，不能同真，也不能同假；矛盾关系可以由真推出假，也可以由假推出真。

根据前面 A、E、I、O 四种判断之间的真假制约关系图可以知道：当 A 判断为真的时候，O 判断都为假；当 A 判断为假的时候，O 判断都为真。当 E 判断为真的时候，I 判断为假；当 E 判断为假的时候，I 判断都为真。当 I 判断为真的时候，E 判断为假；当 I 判断为假的时候，E 判断为真。当 O 判断为真的时候，A 判断为假；当 O 判断为假的时候，A 判断为真。

4. I－O 下反对关系

当 I 判断为真时，O 判断的真值情况：

有些金属是导体。　　I 判断真
有些金属不是导体。　　O 判断假
有些青年是学生。　　I 判断真
有些青年不是学生。　　O 判断真

所以，当 I 判断为真时，O 判断真假不定。

当 I 判断为假时，O 判断的真值情况：

有些三角形是四边形。　　I 判断假
有些三角形不是四边形。　　O 判断真

所以，当 I 判断为假时，O 判断为真。

当 O 判断为真时，I 判断的真值情况：

有的男人不是女人。　　O 判断真
有的男人是女人。　　I 判断假
有的青年不是学生。　　O 判断真
有的青年是学生。　　I 判断真

所以，当 O 判断为真时，I 判断真假不定。

当 O 判断为假时，I 判断的真值情况：

有的动物不是生物。　　　　　　O 判断假
有的动物是生物。　　　　　　　I 判断真
有的等边三角形不是等角三角形。O 判断假
有的等边三角形是等角三角形。　I 判断真

所以，当 O 判断为假时，I 判断为真。

根据前面 A、E、I、O 四种判断之间的真假制约关系图可以知道：在 S 与 P 外延间是全同关系、属种关系、种属关系、交叉关系时，I 判断为真。其中，S 与 P 外延间的关系为全同关系、种属关系时，O 判断为假；S 与 P 外延间的关系为属种关系、交叉关系时，O 判断为真。因此，当 I 判断为真时，O 判断真假不定。在 S 与 P 外延间的关系为全异关系时，I 判断为假，这时 O 判断是真的。S 与 P 外延间的关系为属种关系、交叉关系和全异关系时，O 判断为真，I 判断在全异关系时为假，在属种关系和交叉关系时为真，因此 O 判断为真的情况下，I 判断真假不定。S 与 P 外延间的关系为全同关系、种属关系时，O 判断为假，这时 I 判断为真。

由以上的 I－O 判断之间的真值情况，可以得到：I－O 判断之间，当一个假时，另一个必真，I 判断和 O 判断不可以同时为假。I－O 判断之间，当一个真时，另一个真假不定，I 判断和 O 判断可以同时为真。

在下反对关系中，I 判断和 O 判断之间的关系是：不能同假，可以同真。因此，可以由假推出真，不能由真推出假。

上述 A、E、I、O 四种判断的真假推导关系，也可用下表表示：

推知 / 已知真	A	E	I	O	推知 / 已知假
A	真	假	真	假	O
E	假	真	假	真	I
I	?	假	真	?	E
O	假	?	?	真	A

此表由左向右看，由已知某一判断真推出其他判断的真值情况；由右向左看，由已知某一判断假推出其他判断的真值情况。

A、E、I、O 四个性质判断的对当关系推理可以归结为以下四句话：

反对关系，正向推：可由真推假，不能由假推真。

下反对关系，反向推：可由假推真，不能由真推假。

矛盾关系，双向推：可由真推假，也可由假推真。

差等关系，向下推：由全称真推导出特称真。

向上推：由特称假可以推导出全称假。

除此之外的性质判断的对当关系推理，其结果真值不能确定。

四个性质判断的特点可以归结如下：

对当关系	判　断		特　点
矛盾关系	所有 S 是 P（全称肯定判断）	有的 S 不是 P（特称否定判断）	必有一真一假
	所有 S 不是 P（全称否定判断）	有的 S 是 P（特称肯定判断）	
	某个 S 是 P（单称肯定判断）	某个 S 不是 P（单称否定判断）	
反对关系	所有 S 是 P	所有 S 不是 P	不能同真（必有一假），但是可以同假
	所有 S 是 P	某个 S 不是 P	
	所有 S 不是 P	某个 S 是 P	
下反对关系	有的 S 是 P	有的 S 不是 P	不能同假（必有一真），但是可以同真
	某个 S 不是 P	有的 S 是 P	
	某个 S 是 P	有的 S 不是 P	
差等关系	全称肯定判断→单称肯定判断→特称肯定判断 特称否定判断→单称否定判断→全称否定判断		全称真则特称真； 特称假则全称假

运用性质判断对当关系应注意的问题：

一是 A、E、I、O 四种判断的对当关系必须是同素材的，也就是说，A、E、I、O 四个判断的主项和谓项必须是相同的，才有可能存在这种真假关系。素材不同，A、E、I、O 四个判断间不存在上述对当关系。

二是对当关系假定主项存在，即主项不是空概念，否则对当关系中可能出现无意义的情况。例如，“所有鬼都是要死的”和“有的鬼是要死的”这一对判断都无所谓真假，因为其主项是不存在的。这种主项为空的判断不能按照性质判断的对当关系推导，不能运用性质判断的差等关系由“所有鬼都是要死的”推导出“有的鬼是要死的”。

三是在对当关系中，单称判断不能归入全称判断处理，但是单称肯定判断和单称否定判断不是反对关系而是矛盾关系。因为单称判断的主项是一个个体概念，对一个个体概念而言，它要么具有某种性质，要么不具有某种性质。因此，单称肯定判断和单称否定判断之间的关系是“既不能同真，也不能同假”的矛盾关系，而不能够把单称判断作为全称判断的反对关系来处理。例如，如果“祥林嫂是鲁迅小说中的人物”是真的，那么“祥林嫂不是鲁迅小说中的人物”就是假的。

思考题

1. 外国著名滑稽演员侯波有一次在电视台表演说：“我住的旅馆，房间又小又矮，连老鼠都是驼背的。”几天后旅馆老板准备控告侯波诋毁旅馆的名誉。侯波只好赶紧声明：“上次我曾说过，我住的旅馆房间里的老鼠都是驼背的，这句话说错了。我现在郑重更正：那里的老鼠没有一只是驼背的。”

侯波的前后两句话各是什么判断？两者之间的逻辑关系如何？

2. 马克·吐温答记者问时说：“日前鄙人在酒席上发言，说‘美国国会中有些议员是婊子养的’。事后有人向我兴师问罪，我考虑再三，觉得此话不恰当，而且也不符合事实。故特此声明，把我的话修改如下：‘美国国会中有些议员不是婊子养的。’”

马克·吐温前后两句话各是什么判断？两者之间的逻辑关系如何？

第四节　性质判断的变形推理

判断的质是判断的联项，包括肯定联项和否定联项两种。判断的位即判断的主、谓项的位置。性质判断变形推理，就是在确保判断意思不改变的前提下，换个表达方式，就是改变原判断的联项（肯定改成否定，否定改成肯定），或者是改变原判断的主项与谓项的位置，即把原判断的主项改为谓项，把谓项改为主项，或者是既改变联项又改变谓项的位置，从而推出一个新判断的推理。运用判断变形直接推理的方法主要有：换质法、换位法、换质位（位质）法。

一、换质法

换质法是通过改变原判断的质，并以原判断谓项的矛盾概念作为谓项，从而推出新判断的推理形式。通过换质推理，可以从一个肯定判断推出一个与其等值的否定判断，或者从一个否定判断推出一个与其等值的肯定判断。

任何事物都是可以认识的，
所以，任何事物都不是不可以认识的。

有些同学是党员，
所以，有些同学不是非党员。

换质法规则：

第一，改变原判断的质，但是不改变原判断的量。如果原判断的联项为“是”，则改为“不是”，如果原判断的联项为“不是”，则改为“是”。

第二，将原判断的谓项换成其矛盾概念。如果原判断的谓项为“P”，则换为“非 P”，如果原判断的谓项为“非 P”，则换成“P”。

我们用“→”表示从前提到结论的推导关系，用“$\neg P$”表示“非 P”，那么 A、E、I、O 四种性质判断的换质推理如下：

（1）$SAP \rightarrow SE\neg P$

爱好和平的人都是反对战争的，
所以，爱好和平的人都不是不反对战争的。

（2）$SEP \rightarrow SA\neg P$

所有的绝缘体都不是导体，
所以，所有的绝缘体都是非导体。

（3）$SIP \rightarrow SO\neg P$

有些科研项目是达到了国际先进水平的，
所以，有些科研项目不是没达到国际先进水平的。

（4）$SOP \rightarrow SI\neg P$

有些矛盾不是对抗性的矛盾，

所以，有些矛盾是非对抗性的矛盾。

以上换质推理反向推也是成立的，也就是说，换质判断与原判断是等值的。换质推理可以反过来由结论推出前提。如果这里用“↔”表示互推关系，即等值的关系，那么 A、E、I、O 四种性质判断的换质推理可用公式表示如下：

原判断 换质判断

$SAP \leftrightarrow SE\neg P$

$SEP \leftrightarrow SA\neg P$

$SIP \leftrightarrow SO\neg P$

$SOP \leftrightarrow SI\neg P$

换质法推理时应注意的问题：

在进行换质推理时，结论的谓项只能是与前提谓项具有矛盾关系的词项，而不能是与前提谓项具有反对关系的词项。例如，“有的花是红色的，所以，有的花不是绿色的”，这不是性质判断的换质法推理。

二、换位法

换位法是通过改变原判断主、谓项的位置，而不改变原判断的质，从而推出一个新判断的推理方法。换位法的特点是推出的新判断与原判断意思一样而且它的质不变。

所有的金子都是闪光的。

有的闪光的是金子。

换位法规则如下：

第一，调换原判断主项与谓项的位置，而原判断的质保持不变，即如果原判断是肯定判断，则新判断也是肯定判断；如果原判断是否定判断，则新判断也是否定判断 。

第二，原判断中不周延的项，在新判断中不得周延。原判断中周延的项在新判断中可以周延也可以不周延。

根据换位法的规则，A、E、I、O 四种性质判断的换位推理如下：

1. *SAP*→*PIS*

所有的动物都是生物，
所以，有的生物是动物。

这里应注意，由于原判断 *SAP* 的主项周延，谓项不周延。根据换位法规则二，原判断中不周延的项在新判断中不得周延，所以，*SAP* 换位后不能得出 *PAS* 的结论，因为 *PAS* 的全称判断的主项是周延的，这样就违反了规则二。因此 *SAP* 换位后只能得出 *PIS* 的结论。这里还应注意，*S* 在前提中周延，而在结论中却变成了不周延，这并不违反规则。

2. *SEP*→*PES*

所有的天才都不是墨守成规的，
所以，墨守成规的都不是天才。

因为原判断 *SEP* 的主、谓项都是周延的，所以，换位后可得出 *PES* 的结论。

3. *SIP*→*PIS*

有的科学家是自学成才的，
所以，有的自学成才的是科学家。

因为 *SIP* 是特称肯定判断，它的主、谓项是不周延的，换位后的 *PIS* 也是特称肯定判断，它的主、谓项也是不周延的，所以，从 *SIP* 换得 *PIS* 是符合规则的。

4. *SOP* 判断不能换位

因为原判断 *SOP* 是特称否定判断，特称否定判断的主项 *S* 不周延，谓项 *P* 周延。而换位后的结论必须与原判断的质相同，即仍是否定判断。我们知道，否定判断的谓项是周延的，那么换位后的新判断的谓项 *S* 是周延的，这就违反了规则二，所以，特称否定判断是不能换位的。

有些动物不是牛。

这是一个 *O* 判断，而且是真的。若把这个判断换位可得出“有些牛不是动物”，这个结论不是真的，因此，*SOP* 不能进行换位推理。

三、换质位法

换质位法是以一个性质判断作为前提，连续交互地运用换质法与换位法，从而得出一个以原判断谓项的矛盾概念作为主项的新判断的推理方法。换质位法既改变前提判断的质，又调换前提判断主、谓项的位置。

换质位法的步骤通常是：先将原判断换质，再将换质所得的判断进行换位，最后得出一个新判断，其主项是原判断谓项的矛盾概念。

换质位法规则如下：

第一，改变原判断的质。

第二，调换原判断主、谓项的位置，并且以原判断谓项的矛盾概念为新判断的主项。

第三，原判断中不周延的项，在新判断中不得周延。

换质位法实际上是换质法和换位法交互地运用，所以，必须遵守换质法和换位法的规则。

根据以上换质位法规则，*A*、*E*、*I*、*O* 四种性质判断的换质位法推理如下：

1. $SAP \to SE\neg P \to \neg PES$

所有物体都是运动的，
所有的物体都不是不运动的，
所以，不运动的不是物体。

2. $SEP \to SA\neg P \to \neg PIS$

马不是偶蹄动物，
马是非偶蹄动物，
所以，有的非偶蹄动物是马。

3. $SOP \to SI\neg P \to \neg PIS$

有的学生不是成年人，
有的学生是非成年人，
所以，有的非成年人是学生。

4. $SIP \to SO\neg P \to O$ 判断不能换位

因为，如果将 SIP 换质得 $SO\neg P$ 则不能再换位了。所以，SIP 如果先换质，就不能换质位；如果将 SIP 换位得 PIS，再将 PIS 换质得 POS，则 POS 也不能再换位了，所以，SIP 是不能换质位的。

上述换质位推理，无论是换质位法还是换位质法，都必须遵守换质法和换位法的规则。

思考题

1. 古希腊诗人、悲剧大师埃斯库罗斯于公元前456年逝世。据说他是死于一次非常偶然的事故。埃斯库罗斯生活的地方盛产乌龟，而当地有一种飞鹰很爱吃龟肉，但它们的吃法非常特别，当飞鹰在高空中发现地面爬行的乌龟时，一个俯冲就用双爪把它攫住带到空中，然后找一有岩石的地方，将龟朝石头猛砸下去，这样乌龟十有八九会被摔得粉身碎骨，而后则成了飞鹰的美餐。埃斯库罗斯是个秃顶，一只飞鹰把他的秃顶当成了石头，于是将爪中的龟朝他头上砸去，埃氏当场身亡。

飞鹰为何认为埃斯库罗斯是石头？请给出飞鹰的推理过程。

2. 一个衣衫褴褛的穷人拦住一个富人讨钱买面包，富人说他没有钱，但是可以带他去喝酒、赌马、给他抽烟。穷人不同意，只要求给点东西充饥。富人就把他带到他家，对他的妻子说："你看这个穷人不抽烟、不喝酒、不赌马，你让我不饮酒、不抽烟、不赌博，就是要我变成一个穷光蛋吗？"

试分析这个富人的推理是否符合逻辑？

练习题

一、下列语句是否表达判断？为什么？

1. 为什么说冰浮在水面上？
2. 不经历风雨，怎么见彩虹？
3. 祝你一路顺风！
4. 什么是民主和科学？

二、下列判断各属何种性质的判断？其主、谓项的周延情况如何？

1. 无论什么困难都不是不可克服的。
2. 所有的劳动财富都是劳动者创造的。

3. 有些卫星不是发光的。

4. 原子不是最小的微粒。

5. 有些动物是四条腿的。

三、已知下列判断为真，请根据判断间的对当关系，指出与其素材相同的其他三个判断的真假。

1. 政管学院所有的学生都不是印度人。

2. 这家飞机上的乘客都是英国人。

3. 广州市的公园里有些树不是名贵的。

4. 我们班有些同学是会下象棋的。

5. 我们村所有的人家都有电视机。

四、已知下列判断为假，请根据判断间的对当关系，指出与其素材相同的其他三个判断的真假。

1. 这个商店所有的商品都是打折的。

2. 我班所有同学都是精通外语的。

3. 这个马戏团所有的演员都不是法国人。

4. 今天早上在操场运动的有些不是老年人。

五、根据判断间的对当关系，选择相应的真判断来驳斥下列假判断。

1. 某国国会所有的议员都是工人出身的。

2. 有些昆虫不是六只脚的。

3. 有些人是长生不老的。

4. 所有的科学家都不是自学成才的。

六、下列根据对当关系的推理是否有效，为什么？

1. 有些人是画家，所以，有些人不是画家。

2. 参加这次学术会议的都是中青年教师，所以，参加这次学术会议的并非有的不是中青年教师。

3. 并非一切中药都是苦味的，所以，有些中药是苦味的。

4. 有些人不是诗人，所以，有些人是诗人。

5. 并非所有的办公大楼都是五层的，所以，有些办公大楼不是五层的。

七、对下列性质判断进行换质位推理，并写出其推理形式。

1. 一切制造假药的活动都不是合法行为。

2. 有的个体户不是守法户。

3. 所有作案者都是有作案时间的。

4. 这个案件的作案人都不是青年人。

5. 正当防卫是不负刑事责任的。

6. 有些司法干部不是女同志。

八、下列推理是哪一种性质判断直接推理？是否正确？如果正确，请写出其推理形式；如果不正确，请说明理由。

1. 有些电视机不是彩色电视机；所以，有些彩色电视机不是电视机。

2. 所有因病而死的都是正常死亡；所以，所有因病而死的都不是非正常死亡。

3. 这个被告有些亲属不是证人；所以，并非这个被告有些亲属是证人。

4. 真理是不怕批评的；所以，怕批评的不是真理。

5. 有些违法行为是犯罪行为；所以，所有犯罪行为都是违法行为。

6. 这个工厂有些人是南方人；所以，并非这个工厂所有的人都不是南方人。

7. 道德规范不是法律规范；所以，法律规范不是道德规范。

8. 凡有选举权的人都是年满 18 岁的人；所以，凡年满 18 岁的人都是有选举权的人。

9. 这个案件中所有盗窃犯都不是内部人员；所以，有的非内部人员是这个案件中的盗窃犯。

10. 虐待罪是家庭成员之间的犯罪；所以，家庭成员之间的犯罪是虐待罪。

11. 有些程序法不是国内法；所以，有些国内法不是程序法。

12. 并非这个商店的所有产品都不是伪劣商品；所以，这个商店的所有产品都是伪劣商品。

13. 有的犯罪不是经济犯罪；所以，有的非经济犯罪是犯罪。

九、对以下判断进行变形推理。

1. 所有自学成才者都是经过刻苦努力的。

2. 有些作案分子不是成年人。

3. 在高速公路上行驶的所有车辆都不是非机动车。

十、选择题。

1. 在性质判断的对当关系中，如果两个判断是互相矛盾的，那么它们（　　）。

A. 常项和变项都相同　　B. 常项相同，变项不同

C. 常项和变项都不同　　D. 常项不同，变项相同

2. 由并非 *SAP* 可推出 *SOP*，其根据是逻辑方阵中的（　　）关系。

A. 矛盾　　B. 反对　　C. 下反对　　D. 差等

3. 当判断（　　）取值为真时，判断“班上同学都是团员”取值为假。

A. 并非班上同学都不是团员　　B. 班上有的同学不是团员

C. 班上同学并不都是团员　　D. 并非班上有的同学是团员

E. 班上同学都不是团员

4. 若“所有 P 是 S”和“有的 S 不是 P”均真，则 S 与 P 之间的外延关系是（　　）关系。

A. 全同　　B. 交叉　　C. 种属　　D. 属种

5. “没有一个人是生而知之的。”这判断是（　　）。

A. 全称肯定判断　　B. 全称否定判断

C. 特称肯定判断　　D. 特称否定判断

6. 如果两个性质判断的变项完全相同，而常项完全不相同，则这两个性质判断（　　）。

A. 可同真，可同假　　B. 不同真，不同假

C. 可同真，不同假　　D. 不同真，可同假

7. “所有 S 是 P”与“没有 S 是 P”之间具有（　　）。

A. 矛盾关系　　B. 反对关系

C. 下反对关系　　D. 差等关系

拓展训练题

1. 某公司所有的销售人员都是男性，所有的文秘都是女性，所有的已婚者都是文秘，公司的总经理尚未结婚。据此，我们可以知道（　　）。

A. 总经理是男性

B. 已婚者中有男性

C. 女工中可能有未婚者

D. 销售人员中有的已经结婚

2. 凡美的都是真的，凡真的都是不容置疑的，而美的事物是存在的。所以（　　）。

A. 凡真的都是美的

B. 有的美的值得怀疑

C. 有的真的是美的

D. 凡不美的都是要怀疑的

3. 所有河南来京的打工人员都办理了暂住证；所有办暂住证的人员都获得了就

业许可证；有些河南来京的打工人员当上了门卫；有些武术学校的学员当上了门卫；所有的武术学校的学员都未获得就业许可证。如果上述情况是真的，无法断定为真的选项是（　　）。

A. 有些河南来京的打工人员是武术学校的学员

B. 所有河南来京的打工人员都获得了就业许可证

C. 有些门卫有就业许可证

D. 有些门卫没有就业许可证

4. 所有称职的教师都是关心学生成绩的教师，所有关心学生成绩的教师工作都很忙碌，工作不忙碌的教师都不是优秀教师。根据以上论述，一定可以推出（　　）。

A. 有些优秀教师不是工作忙碌的教师

B. 有些工作忙碌的教师不是优秀教师

C. 所有称职的教师工作都很忙碌

D. 所有忙碌的教师都很关心学生成绩

5. 一项调查显示：所有的桥牌爱好者都爱好围棋；有些围棋爱好者爱好武术；所有武术爱好者都不爱好健美操；有些桥牌爱好者同时爱好健美操。

下列选项中，对这段文字理解无误的是（　　）。

A. 有的围棋爱好者也爱好桥牌

B. 有的桥牌爱好者爱好武术

C. 有的桥牌爱好者不爱好健美操

D. 围棋爱好者都爱好健美操

6. 张三请客，来了三个人，只差一个还没有来。他自言自语地说："该来的还没有来。"第一个人想：我们都是不该来的了，他起身走了。张三看见他走了，就说："不该走的走了。"第二个人想：那他是说我该走了，他也起身走了。张三见他们走了，觉得很纳闷，到底怎么回事？请用性质判断的推理来分析以上情况。

参考答案

练习题

一、

1. 不表达判断 2. 表达判断 3. 不表达判断 4. 不表达判断

二、

1. *A* 判断，主项周延，谓项不周延。
2. *A* 判断，主项周延，谓项不周延。
3. *O* 判断，主项不周延，谓项周延。
4. *E* 判断，主项周延，谓项周延。
5. *I* 判断，主项不周延，谓项不周延。

三、

1. 政管学院所有的学生都不是印度人。(*SEP*)

解：*SAP* 政管学院所有的学生都是印度人。(假)

SIP 政管学院有的学生是印度人。(假)

SOP 政管学院有的学生不是印度人。(真)

2. 这家飞机上的乘客都是英国人。(*SAP*)

解：*SEP* 这家飞机上的乘客都不是英国人。(假)

SIP 这家飞机上的有的乘客是英国人。(真)

SOP 这家飞机上的有的乘客不是英国人。(假)

3. 广州市的公园里有些树不是名贵的。(*SOP*)

解：*SAP* 广州市的公园里所有树都是名贵的。(假)

SEP 广州市的公园里所有树都不是名贵的。(可真可假)

SIP 广州市的公园里有些树是名贵的。(可真可假)

4. 我们班有些同学是会下象棋的。(*SIP*)

解：*SAP* 我们班所有同学都是会下象棋的。(可真可假)

SEP 我们班所有同学都是不会下象棋的。(假)

SOP 我们班有些同学是不会下象棋的。(可真可假)

5. 我们村所有的人家都有电视机。(*SAP*)

解：*SEP* 我们村所有的人家都没有电视机。(假)

SIP 我们村有的人家有电视机。(真)

SOP 我们村有的人家没有电视机。(假)

四、

1. 这个商店所有的商品都是打折的。(*SAP*)

解：*SEP* 这个商店所有的商品都不是打折的。(可真可假)

SIP 这个商店有的商品是打折的。(可真可假)

SOP 这个商店有的商品不是打折的。(真)

2. 我班所有同学都是精通外语的。(*SAP*)

解：*SEP* 我班所有同学都不是精通外语的。(可真可假)

SIP 我班有的同学是精通外语的。(可真可假)

SOP 我班有的同学不是精通外语的。(真)

3. 这个马戏团所有的演员都不是法国人。(*SEP*)

解：*SAP* 这个马戏团所有的演员都是法国人。(可真可假)

SIP 这个马戏团有的演员是法国人。(真)

SOP 这个马戏团有的演员不是法国人。(可真可假)

4. 今天早上在操场运动的有些不是老年人。(*SOP*)

解：*SAP* 今天早上在操场运动的全者是老年人。(真)

SEP 今天早上在操场运动的全者不是老年人。(假)

SIP 今天早上在操场运动的有些是老年人。(真)

五、

1. 某国国会所有的议员都是工人出身的。(*SAP*)

某国国会有的议员不是工人出身的。(*SOP*)

2. 有些昆虫不是六只脚的。(*SOP*)

所有昆虫都是六只脚的。(*SAP*)

3. 有些人是长生不老的。(*SIP*)

所有人都不是长生不老的。(*SEP*)

4. 所有的科学家都不是自学成才的。(*SEP*)

有的科学家是自学成才的。(*SIP*)

六、

1. 有些人是画家，所以，有些人不是画家。

无效。因为 *SIP* 与 *SOP* 是下反对关系，*SIP* 真不能一定推出 *SOP* 真。

2. 参加这次学术会议的都是中青年教师，所以，参加这次学术会议的并非有的不是中青年教师。

有效。SAP 和 SOP 是矛盾关系，SAP 的真即为 SOP 的假。

3. 并非一切中药都是苦味的，所以，有些中药是苦味的。

无效。SAP 和 SIP 是差等关系，所以 SAP 假，SIP 可真可假，即可以推出情况 1：有些中药是苦味的（SIP）；情况 2：一切中药都不是苦味的（SOP）。

4. 有些人不是诗人，所以，有些人是诗人。

无效。SOP 和 SIP 是下反对关系，SOP 真不能一定推出 SIP 真。

5. 并非所有的办公大楼都是五层的，所以，有些办公大楼不是五层的。

有效。SAP 和 SOP 是矛盾关系，SAP 假可以推出 SOP 真。

七、

1. 一切制造假药的活动都不是合法行为。（SEP）

换质：一切制造假药的活动都是非法行为。（$SA\neg P$）

换位：有的非法行为是制造假药的活动。（$\neg PIS$）

2. 有的个体户不是守法户。（SOP）

换质：有的个体户是不守法户。（$SI\neg P$）

换位：有的不守法户是个体户。（$\neg PIS$）

3. 所有作案者都是有作案时间的。（SAP）

换质：所有作案者都不是没有作案时间的。（$SE\neg P$）

换位：没有作案时间的都不是作案者。（$\neg PES$）

4. 这个案件的作案人都不是青年人。（SEP）

换质：这个案件的作案人都是非青年人。（$SA\neg P$）

换位：有的非青年人是这个案件的作案人。（$\neg PIS$）

5. 正当防卫是不负刑事责任的。（SAP）

换质：正当防卫不是负刑事责任的。（$SE\neg P$）

换位：负刑事责任的不是正当防卫。（$\neg PES$）

6. 有些司法干部不是女同志。（SOP）

换质：有些司法干部是男同志。（$SI\neg P$）

换位：有些男同志是司法干部。（$\neg PIS$）

八、

1. 有些电视机不是彩色电视机；所以，有些彩色电视机不是电视机。

换位法。不正确。以上为 SOP 和 POS，SOP 不能换位。

2. 所有因病而死的都是正常死亡；所以，所有因病而死的都不是非正常死亡。

换质法。正确。以上为 SAP 和 $SE\neg P$，SAP 可以推出 $SE\neg P$。

3. 这个被告有些亲属不是证人；所以，并非这个被告有些亲属是证人。

不正确。以上为 *SOP* 和非 *SIP*，*SOP* 真不能肯定推出 *SIP* 假。

4. 真理是不怕批评的；所以，怕批评的不是真理。

换位法。正确。以上为 *SEP* 和 *PES*，*SEP* 可以推出 *PES*。

5. 有些违法行为是犯罪行为；所以，所有犯罪行为都是违法行为。

不正确。以上是 *SIP* 和 *PAS*，两者之间没有推理关系。

6. 这个工厂有些人是南方人；所以，并非这个工厂所有的人都不是南方人。

正确。以上是 *SIP* 和 *SEP*，两者为矛盾关系，*SIP* 真则 *SEP* 假。

7. 道德规范不是法律规范；所以，法律规范不是道德规范。

换位法。正确。以上是 *SEP* 和 *PES*，*SEP* 可以推出 *PES*。

8. 凡有选举权的人都是年满 18 岁的人；所以，凡年满 18 岁的人都是有选举权的人。

换位法。不正确。以上是 *SAP* 和 *PAS*，*SAP* 不能推出 *PAS*。

9. 这个案件中所有盗窃犯都不是内部人员；所以，有的非内部人员是这个案件中的盗窃犯。

正确。以上是 *SEP* 和 $\neg PIS$，使用换质位法可得：*SEP* 推出 $SA\neg P$ 推出 $\neg PIS$。

10. 虐待罪是家庭成员之间的犯罪；所以，家庭成员之间的犯罪是虐待罪。

换位法。不正确。以上是 *SAP* 和 *PAS*，前者不能推出后者。

11. 有些程序法不是国内法；所以，有些国内法不是程序法。

换位法。不正确。以上是 *SOP* 和 *POS*，*SOP* 不能使用换位法。

12. 并非这个商店的所有产品都不是伪劣商品；所以，这个商店的所有产品都是伪劣商品。

不正确。以上是 *SEP* 和 *SAP*，两者为反对关系，*SEP* 假不能肯定推出 *SAP* 真。

13. 有的犯罪不是经济犯罪；所以，有的非经济犯罪是犯罪。

正确。以上是 *SOP* 和 $\neg PIS$，使用换质位法可得 *SOP* 推出 $SI\neg P$ 推出 $\neg PIS$。

九、

1. $SAP \rightarrow SE\neg P \rightarrow \neg PES \rightarrow \neg PA\neg S \rightarrow \neg SI\neg P \rightarrow \neg SOP$（*O* 判断不能换位）。

2. $SOP \rightarrow SI\neg P \rightarrow \neg PIS \rightarrow \neg PO\neg S$（*O* 判断不能换位）。

3. $SEP \rightarrow SA\neg P \rightarrow \neg PIS \rightarrow \neg PO\neg S$（*O* 判断不能换位）。

十、

1. C　2. A　3. CE　4. A　5. B　6. B　7. B

拓展训练题

1. C 2. C 3. A 4. C 5. D

6. 以上故事有两个判断：①该来的没来；②不该走的走了。

设 S 为该来的；P 为来了的。

则判断①可以表示为：SEP；它可以通过换位推理得到 PES；再根据全称判断与单称判断的关系，每一位来的都可以得出自己不是该来的。

设 S 为不该走的；P 为走了的。

判断②可以分析为 SAP；经换质推理可得 $SE\neg P$，再换位可得 $\neg PES$；进一步换质可得 $\neg PA\neg S$；再根据全称判断与单称判断的关系，每一位没有走的都可以得出自己是该走的。

第四章　三段论推理和关系推理

第一节　三段论推理

一、三段论的定义和特征

1. 三段论的定义

三段论是演绎推理中最常用的一种推理。它是由两个性质判断作为前提和一个性质判断作为结论而构成的，其中有（而且只有）三个不同的概念。三段论是通过一个共同概念把两个性质判断联系起来，从而推出一个新的性质判断的推理形式。

2. 三段论的特征

（1）任何三段论都包含并且只能包含三个不同的概念。

所有金属都是导电的，

铁是金属，

所以，铁是导电的。

这是一个三段论推理，它只有三个不同的概念，即“金属”、“导电”和“铁”。

结论中的主项称为“小项”，上例中的“铁”就是小项，通常用“*S*”表示。

结论中的谓项称为“大项”，上例中的“导电性”就是大项，通常用“*P*”表示。

在两个前提中都出现，但在结论中却不出现的项称为“中项”，上例中“金属”就是“中项”，通常用“*M*”表示。

以上三段论的逻辑结构式为：

M—*P*（所有金属都是导电的）

S—*M*（铁是金属）

$S—P$（铁是导电的）

（2）任何三段论都是由三个性质判断组成。

大前提：在三段论的两个前提中，包含大项的那个前提。

小前提：在三段论的两个前提中，包含小项的那个前提。

结论：由两个前提推出的包含大项和小项的新判断。

二、三段论的公理

三段论的公理是三段论推理的基本依据。三段论的公理内容：对一类事物的全部有所断定（肯定或否定），则对该类事物的部分也就有所断定（肯定或否定）。三段论的公理用图表示如下：

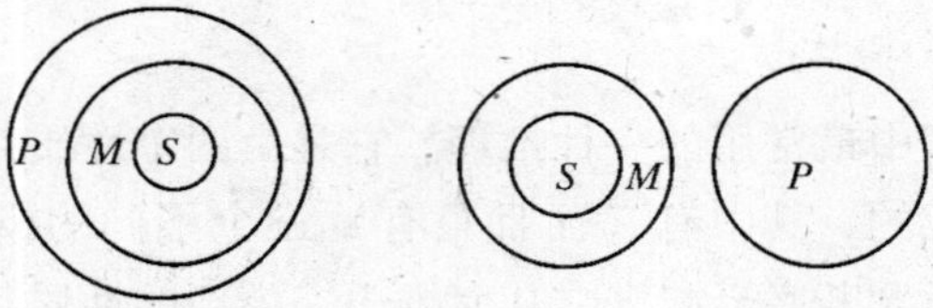

图1　　图2

在图 1 中，M 类全部对象包含在 P 类中（所有 M 是 P），S 类全部对象包含在 M 类中（所有 S 是 M），所以，S 类的全部对象必然包含在 P 类中。

所有大学都是教书育人的，

北京大学是大学，

所以，北京大学是教书育人的。

以上三段论公理逻辑结构式为：

所有 M 是 P

所有 S 是 M

所以，所有 S 是 P

在图 2 中，M 类全部对象与 P 类中的对象相排斥（所有 M 不是 P），S 类中的对象是 M 类中的对象的一部分（所有 S 是 M），可见，S 类的全部对象必然与 P 类中的对象相排斥。

所有恒星都不是绝对静止的，

太阳是恒星，

所以，太阳不是绝对静止的。

以上三段论公理逻辑结构式为：

所有 M 都不是 P

所有 S 是 M

所以，所有 S 不是 P

三、三段论的规则

如果三段论推理结论要成为必然的，那么就必须遵守三段论的一般规则。这些是判定三段论推理有效的规则。

三段论有以下七条规则：

（1）在一个三段论中，有且只能有三个不同的项。

三段论推理包含有三个不同的项，即大项、小项和中项。大前提表明大项与中项之间的关系，小前提表明小项与中项之间的关系，而结论则确定小项与大项之间的关系。三段论的结论是从前提中通过中项的媒介作用而推导出来的，因此，前提中出现过两次的中项必须是同一个概念，否则就起不到媒介作用，大项和小项之间的关系便无法确定下来，这样也就不能必然地推导出结论。

违反这条规则常见的情况是在大、小前提中作为中项的并不是同一个概念，而是两个不同的概念，因而在这个三段论中有四个不同的概念，违反这条规则所犯的逻辑错误是“四概念错误”。

周星驰的电影一天是看不完的，

《大话西游》是周星驰的电影，

所以，《大话西游》一天是看不完的。

这个推理前提中作为中项的“周星驰的电影”一词，先后表达了两个不同的项，在大前提中“周星驰的电影”一词是集合概念；而在小前提中“周星驰的电影”一词指的是非集合概念。由于两个前提中所使用的“周星驰的电影”是两个不同的概念，所以在这个推理的前提中，中项没有起到媒介作用，犯了“四概念错误”，也叫“四项错误”，因而无法推导出必然的结论。像这样的例子还有很多：

A：运动是能增强人们体质的，
延安整风运动是运动，
所以，延安整风运动是能增强人们体质的。

B：我国的大学是分布于全国各地的，
武汉大学是我国的大学，
所以，武汉大学是分布于全国各地的。

以上两个三段论都犯了“四概念错误”，中项“运动”和“我国的大学”没有起到媒介作用。因此，要想有效地运用三段论，必须遵守三段论的规则（1）。

（2）中项在前提中至少周延一次。

中项在三段论中起媒介作用。如果中项在两个前提中都不周延，即都没有断定中项的全部外延，那么，大项的外延可能和中项外延的这一部分发生关系，而小项的外延，可能和中项外延的另一部分发生关系，这样，大项与小项都和中项的一部分外延发生关系，那么就未必能通过中项的媒介以确定大小项之间的关系，大项和小项的关系就无法确定，因而不能必然地推出结论。违反这条规则，就会犯“中项不周延”的错误。

韩国人爱吃酸菜，
翠花爱吃酸菜，
所以，翠花是韩国人。

在这个三段论中，“爱吃酸菜”是中项。它不管是在小前提还是在大前提中都是不周延的。中项不周延，就不能保证小项和大项之间具有确定的关系，因此，就不能得出必然的结论。因而，这个三段论犯了“中项不周延”的逻辑错误。

我们也可以用动态欧拉图表示以上大项、中项和小项间的关系，如下图所示：

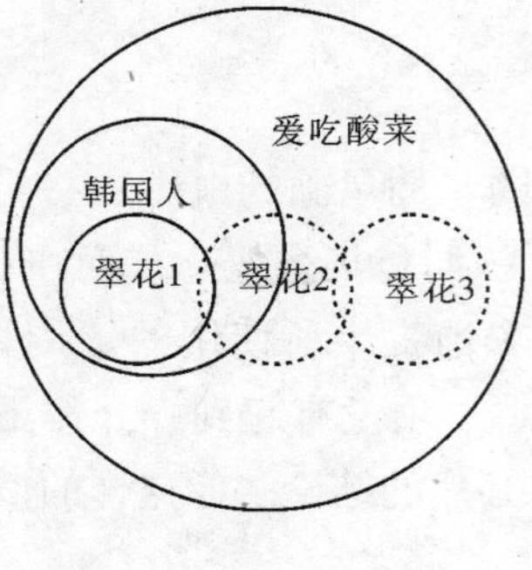

以上是笔者根据多年的教学和研究经验把经典的欧拉图进行改进，得到的动态欧拉图。其中不管是“翠花1”，“翠花2”还是“翠花3”都满足“翠花爱吃酸菜”这个前提，如果加上“韩国人爱吃酸菜”这个前提，“翠花1”可以得出“翠花是韩国人”这个结论，“翠花2”和“翠花3”都不能推导出“翠花是韩国人”这个结论。我们可以把“翠花”的集合看作一个动态的集合，这个集合不是固定的，而是一个动态的，就像“翠花”这个集合可以在符合前提的范围内有个运动的轨迹一样。“翠花”作为“爱吃酸菜”的种概念可以在“爱吃酸菜”的欧拉图范围内运动，在运动的轨迹中“翠花”与“韩国人”概念有三种可能情况，一种为“翠花”是“韩国人”的种概念，一种为“翠花”概念与“韩国人”概念相交，还有一种为“翠花”概念与“韩国人”概念全异，只有第一种情形符合以上结论“翠花是韩国人”，其他两种都不能得出这个结论。通过动态欧拉图就可以很容易看出以上三段论是个错误的三段论，因此在动态三段论中不能违背三段论的规则（2）。

A：作案者都有作案动机，
某甲有作案动机，
所以，某甲是作案者。

B：科学家都是努力工作的人，
他是努力工作的人，
所以，他就是科学家。

以上两个例子，中项“作案动机”和“努力工作的人”在前提中也都是不周延的，因此，得出来的结论也不是必然结论，犯了“中项不周延”的逻辑错误。

（3）前提中不周延的项，在结论中也不能周延。

三段论的前提与结论具有蕴涵关系，结论是由前提中必然推出来的。如果一个项在前提中不周延，即所断定的是它的部分外延，如果这个项在结论中变为周延的，那意味着在结论中对这个项的外延的所有对象都作了断定。由于部分不具有整体的性质，这样，所得的结论就超出了前提的范围，因而，结论不具有必然性。违反这条规则会出现两种逻辑错误：一种是“小项不当周延”的逻辑错误。

金子是闪光的，
金子是金属，
所以，金属是闪光的。

在这个三段论推理中，小前提是一个肯定判断。因而小项“金属”在小前提中是不周延的。但是，结论是一个全称判断，小项“金属”在结论中却是周延的。因此，这个三段论推理的结论不是必然地推导出来的，它犯了“小项不当周延”的逻辑错误。

以上三段论推理可以用动态欧拉图表示如下：

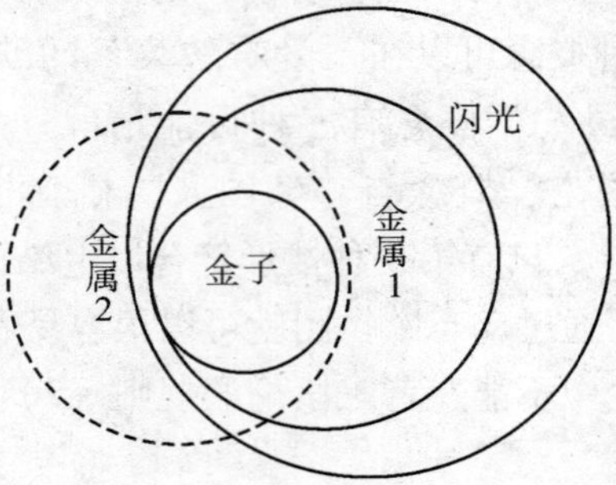

在这个动态欧拉图中，不管是“金属1”还是“金属2”都满足以上三段论的前提“金子是闪光的”和“金子是金属”，但只有“金属1”可以得出结论“金属是闪光的”，“金属2”只能得到结论“有些金属是闪光的”，因此，这个三段论是违背推理规则的。

违反三段论的规则（3）犯的另一种是“大项不当周延”的逻辑错误。

所有成功人士都要穿衣吃饭，
我不是成功人士，
所以，我不必穿衣吃饭。

在这个三段论推理中，大前提是一个肯定判断，因而大项“穿衣吃饭”在大前提中是不周延的。但是，结论是一个否定判断，因而大项“穿衣吃饭”在结论中却是周延的。因此，这个三段论的推理也不是必然地推导出来的，它犯了“大项不当周延”的逻辑错误。

以上三段论可以用动态欧拉图表示如下：

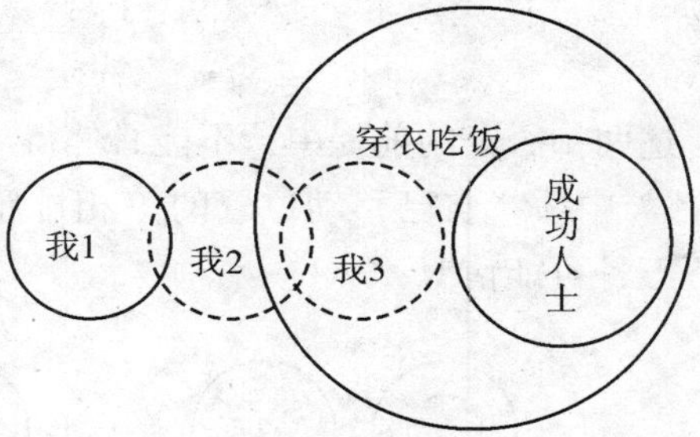

其中，在动态欧拉图中，“我1”、“我2”和“我3”都是满足前提“所有成功人士都要穿衣吃饭”和“我不是成功人士”的，但只有“我1”才满足结论“我不必穿衣吃饭”。“我2”和“我3”不满足结论“我不必穿衣吃饭”。

注意：三段论的规则（3）是针对前提中不周延的项而言的，并没有针对前提中周延的项。也就是说，根据三段论规则（3）的要求，在前提中不周延的项，在结论中也不能周延，但在前提中周延的项，它在结论中可以是周延的，也可以是不周延的。

所有知识分子都是脑力劳动者，
所有逻辑学家都是知识分子，
所以，所有逻辑学家都是脑力劳动者。

在上述三段论中，“逻辑学家”在小前提中周延，而在结论中虽是不周延的，但这个推导的结论却是必然的，上述推理并没有违反三段论的规则（3）。

（4）两个否定的前提不能必然得出结论。

如果两个前提都是否定的，则中项的外延与大项和小项的外延都是相排斥的，因而它就不能起到联结大项和小项的媒介作用。这样就无法确定大项和小项之间的关系，也就是不能必然得出结论。

A：所有的和尚都不是女性，
孔子不是和尚，
孔子是女性。

B：植物不是能自己移动位置的，
海绵是不能自己移动位置的，

所以，海绵不是植物。

其中第二个例子从上述两个否定的前提中，不能必然得出任何结论，因为在大项“植物”、小项“海绵”都与中项“自己移动位置的”相排斥的情况下，三段论的大项与小项之间存在着以下五种可能情况：

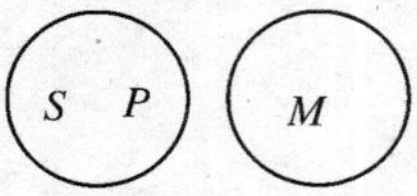

图1

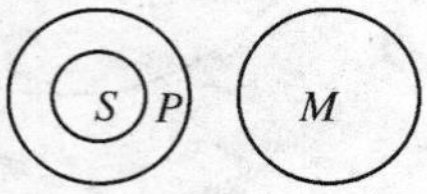

图2

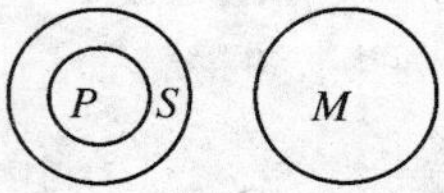

图3

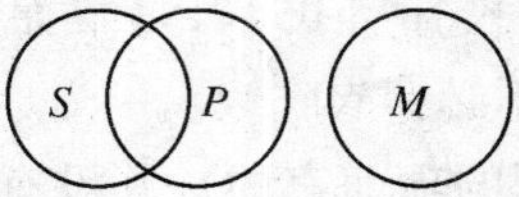

图4

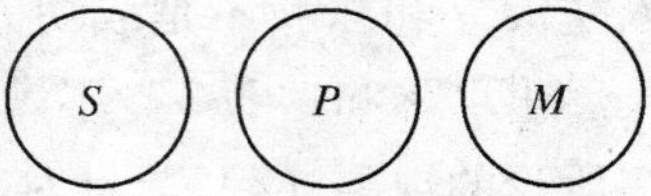

图5

以上五个图形是 S 不是 M，M 不是 P 的情况下，S 与 P 之间存在着上述五种可能，我们对各种具体情况加以分析。在图 1 和图 2 中可以推导出“S 是 P”的结论，而在图 3、图 4 和图 5 中，S 和 P 的关系，不能推导出“S 是 P”的结论。三段论的大项和小项之间的关系是不确定的，也就是说，如果前提是两个否定判断，结论是不确定的，两个否定前提不能必然得出结论。

如果通过分析概念间的关系推导出规则（4）的结论比较烦琐，如果用动态欧拉图就可以非常简洁明了地得出结论。比如上述三段论可以用动态欧拉图表示如下：

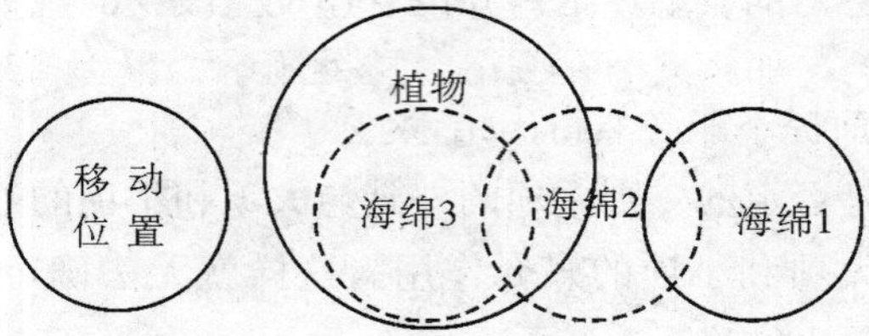

上述三段论还可以用以下欧拉图表示：

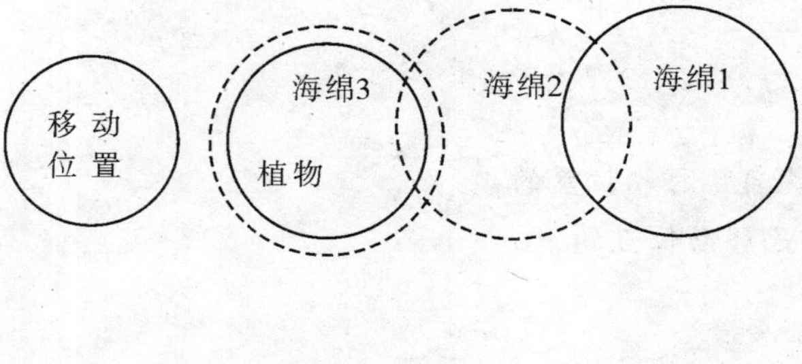

不管是运用哪个动态欧拉图都是满足前提“植物不是能自己移动位置的”和“海绵是不能自己移动位置的”，但是只会有“海绵1”满足结论“海绵不是植物”，“海绵2”和“海绵3”均不满足这个结论。

这样通过动态欧拉图就可以非常直观地看出“两个否定的前提不能必然得出结论”。

（5）两个前提中如果有一个是否定的，那么结论也是否定的；如果结论是否定的，那么必有一个前提是否定的。

如果两个前提有一个是否定判断，根据三段论的推理规则（4）两个否定的前提不能必然得出结论，那么，另外一个前提必然是肯定判断。如果前提中有一个是否定判断而另一个前提是肯定判断，则存在以下两种情况：中项或者与大项相排斥而与小项相结合，或者与小项相排斥而与大项相结合。无论是哪种情况，通过中项的媒介作用所推导出的结论，总是确定大项与小项之间存在着排斥的关系，也就是说，结论只能是否定的判断。

人非草木，
哲学家是人，
所以，哲学家非草木。

在这个三段论推理中，大前提是一个否定判断，表明中项“人”与大项“草木”互相排斥。而小前提是一个肯定判断，表明小项“哲学家”包含在中项“人”中。所以，据此推导出的结论只能是否定判断。

如果结论是否定的，那么大项在结论中是周延的，根据规则（3）“前提中不周延的项，在结论中也不能周延”，可以推导出：大项在前提中是周延的。再根据规则（2）“中项在前提中至少周延一次”，可以推导出：前提中必有一个是否定判断，因此可以得出：如果结论是否定的，那么必有一个前提是否定的。

以上五条规则为三段论推理的基本规则，有了这五条基本的规则，就可以判定任何一个三段论推理是否为有效的推理形式。为了便于考查三段论推理的有效性，还可以从以上的基本规则引申出规则（6）和规则（7）。

（6）两个特称判断不能必然得出结论。

有些共青团员是河北人，
有些共青团员是广东人，

所以，有些河北人是广东人。

上述三段论可以用动态欧拉图表示为：

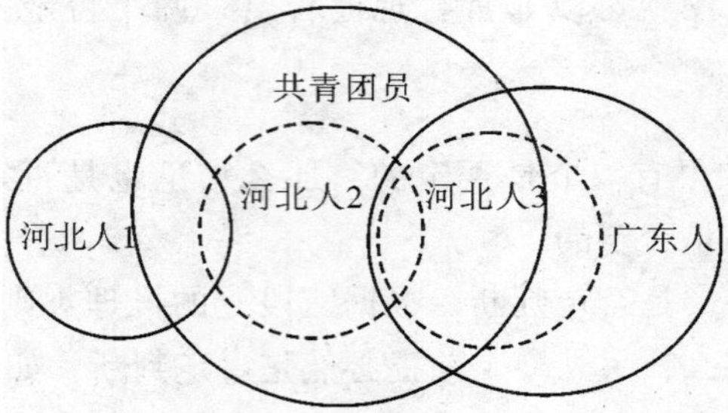

我们通过动态欧拉图可以看出：“河北人1”、“河北人2”、“河北人3”都满足这个三段论的前提“有些共青团员是河北人”和“有些共青团员是广东人”，但“河北人1”、“河北人2”、“河北人3”和“广东人”外延间的关系是不确定的，“河北人1”和“广东人”是全异关系，得出来的结论是“河北人不是广东人”、“河北人2”与“广东人”是相交关系，得出来的结论是“有的河北人是广东人”，“河北人3”与“广东人”是种属关系，得出来的结论是“河北人是广东人”。因此，“两个特称前提不能必然得出结论”。

如果两个前提都是特称判断，可能出现以下四种情况：①*II*；②*IO*；③*OI*；④*OO*。

如果是④*OO*，根据规则（4）两个否定的前提不能必然得出结论，也得不出必然的结论。

如果是①*II*，两个前提都是特称肯定判断，则前提中就没有一个项是周延的。这就违反了规则（2）中项在前提中至少周延一次，得不出必然的结论。

如果是②*IO*（或③*OI*）两个前提中有一个是否定前提，则只有一个项是周延的，这个项应当充当中项，因为在三段论规则（2）“中项在前提中至少周延一次”中，而根据三段论规则（5）“两个前提中如果有一个是否定的，那么结论也是否定的”，结论为否定判断，就意味着大项是周延的，大项周延则要求前提中的大项也是周延的，但前提中已没有周延的项。总之，以*IO*为前提得出来的结论，不是犯“中项不周延”的错误，就是犯“大项扩大”的错误。因此，两个特称判断不能必然得出结论。

（7）如果两个前提中有一个是特称判断，那么结论也必须是特称判断。

根据三段论规则（6）两个特称判断不能必然得出结论，因而如果两个前提中有一个特称判断，则另一个必须是全称判断。可能出现以下四种情况：①*AI*；②*AO*；③*EI*；④*EO*。

①*AI*：只有全称判断的主项周延，其他三项不周延，根据三段论规则（2）“中项在前提中至少周延一次”可知，周延的是中项，根据三段论规则（3）“前提中不周延的项，在结论中也不能周延”，大项和小项都不能周延，则这个性质判断为特称肯定判断。

②*AO*：前提中有两个周延的项，根据规则（2）“中项在前提中至少周延一次”，其中一个周延的项必须是中项，大项和小项在前提中不周延。根据规则（5）“两个前提中如果有一个是否定的，那么结论也是否定的”，三段论的结论为否定。根据规则（3）“前提中不周延的项，在结论中也不能周延”，则在三段论的结论中的大项和小项都不周延，那么这个三段论的结论就是 SIP。

③*EI*：前提中有两个周延的项，根据规则（2）中项在前提中至少周延一次，其中一个周延的项必须是中项。根据规则（5）两个前提中如果有一个是否定的，那么结论也是否定的，则另一个周延的项必须是大项。所以，小项在前提中是不周延的，那么这个三段论的结论就是 *SOP*。

④*EO*：根据规则（4）两个否定的前提不能必然得出结论，没有 *EO* 这种情况出现。

通过以上推导，我们可以得出：如果两个前提中有一个是特称判断，那么结论也必须是特称判断。

思考题

甲：吃鱼有什么好处？

乙：可以预防近视。

甲：何以见得呢？

乙：你见过猫近视嘛。

请写出乙的推理过程，并分析其是否是个正确的三段论。

四、三段论的格

三段论由于中项在两个前提中的位置不同，而产生了不同的结构形式，称为三段论的格。

三段论有四个格，每个格都有自己的结构形式以及由三段论一般规则引申出来的特殊规则，各个格的意义也有所不同。

第一格，中项在大前提中是主项，在小前提中是谓项。其结构如下：

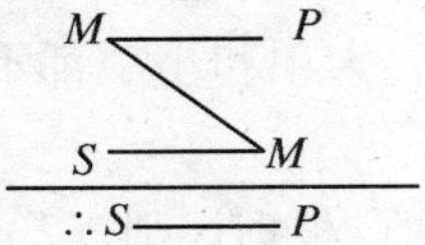

所有的猫都是哺乳动物，
所有的白猫都是猫，
———————————————
所以，所有的白猫都是哺乳动物。

第一格规则：

（1）小前提必须是肯定的。

假设小前提是否定的。根据三段论的规则（5），结论必然是否定的，结论中的大项是周延的，根据三段论的规则（2），大前提必为肯定判断。大前提肯定，则大前提的谓项不周延。而在第一格中，大项是大前提的谓项，所以，大项在大前提中不周延。同时，根据规则（4），结论是否定的。结论否定，则结论的谓项即大项必是周延的。这样，根据规则（2），则犯了“大项不当周延”的错误，这种错误是由于假设小前提否定造成的。所以，假设不成立，小前提必须是肯定的。

（2）大前提必须是全称的。

根据以上证明，小前提必须是肯定判断，中项是小前提的谓项，所以在前提中中项是不周延的。根据三段论的规则（2）“中项在前提中至少周延一次”，所以中项在大前提中必须是周延的，而中项是大前提的主项，主项要周延，大前提必须是全称的。

三段论推理的第一格表现了由一般到特殊的演绎过程。它是三段论推理的标准格或典型格。

第二格，中项在大、小前提中都是谓项。其结构如下：

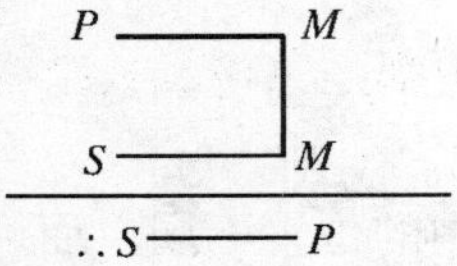

A：真正的人民公仆是全心全意为人民服务的，
所有的贪官都不是全心全意为人民服务的，
所以，所有的贪官都不是真正的人民公仆。

B：商品都是劳动产品，
空气不是劳动产品，
所以，空气不是商品。

第二格的规则：

（1）两个前提中必须有一个是否定的。

由于第二格的中项在两个前提中都作谓项，根据三段论的规则（2）中项在前提中至少周延一次，而只有否定判断的谓项是周延的，所以，前提中必须有否定判断。但是根据三段论规则（4）两个否定的前提不能必然得出结论，故两个前提中必须有一个是否定判断。

（2）大前提必须是全称的。

三段论第二格的规则中的第一条“两个前提中必须有一个是否定的”已经得到证明，那么，根据三段论的推理规则（5）两个前提中如果有一个是否定的，那么结论也是否定的，可以得出结论是否定判断。在结论中，大项作否定判断的谓项，是周延的。根据三段论的规则（3）前提中不周延的项，在结论中也不能周延，要保证大项在前提中周延，只有大前提为全称判断。所以，大前提必须为全称判断。

如果不满足上述三段论第二格的规则要求，就容易犯逻辑错误。

A：杀鸡是杀生，
杀人也是杀生，
所以，杀鸡就是杀人。

B：许多科学家是哲学家，
袁隆平不是哲学家，
所以，袁隆平不是科学家。

第三格，中项在大、小前提中都是主项。其结构如下：

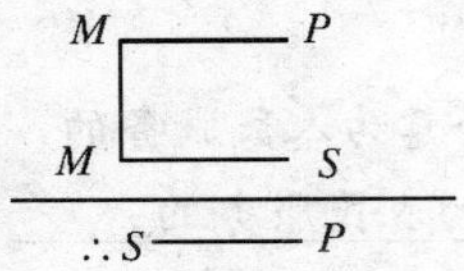

《三国演义》是优秀小说，

《三国演义》是古典小说，

所以，有的古典小说是优秀小说。

第三格的规则：

（1）小前提必须是肯定的。

如果小前提是否定的，根据三段论规则（5），结论必须是否定的；结论是否定的，则大项在结论中是周延的，如果大项在结论中是周延的，那么根据三段论规则（3），大项在前提中也必须是周延的，大项在第三格中是大前提的谓项，大项周延则大前提必须是否定的。因此，如果小前提是否定的，必然导致大前提也是否定的，根据三段论推理的规则（4）两个否定的前提不能必然得出结论。所以第三格的小前提必须是肯定判断。

（2）结论必须是特称的。

既然已经证明了小前提是肯定判断，在第三格中小项是小前提的谓项，所以，小项在前提中是不周延的。根据三段论推理的规则（3），前提中不周延的项，在结论中也不能周延，因而小项在结论中不得周延，所以，结论必须是特称判断。

第四格，中项在大前提中是谓项，在小前提中是主项。其结构如下：

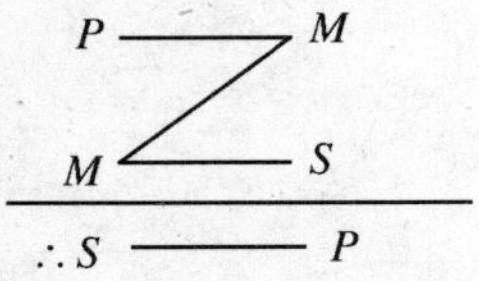

有些学生是团员，

所有团员都是青年，

所以，有的青年是学生。

第四格的规则：

（1）如果大前提是肯定判断，那么小前提为全称判断。

如果第四格的大前提是肯定的，作为大前提谓项的中项是不周延的（肯定判断谓项不周延）；根据三段论推理规则（2），中项在前提中至少周延一次，所以小前提中的中项必须是周延的，而中项在小前提中是主项，所以，小前提必须是全称的。

（2）如果小前提是肯定判断，那么结论必须是特称的。

如果第四格的小前提是肯定判断，而小项在小前提中是谓项，因而它是不周延的（肯定判断谓项不周延）。根据三段论推理规则（3），前提中不周延的项，在结论中也不能周延，所以，小项在结论中也不得周延。如果结论全称，则在结论中小项周延，违反了三段论推理规则（3），所以，小前提肯定，则结论必须是特称的。

（3）如果两个前提中有一个是否定的，那么大前提必须是全称的。

如果两个前提中有一个是否定的，根据三段论规则（5），结论也必然是否定的，如果结论否定，则结论中的大项是周延的。根据三段论推理规则（3），大项在大前提中也是周延的，大项在第四格中处于前提的主项，只有全称时主项周延，因此，大前提必须是全称的。

（4）前提中不得有特称否定判断。

根据三段论推理规则（5），如果大前提否定，结论必然否定，则大项在结论中周延（否定判断的谓项周延）；如果大前提是特称判断，则大项在前提中不周延（特称判断的主项不周延），这样，就违反了三段论推理规则（3）前提中不周延的项，在结论中也不能周延，因此，大前提不能是特称否定。

假设小前提是否定的，根据三段论推理规则（4）两个否定的前提不能必然得出结论，大前提肯定，则中项在大前提中不周延（肯定判断谓项不周延）；小前提否定，中项在小前提中也不周延（特称判断的主项不周延），这违反了三段论推理规则（2）中项在前提中至少周延一次，因此，小前提不能是特称否定。

所以，不管是大前提还是小前提都不能是特称否定判断，即前提中不得有特称否定判断。

（5）结论不能是全称肯定判断。

假设结论是全称肯定判断，则小项在结论中周延（全称判断主项周延），大项在结论中不周延（肯定判断谓项不周延）；根据三段论推理规则（3）前提中不周延的项，在结论中也不能周延，则小前提必然是否定的，使小项在前提中周延；根据三段论推理规则（5），如果小前提否定，则结论必然否定，这和假设与结论为肯定判断矛盾；所以，结论不能是全称肯定判断。

五、三段论的式

构成三段论推理的三个性质判断，由 *A*、*E*、*I*、*O* 四种性质判断在前提和结论的不同组合所决定的三段论的不同形式叫三段论的式。三段论由 A、E、I、O 四种判断组合而成，任何一个三段论推理都表现为一定的格和式。*A*、*E*、*I*、*O* 都可以作为大前提、小前提和结论，其排列组合数目是：4×4×4=64。这样，每个格都有 64 个式，四个格共有 64×4=256 个式。但大多数是违反三段论规则的，是错误的式或无效的式。

动物都是生物，(*A*)
狗都是动物，(*A*)
所以，狗都是生物。(*A*)

这个推理属于三段论推理的第一格，由于它的三个性质判断都是全称肯定判断，所以，它属于第一格的 *AAA* 式。三段论推理的第一格 *AAA* 式是正确的。

三段论第一格也有错误的推理形式：

所有猫都不是人，(*E*)
所有猫仔都不是人，(*E*)
所以，所有的猫仔都不是猫。(*E*)

这个推理是第一格的 *EEE* 式，它违反了三段论推理的规则（4）两个否定的前提不能必然得出结论。

根据三段论推理的规则，可以确定出各个格的正确式。四个格总共有 256 个式，其中只有 24 个式是正确的。各三段论的格正确的三段论的式如下：

第一格	*AAA*	*AII*	*EAE*	*EIO*	(*AAI*)	(*EAO*)
第二格	*AEE*	*EAE*	*EIO*	*AOO*	(*AEO*)	(*EAO*)
第三格	*AAI*	*ALL*	*EAO*	*EIO*	*IAI*	*OAO*
第四格	*AAI*	*AEE*	*EAO*	*EIO*	*IAI*	(*AEO*)

上面的各个式中，凡带有括号的式叫作“弱式”，共有五个弱式。弱式就是根据规则不能得出全称结论而只能得到特称结论的式，如第一格中 *AAI* 式。我们知道，在第一格中，从 *AA* 这两个前提可以推出全称结论 *A*，但得出 *AAI* 式却是一个特称结论，因而这个式就是弱式。

凡大学教师都是教育工作者，
凡教师都是脑力劳动者，
所以，有的脑力劳动者是教育工作者。

这个推理形式是三段论的弱式，三段论弱式的结论也是必然的。根据性质判断的对当关系推理，*A* 判断和 *I* 判断是差等关系，全称的真可以推导出特称的真。因此，三段论的弱式也是必然推理，结论是可靠的。

三段论的各个格用来说明大项、中项、小项的位置不同。三段论的各个式是说明作为大前提、小前提和结论的判断种类不同。只有两者结合起来，才能表明三段论的完整形式。比如，第一格和 *AAA* 式结合起来所表达的完整形式是：

$$\begin{array}{l} M\ A\ P \\ \underline{S\ A\ M} \\ \therefore S\ A\ P \end{array}$$

三段论的第二格和 *EAE* 式结合起来表达的完整形式是：

$$\begin{array}{l} S\ E\ P \\ \underline{P\ A\ M} \\ \therefore S\ E\ P \end{array}$$

六、三段论的省略式

三段论推理陈述时，并不都是严格按照三段论的结构形式来进行的，我们在社会交际的过程中所遇见的三段论推理，多是以省略形式出现的。

三段论是由大前提、小前提和结论组成的，所以省略三段论有以下三种形式：

1. 省略大前提的形式

当大前提是众所周知的一般原则时，大前提常常被省略。

例如：“住房也是商品，当然也是有价值的。”

这个推理就是省略了大前提：“所有商品都有价值。”现恢复其完整形式为：

所有商品都有价值，
住房是商品，
所以，住房也有价值。

我们在交流过程中往往省略交流双方都熟知的前提。

有一次美国国务卿希拉里在加利福尼亚州作了一场演讲，演讲完后回答听众提问。这时一名男子居然公开向希拉里求婚："亲爱的，嫁给我吧！"面对仰慕她的这名男子，已婚的希拉里婉转而又不失幽默地说："这是我听到的最友善的示意，但是如果那样，我会因重婚罪而被捕。"

希拉里的这个推理就是省略大前提的三段论推理，这个省略三段论的大前提是"我已经结婚了"，小前提是"如果我答应了你的求婚"，结论是"我会因重婚罪而被捕"，而这个省略的三段论推理，大前提"希拉里已婚"是人尽皆知的。

2. 省略小前提的形式

当小前提所表示的是一个非常明显的事实时，小前提往往被省略。

例如，"任何人都免不了犯错误，法官也不例外"。这个推理省略了表示非常明显的事实的小前提："法官也是人。"现恢复其完整形式为：

任何人都会犯错误，
法官是人，
所以，法官也会犯错误。

3. 省略结论的形式

当结论不说出来反而更有力量或更为婉转时，它就常被省略。

例如，"所有金属都是导电的，铅也是金属嘛"！这个推理省略了非常明显的事实的结论："铅是导电的"，现恢复其完整形式为：

所有金属都导电，
铅是金属，
所以，铅是导电的。

省略的三段论因为简明扼要，我们在日常生活中经常应用。由于三段论的省略式省去了前提或者结论，因此，推理过程中所包含的错误常被掩饰，我们在运用省略三段论时必须注意这一点。

例如，"他有作案动机，所以，他是罪犯"，这个省略的三段论补充完整为：

有作案动机的人就是罪犯，

他是有作案动机的人，
所以，他是罪犯。

其中，“有作案动机的人”作为中项在前提中是不周延的，违反了三段论的推理规则（2），中项在前提中至少周延一次。

因此，为了判明省略三段论是否存在谬误，我们常常把三段论的省略式恢复为完整的形式。正确地把省略三段论恢复成完整形式有以下三个步骤：

第一步，辨别前提和结论。确定在省略三段论的两个判断中，哪个判断是前提，哪个判断是结论，通常是根据表示逻辑联结项的联结词来判定的。如“所以”、“因此”、“因而”、“由此可见”等语词后面的判断往往是结论。对于省略联结词的判断，我们要根据上下文来辨别前提和结论。比如“你是年轻人，你应当努力学习”，我们知道这个就是省略了大前提的省略三段论。

第二步，要确定大前提和小前提。辨别了前提和结论后，在结论中不出现的项是中项，结论中的谓项是大项，结论中的主项是小项。在前提中包含大项的是大前提，包含小项的是小前提。

第三步，补充被省略部分。如果被省略的是大前提，那么就以结论的谓项和中项联结起来构成大前提。如果被省略的是小前提，那么就以结论的主项和中项联结起来构成小前提。如果被省略的部分是结论，那么可以根据三段论的形式结构推出结论来。如果推不出必然的结论，那么就说明这个省略三段论的形式结构是不正确的、无效的。

例如，“一切造福于人类的知识都是有价值的，所以，逻辑学是有价值的”。省略的三段论是缺少小前提的，补充完整的三段论是：

一切造福于人类的知识都是有价值的，
逻辑学是造福人类的知识，
所以，逻辑学是有价值的。

例如，“改革是新事物，当然免不了要遇到前进中的困难”，省略的三段论缺少大前提的，补充完整的三段论是：

凡是新事物都免不了遇到前进中的困难，
改革是新事物，
所以，改革免不了要遇到前进中的困难。

例如，“所有的偶蹄目动物都是脊椎动物，牛是偶蹄目动物”。

根据补充三段论的步骤可以知道“偶蹄目动物”是中项，那么结论就是“牛是脊椎动物”，补充完整的三段论是：

所有的偶蹄目动物都是脊椎动物，
牛是偶蹄目动物，
所以，牛是脊椎动物。

三段论有形式上的规则，也有对前提的、内容的要求。比如，“故意杀人应该判死刑，张三故意杀人，所以张三应该判死刑”。这个三段论的大前提“故意杀人应该判死刑”是错误的。所以，我们在应用三段论的过程中，既要遵守三段论的规则（形式上），也要注意前提和结论的真实性（内容上）。

第二节 关系判断及其推理

一、关系判断的定义和结构

（1）关系判断就是断定事物与事物之间具有或者不具有某种关系的判断，关系判断是简单判断的一种。

例 1：浩博和思妍是朋友。
例 2：广州在北京之南。
例 3：天下谁人不识君。

上述几个判断都是关系判断。例 1 断定“浩博”和“思妍”之间具有“朋友”关系；例 2 断定“广州”和“北京”两个城市之间的方位关系。例 3 断定“所有的人”都“认识”“董大（君）”。关系判断是断定事物之间的关系，如“之南”、“高于”、“等于”、“喜欢”、“认识”、“朋友”、“佩服”等都是关系。而“关系”总是存在于两个及两个以上的事物之间，存在于两个事物之间的关系叫两项关系，存在于三个事物之间的关系叫三项关系，依次类推还有四项关系、五项关系等。这里，我们主要介绍两项关系的关系判断。

（2）关系判断的构成。

任何一个关系判断，其结构都是由三个要素组成：关系主项、关系项、量项。

关系主项又称关系判断的主项，是关系判断中反映事物之间关系的概念。像“浩博”、“思妍”、“广州”、“北京”等。

关系项又称关系判断的谓项，是关系判断中反映具有某种关系的事物的概念。像“在……之南”、“朋友”“认识”等都是关系项。

量项是反映关系数量的概念，是表示关系主项被断定的数量范围的概念。比如，例3中的“天下人”就是量项。量项有全称量项（“所有”、“凡”等）和存在量项（“有”、“有的”等）两种。关系判断的关系主项可以是单独概念，也可以是普遍概念。当关系主项是单独概念时，其前面不使用量项；当关系主项是普遍概念时，其前面应当用量项。

张三佩服李四。

有些人爱上网。

在第一个关系判断中，“佩服”是对象之间存在的关系，通常用“R”表示；“张三”和“李四”是关系判断要断定的对象，叫作关系主项，通常用 a，b，c……来表示，“张三”是关系前项，“李四”是关系后项；“有些”、“大部分”等都是表示关系项的数量，叫作量项。

（3）思维形式。

两项关系判断由两个关系项和一个关系组成，其逻辑形式如下：

aRb 或 R（a，b）

读作“a 与 b 有关系 R”，其中“a”是关系前项，“b”是关系后项。

三项（三元）关系判断的逻辑形式可写成：R（a，b，c）。

n 项（n 元）关系判断的逻辑形式可写成：R（a，b，c……n）。

这里，R 表示关系项，a、b、c……n 表示关系主项。

二、关系的种类

根据关系判断的关系逻辑性质，我们可以概括出以下两种关系：对称性关系和传递性关系。

1. 对称性关系

对称性关系主要有以下几种：

(1) 关系的对称性。

如果 a 和 b 之间有关系 R，且 b 与 a 之间也有关系 R，那么关系 R 就是对称关系。用公式可以表达为：当 aRb 真，bRa 也真。

妍妍和牛牛是亲戚。

“亲戚”关系就是对称关系，如果“妍妍”是“牛牛”的亲戚，则“牛牛”一定也是“妍妍”的亲戚。

表示对称性关系的词项有：“相等”、“等于”、“朋友”、“同学”、“同乡”、“同盟”、“相同”、“亲戚”、“配偶”、“夫妻”、“战友”、“在……旁边”、“全同”、“交叉”、“全异”、“矛盾”、“反对”、“相似”等。这些词项表示的关系一般都是对称关系。

王元泽（王安石之子）幼时，有客用笼子装有獐、鹿各一只，问之：“哪一只是鹿？哪一只是獐?”答曰：“獐旁是鹿，鹿旁是獐。”

王元泽就是利用关系的对称性回答了客人的问题。

妈妈对儿子说：“小明是个调皮的孩子，你不能和他玩。”

儿子问：“妈妈，那我是好孩子吗?”

妈妈说：“你当然是个好孩子了。”

儿子高兴地回答：“那小明就可以跟我玩了。”

“小明跟我玩”是一个关系判断，是对称性的。所以与“我跟小明玩”可以互推，即“与某某一起玩”是对称关系推理。

(2) 关系的非对称性。

当事物 a 和事物 b 有关系 R，且 b 与 a 是否有关系 R 不定，即 b 与 a 既可能有关系 R，也可能没有关系 R 时，则关系 R 就是非对称关系。例如，a 喜欢 b，b 喜欢也可能不喜欢 a。用公式表示就是：aRb 真，则 bRa 真假不定。

表示非对称性关系的词项有：“多于”、“少于”、“高于”、“位于……之后”、“比……贵重”、“信任”、“尊敬”、“喜爱”、“想念”、“认识”、“了解”、“批评”、“反对”、“支持”、“拥护”、“帮助”等。这些词项表示的关系就是非对称关系。

小张：“我很喜欢 A。”

小李："那A一定也很喜欢你了。"

"喜欢"是非对称关系，所以小李的话是不对的。

警察：你不打他，他难道会无缘无故打你？

警察不了解"打"是非对称关系，错把"非对称性关系"当成"对称性关系"，闹了笑话。

(3) 关系的反对称性。

当事物 a 与事物 b 有关系 R，且 b 与 a 肯定没有关系 R 时，关系 R 就是反对称关系。

五大于三。

甲是乙的父亲。

用公式表示为：aRb 真，则 bRa 假。

这里的"大于"、"是……的父亲"就是反对称关系。就"a"和"b"之间的关系来说，既然"a 大于 b"为真，那么"b 大于 a"的关系必假。如果"甲是乙的父亲"为真，那么乙必然不是甲的父亲。

表示反对称关系的词项有："超过"、"战胜"、"小于"、"多于"、"大于"、"重于"、"轻于"、"早于"、"侵略"、"压迫"、"剥削"、"以北"、"之上"、"比…贵重"、"比……便宜"等。

2. 传递性关系

传递性关系包括三种：传递关系、非传递关系和反传递关系。

(1) 传递关系。

当事物 a 与事物 b 有关系 R，事物 b 与事物 c 有关系 R，且事物 a 与事物 c 也有关系 R 时，关系 R 就是传递关系。

甲大于乙，乙大于丙，那么甲必大于丙。

这里的"大于"就是传递关系。

传递性关系用公式表示为：aRb，并且 bRc，则 aRc。

如"先于"、"早于"、"晚于"、"相同"、"相等"、"平等"、"低于"、"大于"、"小于"、"包含于"、"包含"等都是传递关系联结词。

（2）非传递关系。

当事物 a 与事物 b 有关系 R，事物 b 与事物 c 有关系 R，而事物 a 与事物 c 是否有关系 R 不定时，关系 R 就是非传递关系。

a 认识 b，b 认识 c，a 与 c 之间可能认识也可能不认识。

非传递关系用公式表示是：aRb，并且 bRc，则 aRc 真假不定。

如“交叉”、“认得”、“喜欢”、“爱慕”、“相邻”、“尊重”、“支持”、“不相等”、“战胜”、“选举”、“同学”、“认识”、“相信”、“佩服”、“尊敬”、“全异”、“反对”、“邻居”、“老师”、“朋友”、“不同于”、“剥削”等就是非传递关系。

（3）反传递关系。

当事物 a 与事物 b 有关系 R，事物 b 与事物 c 有关系 R，而事物 a 与事物 c 没有关系 R 时，关系 R 就是反传递关系。

a 是 b 的父亲，b 是 c 的父亲，a 一定不是 c 的父亲。

反传递关系用公式表示为：aRb，并且 bRc，则非 aRc。

如“父亲”、“叔叔”、“儿子”、“孙子”、“祖父”、“……是……的母亲”、“高多少”、“低多少”、“年长……岁”、“大两岁”、“重三斤”、“矛盾关系”等都是反传递关系。

区分对称性关系和传递性关系，有助于我们正确使用关系判断和进行关系推理。混淆了关系的逻辑性质，就会造成推理的混乱，使关系推理丧失逻辑性。

三、关系判断推理

关系推理是以关系判断作为前提或结论，并依据关系的逻辑性质而进行推演的推理。关系推理是根据关系推断关系项的逻辑性质而进行的一种演绎推理。

关系推理可以分为纯关系推理和混合关系推理。

（一）纯关系推理

纯关系推理是以一个关系判断作为前提，由此推出另一个关系判断作为结论的推理。根据推理依据关系的不同，纯关系推理又可以分为对称性关系推理和传递性关系推理。

1. 对称性关系推理

对称性关系推理是根据对称性关系的逻辑性质而进行推演的推理。它包括对称关系推理和反对称关系推理。

（1）对称关系推理。

对称关系推理是根据对称关系进行推演的推理。如以“a”、“b”表示发生关系的事物，以“R”表示对称性的关系，那么对称关系推理的公式如下：

$$\frac{aRb}{\therefore bRa}$$

或 $aRb \rightarrow bRa$

即如果 aRb 真，那么 bRa 真。

小红与小强是同乡，

所以，小强与小红是同乡。

上述这个推理就是对称关系推理，此外，“等于”、“朋友”、“同学”、“同乡”、“同盟”、“相同”、“亲戚”、“配偶”、“夫妻”、“战友”“在……旁边”、“全同”、“交叉”、“全异”、“矛盾”、“反对”、“相似”等都是对称性的关系，根据这种关系的性质都可进行对称关系推理。

（2）反对称关系推理。

反对称关系推理是根据反对称关系进行推演的推理。如以“a”、“b”表示发生关系的事物，以“$\neg R$”表示反对称性的关系，那么，反对称关系推理的公式如下：

$$\frac{aRb}{\therefore b \neg Ra}$$

或 $aRb \rightarrow b \neg Ra$

即如果 aRb 真，那么 $b \neg Ra$ 假。

春秋在战国之前，

所以，战国不在春秋之前。

这个推理就是反对称关系推理。如“小于”、“多于”、“大于”、“重于”、“轻于”、“早于”、“侵略”、“压迫”、“剥削”、“以北”、“之上”、“比……贵重”、“比……便宜”、“超过”、“战胜”等都是反对称性的关系。根据这种关系的性质都可进行反对称关系推理。

2. 传递性关系推理

传递性关系推理是根据传递性关系的逻辑性质而进行推演的推理。它包括传递关系推理和反传递关系推理。

(1) 传递关系推理。

传递关系推理是根据传递关系进行推演的推理。

妍妍比牛牛大，牛牛比迈克大，所以，妍妍比迈克大。

以“a”、“b”、“c”表示发生关系的事物或对象，以“R”表示传递性关系，那么，传递关系推理的公式如下：

aRb

bRc

$\therefore aRc$

或 $aRb \wedge bRc \rightarrow aRc$

即如果 aRb 真，bRc 真，那么 aRc 真。

a 包含 b，

b 包含 c，

所以，a 包含 c。

这些都是传递性关系推理。此外，“先于”、“早于”、“晚于”、“相同”、“相等”、“平等”、“低于”、“大于”、“小于”、“包含于”、“包含”等都是传递性关系。根据这种关系的性质都可进行传递性关系推理。

(2) 反传递关系推理。

反传递关系推理是根据反传递关系进行推演的推理，如以“$\neg R$”表示其反传递性关系，那么，反传递关系推理的公式如下：

aRb

bRc

$\therefore a \neg Rc$

或 $aRb \wedge bRc \rightarrow a \neg Rc$

即如果 aRb 真，bRc 真，那么 $a\neg Rc$ 真。

张三是李四的父亲，
李四是王五的父亲，
所以，张三不是王五的父亲。

这是反传递关系推理。此外，“父亲”、“叔叔”、“儿子”、“孙子”、“祖父”、“……是……的母亲”、“高多少”、“低多少”、“年长……岁”、“大两岁”、“重三斤”、“矛盾关系”等也可以用于反传递推理。

需要注意的是，当关系是非对称的或者是非传递的时，就不能进行必然性的推理。

（二）混合关系推理

混合关系推理是大前提和结论都是关系判断，小前提是性质判断的推理。这种推理也是由三个判断和三个不同的项组成，所以又称为混合关系三段论。

混合关系推理一般是前提除关系判断外还有一个性质判断的推理，以下是一种常见的混合关系推理：

所有的 a 与 b 有 R 关系
c 是 a
所以，c 与 b 有 R 关系

凡重金属都比水重，
铁是重金属，
所以，铁比水重。

上述混合关系推理的公式为：

aRb
c 是 a
$\therefore aRc$

这种混合关系推理之所以能够推出结论，关键是在两个前提中有一个共同的关系项，它与三段论的中项类似，因为中项起到了媒介作用，所以能推出结论。

混合关系推理的规则如下：

（1）前提中的性质判断必须是肯定判断。

（2）媒项在前提中至少必须周延一次。

（3）在前提中不周延的项，在结论中不得周延。

（4）前提中关系判断肯定，结论肯定；关系判断否定，结论否定。

（5）若前提中关系的性质不是对称的，则结论中关系的前后项应与前提中关系的前后项保持一致。

遵守这五条规则的混合关系推理都是正确的推理，违反其中的任何一条规则都是不正确的。

例1：我们反对一切腐败现象，贪污是腐败现象，所以，我们反对贪污。

例2：铁的熔点比锡的熔点高，铜不是铁，所以，铜的熔点不比锡的熔点高。

例3：有的人读过莎士比亚的戏剧集，《威尼斯商人》是莎士比亚的戏剧，所以，有的人读过《威尼斯商人》。

例4：我们打击一切盗窃犯，拦路抢劫不是盗窃犯，所以，我们不打击拦路抢劫。

例5：我们反对侵略战争，凡侵略战争是战争，所以，我们反对一切战争。

上述五个例子中，例1不违反推理规则，所以推理正确。例2和例4违反了规则（1）前提中的性质判断必须是肯定判断，所以推理不正确。例3和例4违反了规则（3）在前提中不周延的项，在结论中不得周延，所以推理不正确。例5违反了规则（2），媒项在前提中至少必须周延一次，所以推理不正确。

思考题

1. 有个皇帝梦见有个人拔掉了他所有的牙齿，梦醒之后，便叫身边的丞相为他解梦，这丞相据相关解梦之书如实告之："陛下全家将比陛下先死。"闻言，皇帝大怒，下令将丞相处死。听说阿凡提智慧超群，皇帝便差人去请阿凡提。听说丞相被杀之事后，阿凡提自不能重蹈覆辙，于是对皇帝说道："陛下将比您所有的家人长寿。"听到这话，皇帝非常高兴，立即赐给阿凡提一件锦袍。

请问，大臣的话与阿凡提的话是否能得到同样的结论？

2. 小明和小强都是张老师的学生，张老师的生日是 M 月 N 日，2人都知道张老师的生日是下列10组中的一天，张老师把M值告诉了小明，把N值告诉了小强，张老师问他们知道他的生日是哪一天吗？

3月4日、3月5日、3月8日、6月4日、6月7日、9月1日、9月5日、12月1日、12月2日、12月8日。

小明说：如果我不知道的话，小强肯定也不知道。

小强说：本来我也不知道，但是现在我知道了。

小明说：哦，那我也知道了。

请根据以上对话推断出张老师的生日是哪一天。

练习题

一、选择题。

1. 在概念外延间的关系“全同、属种、种属、交叉、矛盾”中，属于反传递关系的是（　　）。

A. 全同　　B. 属种　　C. 种属　　D. 交叉　　E. 矛盾

2. a“甲班学生都是广东人”和b“甲和乙都是广东人”，这两个判断（　　）。

A. 都是A判断　　B. a是A判断，b不是

C. 都不是A判断　　D. a不是A判断，b是

3. 一个正确三段论的小前提是SOM，则其大前提一定是（　　）。

A. MAP　　B. PAM　　C. MEP　　D. PEM

4. 一个正确三段论的大前提是MIP，则其小前提一定是（　　）。

A. SAM　　B. MAS　　C. SIM　　D. MIS

5. 以MAP为大前提，MIS为小前提，则结论一定是（　　）。

A. SAP　　B. SEP　　C. SIP　　D. SOP

6. 以PEM为大前提，MAS为小前提，则结论一定是（　　）。

A. SAP　　B. SEP　　C. SIP　　D. SOP

7. 一个有效的三段论的小前提是E判断，其大前提是（　　）。

A. MAP　　B. PAM　　C. MEP　　D. PIM

8. 若一个有效三段论的小前提是否定判断，则大前提必定是（　　）。

A. MAP　　B. PAM　　C. PEM　　D. MEP

9. 当S与P具有（　　）关系或（　　）关系时，SEP假但SOP真。

A. 全同　　B. 属种　　C. 交叉　　D. 种属　　E. 全异

10. 以PAM为前提，应增补（　　）或（　　）为另一前提，可必然推出SOP。

A. *SIM*　　B. *SAM*　　C. *SEM*　　D. *MOS*　　E. *SOM*

11. 对于大前提 *PAM*，结论为 *SOP* 的正确三段论，其小前提可以是（　　）。

A. *MOS*　　B. *SOM*　　C. *MES*　　D. *SEM*　　E. *SAM*

12. 一个正确三段论，其小前提为 *MIS*，则大前提可以是（　　）。

A. *MAP*　　B. *MEP*　　C. *PEM*　　D. *PAM*　　E. *POM*

13. 对于小前提为 *SAM*，结论为 *SEP* 的正确三段论，其大前提可以是（　　）。

A. *MAP*　　B. *MEP*　　C. *MOP*　　D. *POM*　　E. *PEM*

14. 如果一个正确三段论的结论为 *SOP*，则其大、小前提组合可以是（　　）。

A. *MAP*，*SOM*　　B. *PEM*，*SOM*　　C. *MOP*，*MAS*

D. *PEM*，*MIS*　　E. *MAP*，*MOS*

15. 对于大前提为 *MAP*，结论为 *SIP* 的正确三段论，其小前提可以是（　　）。

A. *SAM*　　B. *MAS*　　C. *SIM*　　D. *MIS*　　E. *SOM*

16. 一个有效的三段论，若结论是否定的则大前提不能是（　　）。

A. *MAP*　　B. *PAM*　　C. *MIP*　　D. *MOP*

17. 已知第二格三段论的小前提为 *SIM*，则（　　）。

A. 大前提是 *MEP*　　B. 大前提是 *PEM*　　C. 大前提是 *POM*

D. 结论是 *SEP*　　E. 结论是 *SOP*

18. 一个有效的三段论的小项、中项、大项分别为 *S*、*M*、*P*。如 *P* 在结论中周延，则其大前提不能是（　　）。

A. *PAM*　　B. *MOP*　　C. *MAP*　　D. *POM*　　E. *PIM*

二、以下三段论是否符合推理规则，如果不符合规则，请指出具体的逻辑错误。

1. 凡金属都是导电的，
水是导电的，
所以，水是金属。

2. 甲生疮，
甲是中国人，
凡中国人都生疮。

3. 法官都懂得法律，
你不是法官，
你不懂法律。

4. 贪污罪不是过失犯罪，
有的过失犯罪不是侵害国家财产的行为，

所以，贪污罪不是侵害国家财产的行为。

5. 鸟不是胎生的，
这些动物不是鸟，
所以，这些动物不是胎生的。

6. 凡鸡蛋是圆的，
有些圆的是石头，
有些石头是鸡蛋。

7. 凡绿色植物都是有光合作用的，
柳树是绿色植物，
所以，柳树是有光合作用的。

8. 有些文学爱好者是四川人，
四川人喜欢吃麻辣烫，
有些喜欢吃麻辣烫的是文学爱好者。

拓展训练题

1. 所有的聪明人都是近视眼，我近视得很厉害，所以我很聪明。以下哪项与上述推理的逻辑结构一致？(　　)

A. 我是个笨人，因为所有的聪明人都是近视眼，而我的视力那么好

B. 所有的猪都有四条腿，但这种动物有八条腿，所以它不是猪

C. 小陈十分高兴，所以小陈一定长得很胖，因为高兴的人都能长胖

D. 所有的天才都高度近视，我一定是高度近视，因为我是天才

E. 所有的鸡都是尖嘴，这种总在树上待着的鸟是尖嘴，因此它是鸡

2. 凡物质都是可塑的，树林是可塑的，所以树木是物质。

试分析以下哪个选项的结构与上述最为相近？(　　)

A. 凡真理都是经过实践检验的，进化论是真理，所以进化论是经过实践检验的

B. 凡恒星自身都是发光的，金星不是恒星，所以金星自身不发光

C. 凡公民必须遵守法律，我们是公民，所以我们必须遵守法律

D. 所有的坏人都攻击我，你攻击我，所以你是坏人

E. 凡鲸一定用肺呼吸，海豹可能是鲸，所以海豹可能用肺呼吸

3. 只有门球打得好的人才能加入门球协会，所有门球协会的人都戴着太阳帽；有的退休老同志是门球协会会员；某街道的人都不会打门球。由此不能确认的一项是(　　)。

A. 该街道上的人都不是门球协会会员　　B. 该街道上有的人戴着太阳帽

C. 有的退休老同志戴着太阳帽　　D. 有的退休老同志门球打得好

4. 一项新的研究表明，存在于舌头上的能检测甜味的蛋白质，也存在于肠道。研究人员据此推测，肠道同样能尝出糖果的味道。这项研究的负责人说："其实，肠道与舌头品尝甜味的方式是一样的。"

下列哪项最能支持上述推测？（　　）

A. 只要有了这种检测甜味蛋白质的物质，就能尝到甜味

B. 除了甜味，肠道还能尝到酸味

C. 除了肠道，还有其他器官能够尝到甜味

D. 味觉可以通过其他感觉表达出来

5. 有些"台独分子"论证说：凡属中华人民共和国政府管辖的都是中国人，台湾人现在不受中华人民共和国政府管辖，所以，台湾人不是中国人。

以下哪一个推理明显说明上述论证不成立？（　　）

A. 所有成功人士都要穿衣吃饭，我现在不是成功人士，所以，我不必穿衣吃饭

B. 商品都有使用价值，空气当然有使用价值，所以，空气当然是商品

C. 所有技术骨干都刻苦学习，小张是技术骨干，所以，小张是刻苦学习的人

D. 犯罪行为都是违法行为，违法行为都应受到社会的谴责，所以，所有犯罪行为都应受到社会的谴责

6. 某省大力发展旅游产业，目前已经形成东湖、西岛、南山三个著名景点，每处景点都有二日游、三日游、四日游三种路线。李明、王刚、张波拟赴上述三地进行9日游，每个人都设计了各自的旅游计划。后来发现，每处景点他们三人都选择了不同的路线：李明赴东湖的计划天数与王刚赴西岛的计划天数相同，李明赴南山的计划是三日游，王刚赴南山的计划是四日游。

根据以上陈述，可以得出以下哪项？（　　）

A. 李明计划东湖二日游，王刚计划西岛二日游

B. 王刚计划东湖三日游，张波计划西岛四日游

C. 张波计划东湖四日游，王刚计划西岛三日游

D. 张波计划东湖三日游，李明计划西岛四日游

E. 李明计划东湖二日游，王刚计划西岛三日游

7. 年初，为激励员工努力工作，某公司决定根据每月的工作绩效评选"月度之星"，王某在当年前10个月恰好只在连续的4个月中当选"月度之星"，他的另三位同事郑某、吴某、周某也做到了这一点。关于这四人当选"月度之星"的月份，已知：

（1）王某和郑某仅有三个月同时当选；
（2）郑某和吴某仅有三个月同时当选；
（3）王某和周某不曾在同一个月当选；
（4）仅有 2 人在 7 月同时当选；
（5）至少有 1 人在 1 月当选。

根据以上信息，有 3 人同时当选“月度之星”的月份是（　　）。

A. 1 ~ 3 月　　B. 2 ~ 4 月　　C. 3 ~ 5 月　　D. 4 ~ 6 月　　E. 5 ~ 7 月

8. 根据以上信息，王某当选“月度之星”的月份是（　　）。

A. 1 ~ 4 月　　B. 3 ~ 6 月　　C. 4 ~ 7 月　　D. 5 ~ 8 月　　E. 7 ~ 10 月

参考答案

练习题

一、

1. ACE 2. B 3. B 4. B 5. C 6. D 7. B 8. B 9. BC 10. CE 11. BCD 12. ABC 13. BE 14. CD 15. CD 16. AC 17. BE 18. CDE

二、

1. 违反规则（2）。
2. 违反规则（1）。
3. 违反规则（3）。
4. 违反规则（4）。
5. 违反规则（4）。
6. 违反规则（3）。
7. 不违反规则。
8. 违反规则（1）。

拓展训练题

1. E

2. D

3. B

根据“只有门球打得好的人才能加入门球协会，某街道的人都不会打门球”，推出A项；根据“只有门球打得好的人才能加入门球协会，有的退休老同志是门球协会会员”推出D项；根据“所有门球协会的人都戴着太阳帽；有的退休老同志是门球协会会员”推出C项。但B项从题干的条件无法确认，故选B。

4. A

将A项推测，与题干部分结合可以形成一个三段论结构：有这种蛋白质→尝到甜味，肠道有这种蛋白质→肠道能尝到甜味，由此可以推出肠道也能尝到甜味，且依靠于舌头相同的蛋白质，故选A。

5. A

题设格式：所有 M 是 P；S 不 M；所以 S 不 P。“中国人”不当周延。A项与题设相同。B项的格式：$P—M$，$S—M$，所以 $S—P$，肯定的，不成立，不同。C项的格式 M—P，S—M，所以 S—P，肯定的，成立，不同。D 项的格式：*S—M*，*M—P*，所以 *S—P*，肯定，成立，不同，故选 A。

6. A

由李明赴南山三日游可推出李明赴东湖是二日或四日；王刚赴南山计划是四日游，可推出王刚赴西岛是二日或三日；再根据李明赴东湖与王刚赴西岛天数相同，推出李明赴东湖及王刚赴西岛为二日游。

7. D

根据（1）、（2）、（3）和（5）可知周某在 1 月、2 月、3 月、4 月连续当选月度之星，可知王某应该为 5 月份后连续当选，排除 A、B 和 C；再根据（4）可排除 E。所以答案选 D。

8. D

根据上题可知周某在 1 月、2 月、3 月、4 月连续当选月度之星，并且由上题可知 3 人同时当选的月份为 4 月、5 月、6 月，再结合（3）可推出王某、郑某在 5 月、6 月共同当选月度之星。所以王某应该是 5 月、6 月、7 月、8 月连续当选。

第五章　复合判断及其演绎推理

第一节　复合判断及其构成

一、复合判断及其构成

1. 复合判断的含义

所谓复合判断，指包含其他判断的判断。作为复合判断的组成成分的判断，我们称之为支判断。

如果寒潮到来，则气温会下降。

支判断是“寒潮到来”，另一个支判断是“气温会下降”。在复合判断中，对支判断的处理，常用小写字母 p、q、r 等来替换，以构造复合判断的逻辑形式。我们用 p 替换“寒潮到来”，用 q 替换“气温会下降”，这个例子的逻辑表达式为：

如果 p，则 q

我们把复合判断的真值或假值称为复合判断的逻辑值，简称真值。一个复合判断真，称该判断有真的真值，可简记为“T”（也可以简记为“1”）；一个复合判断假，称该判断有假的真值，可简记为“F”（也可以简记为“0”）。对于复合判断而言，仅从支判断的真假，就能确定该复合判断的真假，也就是能确定这个复合判断的真值。

2. 复合判断的逻辑结构

复合判断的逻辑结构有两部分：一是构成复合判断的那些判断，称为复合判断的支判断；二是联结支判断的联结词。

二、复合判断的真值联结词

1. 复合判断的真值联结词及符号表达式

复合判断有多种类型：

妍妍来了广州且住在华南理工大学。

或者张三是凶手，或者李四是凶手。

如果缺水，那么水稻就会枯萎。

当且仅当一个三角形是等角的，它才是等边的。

并非只有天才才能发明创造 。

我们根据判断联结词的不同，可以区分不同的复合判断，并且可以用不同的逻辑符号来表达：

判断联结词真值的符号表达式		
并非	$\neg$	（否定）
并且	$\wedge$	（合取）
或者	$\vee$	（析取）
如果，那么	$\rightarrow$	（蕴涵）
当且仅当	$\leftrightarrow$	（等值）

2. 基本的复合判断形式

（1）$p \wedge q$	（p 并且 q）
（2）$p \vee q$	（p 或者 q）
（3）$p \dot{\vee} q$	（要么 p，要么 q）
（4）$p \rightarrow q$	（如果 p，那么 q）
（5）$p \leftrightarrow q$	（p 当且仅当 q）
（6）$\neg p$	（并非 p）

我们根据复合判断的真值联结词的不同，可以把判断分为联言判断、选言判断、假言判断、负判断等形式，下面我们一一介绍这些判断及其推理。

第二节　联言判断及其推理

一、联言判断

联言判断是断定两种或两种以上事物情况同时存在的判断。

电子商务在我国出现的时间虽然不长，但是它发展的速度非常迅速。

孔子是春秋末期的思想家、政治家、教育家。

以上都是联言判断，它断定了两种或者两种以上的情况同时存在。这些构成联言判断的支判断叫联言支。联言判断的联结词一般用符合“∧”表示，读作“合取”。联言判断的一般逻辑形式可表示为：

p 并且 q

逻辑表达式为：$p \wedge q$

三个联言支的联言判断可以表示为：

p 并且 q 并且 r

逻辑表达式为：$p \wedge q \wedge r$

联言判断主要用“并且”这个联结词来联结多个并列关系的联言支，除了并列关系外，递进关系、转折关系等在逻辑上也是联言判断。

海底不但景色奇异，而且物产丰富。(递进关系)

这本书不是你的，而是他的。(转折关系)

以上这两种关系都是联言判断，从逻辑角度看，汉语中的并列句、递进句、转折句等，都包含着对若干事物情况同时为真的陈述，因而都属于联言判断。联言判断的典型联结词是“并且”，除此之外，“和”、“然后”、“既是，又是”、“不但，而且”、“不是，而是”、“既要，又要”、“一方面，另一方面”、“虽然，但是”、“不仅，还”、“既，也，又”等也可以作为联言判断的联结词。

二、联言判断的逻辑值

联言判断断定两个或者两个以上的事物同时存在的情况，且由几个简单判断构成，这些构成联言判断的简单判断的真假就决定了联言判断的真假。因此，联言判断的真假取决于联言支的真假。一个联言判断为真，其支判断都应为真。当一个联言支反映的事物性质不存在时，联言判断就是假的。联言判断的真假与联言支的真假关系，可以用真值表来表示：

p	q	$p \wedge q$
T	T	T
T	F	F
F	T	F
F	F	F

在运用联言判断时需要注意以下几个问题：

1. 注意联言支的位置

有的联言支的前后顺序可以颠倒，有的联言支的前后顺序不可以颠倒。例如，“此商品物美价廉”这个联言判断的两个联言支“物美”和“价廉”的位置是可以前后颠倒的，可以说“此商品价廉物美”。但有的联言支的前后顺序不可以颠倒，例如，“我到了北京，并且游览了故宫”这个联言判断的两个支判断之间有时间的先后顺序，这样的联言支的前后顺序不能颠倒。否则，即使两个联言支判断都是真的，也不能确保整个联言判断是真的。联言支“我到了北京”和“游览了故宫”都是真的，而联言判断“我游览了故宫，并且我到了北京”则是假的。

2. 注意正确运用联言判断的压缩形式

联言判断有的是主项联言判断，有的是谓项联言判断，有的是主谓项联言判断。例如，“英国和法国都是欧洲国家”是主项联言判断，这个判断就比“英国是欧洲国家，并且法国是欧洲国家”要简洁。联言判断“这个商品物美价廉”是谓项联言判断，这个判断就比“这个商品物美，并且这个商品价廉”要简洁。例如，“勤劳勇敢善良是中国人的优良品质和作风”是主谓项联言判断，这个联言判断就比“勤劳是中国人的优良品质；并且勇敢是中国人的优良品质，并且善良是中国人的优良品质；勤劳是中国人的优良作风，并且勇敢是中国人的优良作风，并且善良是中国人的优良作风”要简洁。在应用联言判断的压缩形式的时候，要注意保持每个支判断的明确性，否则就要犯“支判断不明确”的错误，例如，“他和妈妈都住在广州和北京”，就犯了“支判断不明确”的错误，正确的联言判断是“他住在广州，妈妈住在北京”。

3. 正确地区分联言判断、性质判断和关系判断

联言判断的联结词有时可以省略，例如，“在战略上要藐视敌人，在战术上要重视敌人”，这就是省略了联结词的联言判断。表达联言判断的语句不仅可以是复句，

也可以是单句。例如，“巴西队和阿根廷队都是南美足球劲旅”，这就是用一个单句表达联言判断。用单句表达使得联言判断和性质判断以及关系判断有相近之处，因此在运用联言判断的真值表或者进行联言推理之前，必须先明确这个判断是否是联言判断。

妍妍和牛牛都是河北人。
保定人是河北人。
妍妍和牛牛是朋友。

第一个是联言判断，第二个是性质判断，第三个是关系判断。要抓住联言判断与性质判断、关系判断的本质区别，否则，就会犯“混淆判断”的逻辑错误。

三、联言推理

联言推理是仅以联言判断为前提或结论，并根据联言判断的逻辑性质进行推理的演绎推理形式。

鲁迅是伟大的文学家和思想家，
———————————————
所以，鲁迅是伟大的文学家。

和平是当代世界的主题，
发展是当代世界的主题，
———————————————
所以，和平和发展是当代世界的主题。

联言判断的逻辑性质是联言支同时为真，据此，联言推理有两种有效的推理形式：分解式和组合式。

1. 分解式

联言推理分解式的前提是一个联言判断，结论是该判断的一个联言支。我们称其为联言推理的分解式。

我们的干部要德才兼备，
———————————————
所以，我们的干部要有才。

我们的干部要德才兼备，
所以，我们的干部要品德高尚。

其逻辑表达式为：

$$\frac{p\text{并且}q}{\text{所以，}p} \quad \text{或} \quad \frac{p\text{并且}q}{\text{所以}q}$$

或者为：

$$\frac{p \wedge q}{\therefore\ p} \quad \text{或} \quad \frac{p \wedge q}{\therefore\ q}$$

上述例子就是联言判断的分解式。如果作为前提的联言判断是真的，则所推出的结论必然真。

2. 组合式

联言推理组合式是由各个联言支的真，推出由这些联言支组成的联言判断真的推理形式。

我的家乡山清水秀，
我的家乡鸟语花香，
所以我的家乡山清水秀，鸟语花香。

其逻辑表达式为：

$$\frac{\begin{array}{c}p\\q\end{array}}{\text{所以，}p\text{并且}q} \quad \text{或} \quad \frac{\begin{array}{c}p\\q\end{array}}{\therefore\ p \wedge q}$$

上述例子就是联言判断的组合式。如果一个联言判断的支判断都是真的，那么由这些支判断组成的联言判断也是真的。

第三节　选言判断及其推理

一、选言判断

1. 选言判断的含义

选言判断是反映若干可能的事物情况至少有一种情况存在的判断。

液体的沸腾，或者由于温度升高，或者由于压力下降。

一个整数要么是偶数，要么是奇数。

不是鱼死，就是网破。

选言判断由选言支和选言联结词两个部分组成。选言支，即构成选言判断的支判断。上述“由于温度升高”和“由于压力下降”，“偶数”和“奇数”，“鱼死”和“网破”都是选言判断的支判断，我们称之为“选言支”。选言联结词，即联结选言支并确定选言支之间关系的联结词。上述例子中的“或者……或者……”，“要么……要么……”，“不是……就是……”就是选言联结词。

以上三个选言支的逻辑关系是不同的，其中“或者……或者……”意味着它联结的两个支判断并不是互相排斥的，支判断可以同时为真，“要么……要么……”、“不是……就是……”表示所联结的支判断是互相排斥的，支判断只能有一个为真。正是由于选言判断的联结词的性质不同，因而就有两类不同的选言判断，即相容选言判断和不相容选言判断。

选言联结词通常用“或者”、“要么……要么……”、“不是……就是……”、“是……还是……”二者必居其一来表示。选言联结词有两种，一种我们以“或者”为代表，用符号“$\vee$”来表示；另一种以“要么……要么……”为代表，用“$\dot{\vee}$”表示，“$\vee$”和“$\dot{\vee}$”表示析取。这样，我们就可以把选言判断写成以下两种形式：

p 或者 q，写成 $p \vee q$（读作“p 相容析取 q”）

要么 p，要么 q，写成 $p \dot{\vee} q$（读作“p 不相容析取 q”）

2. 选言判断的种类

选言判断的选言支所断定的事物情况，有的是几种可能的情况可以同时存在，有的是几种可能的情况不能同时存在，只能有一个事物存在。因此，根据选言支的情况，选言判断可以分为相容选言判断和不相容选言判断两种。

（1）相容选言判断。

相容选言判断由判断联结词“或者”联结若干支判断构成，它是断定至少有一支判断所表示的事物情况为真的复合判断。相容的意思是不排斥选言支同时为真。

其逻辑形式为：

p 或者 q，写成 $p \vee q$。

这批商品销量不好的原因或者是定价过高或者是质量不好。

艺术作品质量差，也许由于内容不好，也许由于形式不好。

在汉语里，表达相容选言判断的联结词，通常有“……或……”、“或者……或者……”、“或许……或许……”、“也许……也许……”等。有时为了确定起见，还要加上“或者两者兼而有之”、“或者二者具备”等联结词。

相容选言判断的选言支可以同时都是真的。选言支都真，断定几种可能的情况同时存在，这时此选言判断为真；选言支有一个真，断定至少有一种可能情况存在，那么这个选言判断也真；只有当选言支都假时，也就是说不能断定一种可能情况存在，那么该选言判断才是假的。相容的选言判断的真值表如下：

p	q	$p \vee q$
T	T	T
T	F	T
F	T	T
F	F	F

我们通过以上相容选言判断的真值表可以知道：相容选言判断的选言支可以同真，但不能同假。

（2）不相容选言判断。

联结若干支判断构成，不相容的选言判断是反映有且只有一支判断所表示的事物情况为真的复合判断。其逻辑式可以表示如下：

要么 p，要么 q，或者写成 $p \dot{\vee} q$。

一个人的死，或重于泰山，或轻于鸿毛。

不是老虎吃掉武松，就是武松打死老虎。

表示不相容的选言联结词，常用的有“要么……要么……”、“不是……就是……”、“或是……或是……”。有时为了更明确起见，还可以加上“二者必居其一”、“二者不可兼有”等联结词。

不相容的选言判断反映的是有且只有一种判断所表示的情况为真，因此，选言支不仅不能同真，而且也不能同假，只能一真。如果只有一个支判断真，则这个选言判断是真的；如果有两个或两个以上的支判断真，或者各个支判断都是假的，则这个选言判断就是假的。

不相容选言判断的真值表如下所示：

p	q	$p \dot{\vee} q$
T	T	F
T	F	T
F	T	T
F	F	F

以上真值表表明不相容选言判断的选言支不可同真，也不可同假。

注意：在运用选言判断真值表的时候，应该保证选言支是穷尽的。因为只有选言判断的选言支反映了所有的可能，才能确保选言判断必然为真；否则，根据真值表来确定选言判断的真值就可能是不恰当的，甚至是错误的。

一个人的血型要么是A型，要么是B型。

根据不相容选言判断真值表，断定如果这个人“血型”不是“A型”，那么这个人“血型”一定是“B型”。其实除了这两种血型外，人类的“血型”还有“AB型”和“O型”。断定这个人“血型”不是“A型”，不能由此断定该人的“血型”一定是“B型”。

例如，“天体或者是行星，或者是恒星”。我们知道这个天体不是行星，那么这个天体就是恒星吗？行星和恒星也不能穷尽了所有的天体，因为除此之外，还有卫星、彗星、流星等天体。在运用选言判断的时候一定要注意选言支的穷尽问题。

二、选言推理

选言推理是前提中有一个选言判断，并且根据选言判断的选言支之间的关系而推出结论的推理。

或者甲或者乙或者丙获得甲等奖学金，
现知获奖者不是甲，不是乙，
————————————
所以，获奖者是丙。

选言推理分为不相容选言推理和相容选言推理。

（一）不相容选言推理

不相容选言推理是根据不相容选言判断的逻辑性质来进行的推理，不相容选言推理是前提中有一个不相容选言判断的选言推理，另一个前提是这个不相容选言判断的支判断或其支判断的否定形式。

不相容选言推理有两种形式：

1. 肯定否定式

不相容选言判断是反映有且只有一支判断所表示的事物情况为真的复合判断。不相容选言判断的选言支不能同时为真，所以，当大前提肯定一个选言支为真时，剩下的选言支就必然是假的。

不相容选言推理的肯定否定式是不相容选言推理的小前提肯定大前提的一个选言支，结论则是否定大前提的其他选言支。

其公式为：

要么 p，要么 q　　　要么 p，要么 q

$\underline{\qquad p \qquad}$　或　$\underline{\qquad q \qquad}$

所以，非 q　　　　所以，非 p

逻辑表达式为：

$$\frac{p \dot{\vee} q \quad p}{\therefore \neg q} \quad \text{或} \quad \frac{p \dot{\vee} q \quad q}{\therefore \neg p}$$

定居国外的中国人要么保留中国国籍，要么取得外国国籍，

定居国外的中国人取得了外国国籍，

所以，定居国外的中国人不能保留中国国籍。

不相容选言推理肯定否定式的规则是：肯定一个选言支，就要否定其他选言支。

2. 否定肯定式

不相容选言推理的否定肯定式是小前提否定大前提除一个以外的其余选言支，结论中肯定那个未被否定的选言支。

其公式为：

要么 p，　　要么 q

$\underline{\quad 非 p \quad}$　或　$\underline{\quad 非 q \quad}$

所以，q　　所以，p

逻辑表达式为：

$$\frac{p \dot{\vee} q \quad \neg p}{\therefore q} \quad 或 \quad \frac{p \dot{\vee} q \quad \neg q}{\therefore p}$$

林肯总统之死，要么是自杀，要么是他杀，
林肯总统不是自杀，
所以，林肯总统是他杀。

不相容选言推理的规则：
肯定一个选言支，就一定要否定其他的选言支。
否定一个选言支，就一定要肯定其他的选言支。

（二）相容选言推理

相容选言推理就是根据相容选言判断的逻辑性质来进行的推理。相容选言判断是断定至少有一支判断所表示的事物情况为真的复合判断。因此，相容选言判断“至少有一个选言支是真的”，当其中一个选言支已知为假时，就必然推知另一部分选言支是真的。

相容选言推理是前提中有一个相容的选言判断的推理。它只有一种正确式，即否定肯定式。

其公式为：

p 或者 q　　　　p 或者 q
非 p　　　或　　非 q
所以，q　　　　所以，q

逻辑表达式为：

$$\frac{p \vee q \quad \neg p}{\therefore q} \quad 或 \quad \frac{p \vee q \quad \neg q}{\therefore p}$$

一个人的不健康，或者是在生理上，或者是在心理上，
这个人不是生理不健康，
所以，这个人是心理不健康。

相容选言判断表示至少有一选言支为真，但这并不排斥所有选言支都是真的情

况，故已知一部分选言支为真时，另一部分选言支的真假值还不能确定。所以，相容选言推理“肯定否定式”不是有效的推理形式。

液体的沸腾，或由于温度升高，或由于压力下降，
液体的沸腾是温度升高了，
所以，液体的沸腾不是压力下降了。

这种相容选言推理形式是错误的，因为“液体的沸腾”可能在“液体温度升高”的同时，“压力也下降”了。因此，对于相容选言推理而言，肯定一部分选言支，不能否定另一部分选言支。

相容选言推理的规则：

否定一部分选言支，就要肯定另一部分选言支。

肯定一部分选言支，不能否定另一部分选言支。

思考题

在小品《功夫》中，老范给赵大忽悠出了这样一道题：“过年了，我家只有一头驴和一头猪，你说是先杀猪呢还是先杀驴呢？”赵大忽悠的一个徒弟说：“先杀驴。”“恭喜你答对了，猪也是这么想的。”老范给对方构造一个思维陷阱：要么先杀猪，要么先杀驴。先杀驴，所以，不先杀猪。

请问老范用了何种推理形式？此推理形式是否正确？

第四节 假言判断及其推理

一、假言判断

假言判断是断定一类情况的存在是另一类情况存在的条件的判断。假言判断在自然语言中是表示条件关系的语句，它是有条件地断定一事物情况存在的复合判断。假言判断又叫条件判断。

如果物体摩擦，那么物体就会生热。
只有年满 18 岁，才具有选举权。

当且仅当一个三角形是等角的，它才是等边的。

上述这几个判断都是假言判断。

假言判断由支判断和联结词组成。在支判断中，表示条件的支判断为“前件”，表示结果的支判断为“后件”。前件用小写字母 p 表示，后件用小写字母 q 表示。前件和后件在逻辑上表现为理由和推断的关系。上面例子中的“如果……那么……”、“只有……才……”、“当且仅当……”等都是假言判断的逻辑联结词。

二、假言判断的种类及逻辑特征

对于假言判断来说，条件是最重要的。根据条件的不同情况，可以把假言判断分成三种：充分条件假言判断、必要条件假言判断和充分必要条件假言判断。

1. 充分条件假言判断

充分条件假言判断就是断定前件是后件的充分条件的假言判断。前件是后件的充分条件，也就是说有了前件陈述的情况，就一定会得出后件陈述的结论。某条件的出现必然导致某后果；某条件不出现，后果的情况不定，可能出现，也可能不出现。换一个说法就是：如果 p 出现，q 一定出现；p 不出现，q 可能出现，也可能不出现。这样，p 就是 q 的充分条件。即有 p 必有 q，无 p 未必无 q。我国古代的《墨经》有两句话可以概括充分条件假言判断：“有之必然，无之未必不然。”

如果物体摩擦，那么就会发热。

如果某人是罪犯，则他有作案时间。

锲而不舍，金石可镂。

以上都是充分条件假言判断。

其逻辑形式表示为：

如果 p，那么 q。

以符号“→”替换“如果……那么……”，可以得到充分条件假言判断的逻辑表达式：

$p \to q$（读作 p 蕴涵 q）

表示充分条件假言联结词的有“如果……那么……”、“如果……则……”、“假如……便……”、“若是……就……”、“倘若……便……”、“只要……就……”、“哪怕……也……”、“就算……也……”等。

充分条件假言判断的真值，取决于前件所断定的事物情况是否是后件所断定的事物情况的充分条件。如果前件是后件的充分条件，则这个充分条件假言判断是真的，否则此充分条件假言判断就是假的。

我们通过上面的例子来分析充分条件假言判断的真值，“如果物体摩擦，那么就会发热”，“如果摩擦物体”那么“这个物体发热了”，这时“如果物体摩擦，那么就会发热”是真的，也就是说前件、后件均为真的时候，充分条件假言判断是真的。“如果摩擦物体”，但“这个物体不发热”，这种情况是不存在的，也就是说“如果物体摩擦，那么就会发热”是假的，也就是说，前件真、后件假的时候，充分条件假言判断是假的。“如果没有摩擦物体”，那么“这个物体发热了”，这种情况也是存在的，比如，我们可以通过加热使得物体发热，这时“如果物体摩擦，那么就会发热”是真的，也就是说，前件假、后件真的时候，充分条件假言判断也是真的。“如果没有摩擦物体”，且“这个物体没有发热”，这种情况也是存在的，这时“如果物体摩擦，那么就会发热”是真的。因此，我们可以得到充分条件假言判断的真值表：

p	q	$p \to q$
T	T	T
T	F	F
F	T	T
F	F	T

我们通过上面的真值表可以看出：充分条件假言判断只有在前件真、后件假的时候，充分条件假言判断为假，其他情况均为真。也就是说，充分条件假言判断前件为真，后件一定为真，不存在前件真而后件假的情况。

2. 必要条件假言判断

必要条件假言判断就是前件为后件的必要条件的假言判断。它是断定前件为后件的必要条件的假言判断。一般用联结词“只有……才……”联结两个支判断。

只有好好学习才能取得好成绩。

只有重视治理三废，环境才不会受到污染。

只有年满18周岁，才具有选举权。

所谓必要条件，即如果某条件不出现，就一定不能导致某后果。比如，对于假言判断“只有年满18周岁，才具有选举权”而言，“年龄未满18周岁”一定“不具有选举权”；“年满18周岁”对于“具有选举权”是必要的，但是并非“只要年满18

周岁”就一定“具有选举权”。比如，“被剥夺了政治权利的人”、“不能辨识自己行为的精神病患者”即使已经“年满十八周岁”也不“具有选举权”。即如果某条件出现，后果的情况则不定，可能出现，也可能不出现。对于必要条件假言判断，p 不出现，q 也就不出现；而如果 p 出现，q 则不定，可能出现，也可能不出现。这样，p 就是 q 的必要条件。即无 p 必无 q，有 p 未必有 q。必要条件“无之必不然，有之未必然”。

必要条件假言判断的逻辑形式可以表达为：

只有 p，才 q 。

写成：$p \leftarrow q$。符号“←”读作“逆蕴涵”。

在汉语中，表达必要条件假言判断的联结词有“只有……才……”、“必须……才……”、“不……就不……”、“除非……才……”、“没有……就没有……”、“仅当……才……”等。

必要条件假言判断的真假，取决于前件是否是后件的必要条件。如果是，就是真的；反之，就是假的。

对于必要条件假言判断“只有年满 18 周岁，才具有选举权”而言，如果“年满 18 周岁”为真，“具有选举权”为真，那么“只有年满 18 周岁，才具有选举权”是真的。如果“年满 18 周岁”为真，“具有选举权”为假，那么“只有年满 18 周岁，才具有选举权”也是真的，也就是说，“年满 18 周岁”，而“没有选举权”的情况也是存在的。如果“年满 18 周岁”为假，“具有选举权”为真，那么“只有年满 18 周岁，才具有选举权”是假的，也就是说不存在“年龄不到 18 周岁”而“具有选举权”的情况。“年满 18 周岁”为假，“具有选举权”也为假，那么“只有年满 18 周岁，才具有选举权”也是真的。也就是说，存在“年龄不满 18 周岁”，且“不具有选举权”的情况。对于必要条件假言判断而言：有 p，q 不定；无 p，必无 q；有 q，必有 p；无 q，p 不定。

必要条件假言判断的真值表如下：

p	q	$p \leftarrow q$
T	T	T
T	F	T
F	T	F
F	F	T

我们通过上面的真值表可以看出：必要条件假言判断只有在前件假、后件真的时候，必要条件假言判断为假，其他情况均为真。也就是说，必要条件假言判断前件为假，后件一定为假，不存在前件假而后件真的情况。

3. 充分必要条件假言判断

充分必要条件假言判断简称充要条件假言判断。充要条件是充分条件和必要条件的结合。充要条件假言判断就是断定前件是后件的充分必要条件的假言判断。在汉语中，表达充要条件联结词的语词除上述的两种外，有"当且仅当……"，"如果……那么……"，"并且如果不……那么不……"，"只有并且只有……才……"等。充要条件假言判断的联结词有可能被省略。

所谓充分而必要的条件，就是指某条件出现，就能导致某后果；某条件不出现，就不能导致某后果。

两直线平行，当且仅当其内错角相等。

只要满足"两直线平行"这个条件，那么"内错角相等"这个结果一定会出现。如果不满足"两直线平行"这个条件，那么"内错角相等"这个结果一定不会出现。即如果 p 出现，q 一定会出现；如果 p 不出现，q 一定不会出现，p 就是 q 的充分必要条件。

充分必要条件的逻辑形式为：

p 当且仅当 q

用符号表示为：$p \leftrightarrow q$。符号"↔"表示互为充分必要条件，读作"等值"。

充分必要条件假言判断有 p 必有 q，无 p 必无 q。从前件与后件的真假关系来考虑，如果一个充要条件假言判断是真的，它的前件与后件有下面四种情况：①前件真，后件真；也就是说：如果"两直线平行"为真，"内错角相等"也为真，对于"两直线平行，当且仅当其内错角相等"而言是真的。②前件真，后件假。也就是说：如果"两直线平行"为真，"内错角相等"为假，对于"两直线平行，当且仅当其内错角相等"而言是不存在这种情况的，因此 $p \leftrightarrow q$ 为假。③前件假，后件真。也就是说：如果"两直线平行"为假，"内错角相等"为真，对于"两直线平行，当且仅当其内错角相等"而言是不存在这种情况的，因此 $p \leftrightarrow q$ 为假。④前件假，后件假。也就是说：如果"两直线平行"为假，"内错角相等"也为假，对于"两直线平行，当且仅当其内错角相等"而言是存在这种情况的，因此 $p \leftrightarrow q$ 为真。

充分必要条件假言判断的真值表如下：

p	q	$p \leftarrow q$
T	T	T
T	F	F
F	T	F
F	F	T

我们通过上面的真值表可以看出：充分必要条件假言判断在前件真、后件真，前件假、后件假的时候，充分必要条件假言判断为真，在前件真、后件假，前件假、后件真的时候，充分必要条件假言判断为假。也就是说，充分必要条件假言判断前件为真，后件一定为真；前件为假，后件一定为假，不存在前件假而后件真以及前件真而后件假的情况。

思考题

在日常语言中，假言判断的联结词有的时候会被省略，我们要根据前件和后件的逻辑关系判断其属于何种假言判断。以下是何种假言判断？

1. 己所不欲，勿施于人。
2. 人类一思考，上帝就发笑。
3. 不经一番寒彻骨，怎得梅花扑鼻香。
4. 不经历风雨，怎么见彩虹。
5. 人无远虑，必有近忧。
6. 仓廪实而知礼节。
7. 不想当将军的士兵不是好士兵。
8. 山无棱，天地合，才敢与君绝。
9. 不到黄河心不死。
10. 受人滴水之恩，必当涌泉相报。
11. 人心齐，泰山移。
12. 知足常乐。

三、假言推理

假言推理就是前提中有一个假言判断，根据假言判断前后件之间的关系而推出结论的推理。假言推理有三种类型：充分条件假言推理、必要条件假言推理、充分必要条件假言推理。

（一）充分条件假言推理

充分条件假言推理就是它的假言前提中有一个充分条件假言判断的推理。

如果今天晚上停电，那么演出将不能举行，
今天晚上停电了，
———————————————
所以，今天晚上的演出不能举行。

以上前提中包含了一个充分条件假言判断，这样的推理就是充分条件假言推理。充分条件是“有之必然，无之未必不然”，有 p 就有 q，无 p 未必无 q。根据充分条件假言判断的前件和后件的真值，充分条件假言推理有四种形式：肯定前件式、否定后件式、否定前件式和肯定后件式。下面一一分析各种推理形式的有效性。

1. 肯定前件式

大前提是一个充分条件假言判断，小前提肯定大前提的前件，结论肯定大前提的后件。

如果小王考上大学，那么他就要离开广州，
小王考上大学，
———————————————
所以，小王离开了广州。

以上充分条件假言推理逻辑表达式为：

$$\frac{\text{如果 } p\text{，则 } q \quad p}{\text{所以 } q} \qquad \text{或} \qquad \frac{p\to q \quad p}{\therefore q}$$

逻辑公式为：$(p\to q)\wedge p\to q$

这个充分条件假言推理是正确的，前件是后件的充分条件，有条件就有结果。所以，对于充分条件假言判断而言，肯定前件就要肯定后件。

2. 否定后件式

大前提是一个充分条件假言判断，小前提否定大前提的后件，结论否定大前提的前件。

如果你骄傲自满，那么你就要落后，
你没有落后，
所以，你没有骄傲自满。

以上充分条件假言推理的逻辑表达式为：

如果 p，则 q		$p \to q$
非 q	或	$\neg q$
所以，非 p		$\therefore \neg p$

逻辑公式为：

$(p \to q) \wedge \neg q \to \neg p$

3. 否定前件式

根据充分条件的前后件之间的关系“有之必然，无之未必不然”，由“你没有骄傲自满”这个前件，可以得到后件“没有落后”，也可以得到后件“也可能落后”。因此，充分条件假言推理否定前件，并不能肯定或者否定后件，也就是说，充分条件假言推理否定前件式不能得出必然的结论，不是有效的逻辑形式。

4. 肯定后件式

根据充分条件的前后件之间的关系“有之必然，无之未必不然”，由后件“你落后”了，不能断定前件“你一定骄傲自满”了。因此，充分条件假言推理肯定后件式也不是有效的逻辑形式。

根据充分条件假言判断前件与后件的关系，充分条件假言判断有两条规则：

（1）**肯定前件就要肯定后件；否定前件不能否定后件；**

（2）**否定后件就要否定前件；肯定后件不能肯定前件。**

根据这两条规则，充分条件假言推理有两种有效式：肯定前件式和否定后件式。

充分条件假言推理肯定前件就能肯定后件，否定后件就能否定前件。

我们可以把充分条件假言推理的有效式简单地记为：**肯前肯后，否后否前。**

（二）必要条件假言推理

必要条件假言推理，就是它的假言前提是一个必要条件假言判断。必要条件假言推理是以一个必要条件假言判断和一个与这假言判断的前件（或后件）或其负判断为前提，并以与这假言判断的后件（或前件）或其负判断为结论的假言推理。必要条件假言推理有以下四种形式：

1. 否定前件式

大前提是一个必要条件假言判断，小前提否定大前提的前件，结论否定大前提的后件。

只有具备了一定的专业知识，才能把工作做好，
不具备一定的专业知识，
所以，不能把工作做好。

其逻辑表达式为：

$$\frac{\text{只有 } p \text{ 才 } q \qquad \text{非 } p}{\text{所以，非 } q} \quad \text{或} \quad \frac{p \leftarrow q \qquad \neg p}{\therefore \neg q}$$

也可以表达为：$(p \leftarrow q) \wedge \neg p \rightarrow \neg q$

2. 肯定后件式

小前提肯定大前提的后件，结论肯定大前提的前件。

只有努力学习，才能取得好成绩，
他取得了好成绩，
所以，他努力学习了。

其逻辑表达式为：

$$\frac{\text{只有 } p\text{，才 } q \qquad q}{\text{所以 } p} \quad \text{或} \quad \frac{p \leftarrow q \qquad q}{\therefore p}$$

或表达为：$(p \leftarrow q) \wedge q \rightarrow p$

3. 肯定前件式

我们根据必要条件判断的推理规则：有 p 未必有 q，无 p 则必无 q。必要条件推理肯定前件不能肯定后件，比如，“努力学习了”，但是“考试发挥不好”，也未必能“取得好成绩”。因此，必要条件假言推理肯定前件，不能肯定后件。

4. 否定后件式

对于必要条件假言推理而言，否定了后件“工作做好”，也就是“没有把工作做好”，可能是“不具备专业知识”，也可能是“具备专业知识”但是“工作态度不认真”。因此，对于必要条件假言推理而言，否定后件不能够否定前件。

通过以上论证，我们可以得出必要条件假言推理的两条规则：

（1）否定前件就要否定后件，肯定前件不能肯定后件；

（2）肯定后件就要肯定前件，否定后件不能否定前件。

必要条件假言推理有两种有效式：否定前件式和肯定后件式。

必要条件推理的有效式可以简单表述为：**否前否后，肯后肯前。**

（三）充分必要条件假言推理

充分必要条件假言推理，即充要条件假言推理，就是它的一个前提是充分必要条件假言判断的推理，是以一个充要条件假言判断与这假言判断的前件（或后件）相关的判断为结论的假言推理。

由于充要条件假言判断 $p \leftrightarrow q$ 为真的情况是前后件 p、q 同真或同假，故当前件为真时，后件必真；当后件为真时，前件必真；当前件为假时，后件必假；当后件为假时，前件必假。充要条件假言推理有以下四种形式：

1. 肯定前件式

当且仅当某个三角形是等边三角形，这个三角形是等角三角形，
这个三角形是等边三角形，
———————————————
所以，这个三角形是等角三角形。

其逻辑表达式为：

当且仅当 p，才 q 　　　　$p \leftrightarrow q$

$\underline{\quad p \quad}$ 　　　　或　　　$\underline{\;p\;}$

所以，q 　　　　　　　　$\therefore q$

也可以表示为：$(p \leftrightarrow q) \land p \rightarrow q$

2. 否定前件式

当且仅当某个三角形是等边三角形，这个三角形是等角三角形，
这个三角形不是等边三角形，
———————————————
所以，这个三角形不是等角三角形。

其逻辑表达式为：

当且仅当 p，才 q　　　　$p\leftrightarrow q$

$\frac{\text{非}\ p}{\text{所以，非}\ q}$　或　$\frac{\neg p}{\therefore\ \neg q}$

也可以表示为：$(p\leftrightarrow q)\wedge\neg p\rightarrow\neg q$

3. 肯定后件式

当且仅当某个三角形是等边三角形，这个三角形是等角三角形

这个三角形是等角三角形，

所以，这个三角形是等边三角形。

其逻辑表达式为：

当且仅当 p，才 q　　　　$p\leftrightarrow q$

$\frac{q}{\text{所以，}p}$　或　$\frac{q}{\therefore p}$

也可以表示为：$(p\leftrightarrow q)\wedge q\rightarrow p$

4. 否定后件式

当且仅当某个三角形是等边三角形，这个三角形是等角三角形，

这个三角形不是等角三角形，

所以，这个三角形不是等边三角形。

其逻辑表达式为：

当且仅当 p，才 q　　　　$p\leftrightarrow q$

$\frac{\text{非}\ q}{\text{所以，非}\ p}$　或　$\frac{\neg q}{\therefore\ \neg P}$

也可以表示为：$(p\leftrightarrow q)\wedge\neg q\rightarrow\neg p$

根据这些特点，充要条件假言推理有两条规则：

（1）肯定前件就要肯定后件，否定前件就要否定后件；

（2）否定后件就要否定前件，肯定后件就要肯定前件。

充要条件假言推理可以简单表述为：

肯前肯后、肯后肯前、否后否前、否前否后。

思考题

在网络小说《第一次亲密接触》中有这样一段话：

如果我有一千万，我就能买一栋房子。
我有一千万吗？
没有，
所以我仍然没有房子。

如果我有翅膀，我就能飞。
我有翅膀吗？
没有，
所以我也没办法飞。

如果把整个太平洋的水倒出，也浇不熄我对你爱情的火焰。
整个太平洋的水全部倒得出吗？
不行，
所以我并不爱你。

请分析以上三段话是何种推理形式，并分析其是否有效。

第五节　负判断及其推理

一、负判断

1. 负判断及其逻辑表达式

负判断是由否定一个判断而构成的复合判断。由判断联结词“并非”联结一个支判断构成的复合判断，即为负判断，它是否定一个判断的判断。

并非一切金属都是固体。
并非所有的天鹅都是白色的。

“一切金属都是固体”是一个判断，否定这个判断得到的“并非一切金属都是固体”就是一个负判断。“所有的天鹅都是白色的”是一个判断，否定这个判断得到的

“并非所有的天鹅都是白色的”就是一个负判断。

负判断的逻辑形式：并非 p

逻辑常项“并非”一般用符号“¬”（读作“并非”）来替代。

负判断的逻辑表达式：$\neg p$

2. 负判断及其结构

从结构上看，负判断由被否定的那个判断和联结词组成。被否定的判断是构成负判断的支判断。否定支判断的联结词叫“否定联结词”。如前例中的“并非”就是否定联结词，其他像“并不是……”、“不能认为……”、“不能说……”、“并无……之事”、“并无……这种情况”、“……是不能成立的”、“……是不符合事实的”等也是否定联结词。负判断的支判断可以是简单判断，也可以是复合判断。

负判断的真值取决于其支判断的真假。由于负判断是对其支判断的否定，所以负判断与其支判断之间的真假关系为不同真、不同假的矛盾关系。下面是一个负判断与它的支判断的真值表：

p	$\neg p$
T	F
F	T

负判断是一种特殊的复合判断。复合判断是由其他判断构成的判断，而负判断正是由一个否定词和一个判断构成的，所以它是复合判断。负判断作为复合判断，是对某一个判断的否定，其与性质判断的否定判断是不同的。性质判断的否定判断是否定事物具有某种性质的判断，是反映主项不具有某种性质，而负判断则是否定原判断所断定的情况，是对整个原判断进行否定的判断。如“并非所有的天鹅都是白色的”是对“所有的天鹅都是白色的”这一判断的否定，是复合判断。性质判断的否定判断是断定某事物不具有某种属性，例如，“所有的天鹅都不是白色的”这个否定判断是断定“所有的天鹅”都不具有“白色的”这个性质。

二、负判断及其等值判断

简单判断的负判断主要有负性质判断。复合判断的负判断主要有联言判断的负判断、选言判断的负判断和假言判断的负判断。

1. 简单判断的负判断及其等值判断

任何一个判断都可对其进行否定而得到一个相应的负判断。简单性质判断的负判断实质上就是对当关系中相应的矛盾判断。

简单判断的负判断是由否定一个简单判断而构成的判断。

并非所有的金属都是固体。

性质判断概括起来有四种形式：全称肯定判断、全称否定判断、特称肯定判断、特称否定判断。对这四种判断的否定就可以得到“并非所有*S*都是*P*”、“并非所有*S*都不是*P*”、“并非有的*S*是*P*”、“并非有的*S*不是*P*”四种判断形式。也就是说，任何一种性质判断都可以对其进行否定而得到相应的负判断。如“*A*”判断的负判断即为“非*A*”，它等值于“*O*”判断；“*E*”判断的负判断即为“非*E*”，它等值于“*I*”判断；“*I*”判断的负判断即为“非*I*”，它等值于“*E*”判断；“*O*”判断的负判断即为“非*O*”，它等值于“*A*”判断。这样我们可以把*A*、*E*、*I*、*O*四种判断的负判断及其等值判断表示如下：

（1）非*A*等值于*O*。用公式表示，就是$\neg SAP \leftrightarrow SOP$，简写为：$\neg A \leftrightarrow O$。例如，“并非所有玫瑰花都是红色的”等值于“有的玫瑰花不是红色的”。

（2）非*E*等值于*I*。用公式表示，就是$\neg SEP \leftrightarrow SIP$，简写为：$\neg E \leftrightarrow I$。例如，“并非所有的花不是红色”等值于“有些花是红色的”。

（3）非*I*等值于*E*。用公式表示，就是$\neg SIP \leftrightarrow SEP$，简写为：$\neg I \leftrightarrow E$。例如，“并非有的植物是动物”等值于“所有的植物都不是动物”。

（4）非*O*等值于*A*。用公式表示，就是$\neg SOP \leftrightarrow SAP$，简写为：$\neg O \leftrightarrow A$。例如，“并非有的动物不是生物”等值于“所有的动物都是生物”。

性质判断除了全称肯定判断、全称否定判断、特称肯定判断、特称否定判断之外，还有单称肯定判断和单称否定判断。

单称肯定判断的负判断及其等值判断：“并非某*S*是*P*”等值于“某*S*不是*P*”。例如，“并非张三是三好学生”等值于“张三不是三好学生”；“并非广州是中国的首都”等值于“广州不是中国的首都”。

单称否定判断的负判断及其等值判断：“并非某*S*不是*P*”等值于“某*S*是*P*”。例如，“并非张三不是三好学生”等值于“张三是三好学生”；“并非北京不是中国的首都”等值于“北京是中国的首都”。

2. 复合判断的负判断及其等值判断

各种复合判断也可以借助联结词“并非”构成它们的负判断。对复合判断的否定，就表现为各种复合判断之间的关系。

（1）联言判断的负判断及其等值判断。

我们根据联言判断的性质知道：联言判断的联言支必须同真，整个判断才真；只要有一个联言支假，整个判断就假。

例如，“并非张三既聪明又勤奋”等值于“或者张三不聪明，或者张三不勤奋”。这个联言判断只有在“张三”同时具备“聪明”和“勤奋”这两种性质的情况下才是真的，如果“张三”不具备“聪明”的性质，仅仅具备“勤奋”的性质，或者“张三”只具备“聪明”的性质，不具备“勤奋”的性质的时候，或者“张三”既不具备“聪明”的性质，也不具备“勤奋”的性质的时候，这个联言判断都是假的。也就是说，联言判断一个联言支为假，或者多个联言支同时为假，整个联言判断为假。

因此，对于一个联言判断而言，它的负判断为假，则“或者 p 假，或者 q 假，或者 p、q 都假”。

否定一个联言判断，得到一个相容的选言判断。“并非（p 并且 q）”等值于“非 p 或者非 q”，即 $\neg(p \wedge q) \leftrightarrow \neg p \vee \neg q$。即**否定联言得选言。**

（2）选言判断的负判断及其等值判断。

选言判断有两种：相容选言判断和不相容选言判断。所以，选言判断的负判断也有两种：相容选言判断的负判断和不相容选言判断的负判断。

①相容选言判断的负判断及其等值判断：相容选言判断的负判断就是对相容选言判断进行否定，而否定一个相容选言判断就等于指出该判断为假。相容选言判断只要有一个选言支真，整个选言判断就真，只有在选言支都是假的情况下，该判断才是假的。

例如，“并非这个姑娘年轻貌美”等值于“这个姑娘既不年轻，也不貌美”。否定一个相容的选言判断，当且仅当各选言支都假。即“并非（p 或者 q）”等值于一个相应的联言判断“非 p 并且非 q”，可以写成：$\neg(p \vee q) \leftrightarrow \neg p \wedge \neg q$。

②不相容选言判断的负判断及其等值判断：由于不相容选言判断在选言支同真或同假的情况下都是假的，因此，否定一个不相容选言判断，就是要指出其选言支或者同真，或者同假。

例如，“并非要么甲上场，要么乙上场”等值于“甲上场并且乙上场或者甲不上场并且乙不上场”。即“并非（要么 p，要么 q）”等值于一个相应的选言判断“（p

并且 q）或者（非 p 并且非 q）”，即$\neg(p \dot{\vee} q) \leftrightarrow (p \wedge q) \vee (\neg p \wedge \neg q)$。

我们根据相容选言判断和不相容选言判断的负判断可以得到：**否定选言得联言。**

否定一个联言判断得到一个否定其各联言支所构成的相容选言判断，否定一个相容选言判断得到一个否定其各选言支所构成的联言判断，这个联言和选言之间的关系的规律是由 19 世纪英国逻辑学家德·摩根首先予以准确表述的。所以，逻辑学上又称这两个等值式为“德·摩根律”。

（3）假言判断的负判断及其等值判断。

假言判断的负判断是对假言判断的否定。假言判断包含三种类型：充分条件假言判断、必要条件假言判断、充分必要条件假言判断。相应的，假言判断的负判断也可以分成充分条件假言判断的负判断、必要条件假言判断的负判断、充要条件假言判断的负判断。

①充分条件假言判断的负判断及其等值判断：充分条件假言判断的负判断是对该判断进行否定，一个充分条件假言判断，只有当它前件真、后件假时，整个判断才是假的；在其他情况下，整个假言判断都是真的。充分条件假言判断的负判断也就是使得充分条件假言判断为假，当且仅当它的前件真并且后件假时，这个充分条件假言判断才为假。因此，一个充分条件假言判断的负判断，就等于指出它的前件真、后件假。

例如，“并非，如果摩擦，就会发热”等值于“摩擦且没有发热”。即“并非（如果 p，那么 q）”等值于“p 并且非 q”，逻辑表达式为：$\neg(p \rightarrow q) \leftrightarrow p \wedge \neg q$。充分条件假言判断的负判断为联言判断。

②必要条件假言判断的负判断及其等值判断：必要条件假言判断的负判断是对必要条件假言判断进行否定，否定必要条件假言判断就等于指出该判断假。一个必要条件假言判断，只有在前件假、后件真的情况下，该判断才是假的，所以否定一个必要条件假言判断，就等于指出它的前件假而后件真。

例如，“并非只有高智商才能取得成功”等值于“低智商且取得成功”。所以一个必要条件假言判断的负判断可以表述为“前件假而后件真的联言判断”。逻辑表达式为：$\neg(p \leftarrow q) \leftrightarrow \neg p \wedge q$。必要条件假言判断的负判断为联言判断。

③充分必要条件假言判断的负判断及其等值判断：充分必要条件假言判断的负判断是对充分必要条件假言判断的否定，否定充分必要条件假言判断等于指出该判断为假。一个充要条件假言判断，当其前后件同真或同假时，整个判断才是真的；而充分必要条件假言判断假，其前、后件必须真假不一。

例如，“并非当且仅当风调雨顺才能增产”等值于“风调雨顺但没增产，或者，不风调雨顺而增产了”。因此，否定一个充要条件假言判断，就等于断定它的前后件的真假值不一致，即“并非（当且仅当 p 才 q）”等值于“p 并且非 q 或者非 p 并且 q”。

逻辑表达式为：$\neg(p\leftrightarrow q)\leftrightarrow(p\wedge\neg q)\vee(\neg p\wedge q)$。充分必要条件假言判断的负判断为联言判断。

三、负判断推理

负判断推理是指前提为负判断，结论为该负判断的等值判断的一种推理形式。根据前面讲到的负判断的分类，可以把负判断分为两类：简单判断的负判断和复合判断的负判断。

我们知道负判断的逻辑性质是：原判断真，其负判断必假；原判断假，其负判断必真。所以，负简单判断的负判断推理为原简单判断。例如，“并非没有人喜欢凤姐”等值于“有人喜欢凤姐”。

一个负判断可以表示为：“并非 p”，其负判断表示为“并非（并非 p）”，等值于“p”。

其逻辑表达式为：

$$\frac{\text{并非（并非}\ p\text{）}}{\text{所以，}p}\quad\text{或}\quad\frac{\neg(\neg p)}{\therefore p}$$

用公式可以表达为：

$$\neg(\neg p)\leftrightarrow p$$

负判断推理又称负判断等值推理，根据简单判断的分类，可以把负判断推理的推理形式表述如下：

(1) $$\frac{\text{并非}\ SAP}{\text{所以，}SOP}\quad\text{或}\quad\frac{\neg SAP}{\therefore\ SOP}$$

(2) $$\frac{\text{并非}\ SEP}{\text{所以，}SIP}\quad\text{或}\quad\frac{\neg SEP}{\therefore\ SIP}$$

(3) $$\frac{\text{并非}\ SIP}{\text{所以，}SEP}\quad\text{或}\quad\frac{\neg SIP}{\therefore\ SEP}$$

(4) $$\frac{\text{并非}\ SOP}{\text{所以，}SAP}\quad\text{或}\quad\frac{\neg SOP}{\therefore\ SAP}$$

根据复合判断的分类，可以把负复合判断的负判断推理形式表述如下：

(1) $$\frac{\text{并非（}p\ \text{并且}\ q\text{）}}{\text{所以，或者非}\ p\text{，或者非}\ q}\quad\text{或}\quad\frac{\neg(p\wedge q)}{\therefore\neg p\vee\neg q}$$

(2) $$\frac{\text{并非（}p\ \text{或者}\ q\text{）}}{\text{所以，非}\ p\ \text{并且非}\ q}\quad\text{或}\quad\frac{\neg(p\vee q)}{\therefore\neg p\wedge\neg q}$$

(3) $\dfrac{\text{并非（要么}\,p\text{，要么}\,q\text{）}}{\text{所以，（}p\text{ 并且 }q\text{）或者（非 }p\text{ 并且非 }q\text{）}}$ 或 $\dfrac{\neg(p\dot{\vee}q)}{\therefore\ (p\wedge q)\vee(\neg p\wedge\neg q)}$

(4) $\dfrac{\text{并非（如果}\,p\text{，那么}\,q\text{）}}{\text{所以，}p\text{ 并且非 }q}$ 或 $\dfrac{\neg(p\rightarrow q)}{\therefore p\wedge\neg q}$

(5) $\dfrac{\text{并非（只有}\,p\text{，才}\,q\text{）}}{\text{所以，非 }p\text{ 并且 }q}$ 或 $\dfrac{\neg(p\leftarrow q)}{\therefore \neg p\wedge q}$

(6) $\dfrac{\text{并非（当且仅当}\,p\text{，才}\,q\text{）}}{\text{所以，（}p\text{ 并且非 }q\text{）或者（非 }p\text{ 并且 }q\text{）}}$ 或 $\dfrac{\neg(p\leftrightarrow q)}{\therefore\ (p\wedge\neg q)\vee(\neg p\wedge q)}$

负判断的类型及其等值推理可以用表格表示如下：

类型		逻辑形式		等值推理
性质判断的负判断	全称肯定判断的负判断	并非所有 S 都是 P	¬（SAP）	¬（SAP）↔SOP
	全称否定判断的负判断	并非所有 S 都不是 P	¬（SEP）	¬（SEP）↔SIP
	特称肯定判断的负判断	并非有 S 是 P	¬（SIP）	¬（SIP）↔SEP
	特称否定判断的负判断	并非有 S 不是 P	¬（SOP）	¬（SOP）↔SAP
复合判断的负判断	联言判断的负判断	并非（p 并且 q）	$\neg(p\wedge q)$	$\neg(p\wedge q)\leftrightarrow\neg p\vee\neg q$
	相容选言判断的负判断	并非（p 或者 q）	$\neg(p\vee q)$	$\neg(p\vee q)\leftrightarrow\neg p\wedge\neg q$
	不相容选言判断的负判断	并非（要么 p，要么 q）	$\neg(p\dot{\vee}q)$	$\neg(p\dot{\vee}q)\leftrightarrow(p\wedge q)\vee(\neg p\wedge\neg q)$
	充分条件假言判断的负判断	并非（如果 p，那么 q）	$\neg(p\rightarrow q)$	$\neg(p\rightarrow q)\leftrightarrow(p\wedge\neg q)$
	必要条件假言判断的负判断	并非（只有 p，才 q）	$\neg(p\leftarrow q)$	$\neg(p\leftarrow q)\leftrightarrow(\neg p\wedge q)$
	充要条件假言判断的负判断	并非（当且仅当 p，才 q）	$\neg(p\leftrightarrow q)$	$\neg(p\leftrightarrow q)\leftrightarrow(p\wedge\neg q)\vee(\neg p\wedge q)$
	负判断的负判断	并非（非 p）	$\neg(\neg p)$	$\neg(\neg p)\leftrightarrow p$

第六节　其他常见的复合判断的推理

一、假言易位推理

假言易位推理是假言直接推理的一种形式。这种推理的前提是一个假言判断，它是通过变换前提中假言判断前后件的位置，推出一个以假言判断作结论的推理形式。由于假言判断有三种形式，因此，假言易位推理也有三种形式。

（一）充分条件假言易位推理

充分条件假言易位推理的前提是充分条件假言判断，通过改变其前后件的位置，推出一个充分条件假言判断的结论。

如果天下雨，那么，地会湿。地没有湿，那么，天没有下雨。

这种推理的逻辑形式是：

$$\frac{\text{如果 } p\text{，那么 } q}{\text{所以，如果非 } q\text{，那么非 } p} \quad \text{或} \quad \frac{p \to q}{\therefore \neg q \to \neg p}$$

用公式可以表达为：$(p \to q) \to (\neg q \to \neg p)$。

$(p \to q)$ 和 $(\neg q \to \neg p)$ 真值表如下：

p	q	$p \to q$	$\neg q \to \neg p$
T	T	T	T
T	F	F	F
F	T	T	T
F	F	T	T

（二）必要条件假言易位推理

必要条件假言易位推理的前提是必要条件假言判断，通过变换其前后件的位置，推出一个充分条件假言判断的结论。

只有好好学习，才能取得好成绩。如果取得好成绩，那么，好好学习了。

这种推理的逻辑形式是：

$$\frac{\text{只有 } p\text{，才 } q}{\text{所以，如果 } q\text{，那么 } p} \quad \text{或} \quad \frac{p \leftarrow q}{\therefore q \rightarrow p}$$

用公式可以表达为：$(p \leftarrow q) \rightarrow (q \rightarrow p)$

$(p \leftarrow q)$ 和 $(q \rightarrow p)$ 真值表如下：

p	q	p←q	q→p
T	T	T	T
T	F	T	T
F	T	F	F
F	F	T	T

（三）充分必要条件假言易位推理

充分必要条件假言易位推理的前提是充分必要条件假言判断，通过变换其前后件的位置，推出一个充分必要条件假言判断的结论。

当且仅当两直线平行，则同位角相等。所以，当且仅当同位角相等，则两直线平行。

这种推理的逻辑形式是：

$$\frac{\text{当且仅当 } p\text{，才 } q}{\text{所以，当且仅当 } q\text{，则 } p} \quad \text{或} \quad \frac{p \leftrightarrow q}{\therefore q \leftrightarrow p}$$

用公式可以表达为：$(p \leftrightarrow q) \rightarrow (q \leftrightarrow p)$

$(p \leftrightarrow q)$ 和 $(q \leftrightarrow p)$ 的真值表如下：

p	q	p↔q	q↔p
T	T	T	T
T	F	F	F
F	T	F	F
F	F	T	T

二、假言换质推理

假言换质推理是假言直接推理的一种形式。这种推理的前提是一个假言判断，它是通过变换假言判断的性质从而推出一个新假言判断的推理形式。

如果患者得了禽流感，就会发烧，
只有患者没有得禽流感，才不会发烧。

假言换质推理的逻辑规则：

改变假言前提前后件的真值，不改变它们的位置，改变假言前提的逻辑联结项（充分条件与必要条件互换）。

逻辑形式：

$(p \to q) \to (\neg p \leftarrow \neg q)$

$(p \leftarrow q) \to (\neg p \to \neg q)$

我们还可以把假言易位推理和假言换质推理放在一起使用，那就是假言易位换质推理，既改变假言判断前后件的位置，又改变它们的真值，但逻辑联结项保持不变。

规则：既对调假言前提中前后件的位置，又改变假言前提中前后件的真值。

逻辑形式：

$(p \to q) \to (\neg q \to \neg p)$

$(p \leftarrow q) \to (\neg q \leftarrow \neg p)$

三、假言联锁推理

假言联锁推理又称纯假言推理，它是由两个或两个以上的假言判断作为前提，推出一个假言判断的推理形式。其特点是：在前提中，前一个假言判断的后件和后一个假言判断的前件相同，由这样几个假言判断的联结，而推出一个假言判断的结论。根据其组成前提的假言判断的性质不同，假言联锁推理主要有充分条件假言联锁推理和必要条件假言联锁推理。

（一）充分条件假言联锁推理

充分条件假言联锁推理是以充分条件假言判断作前提和结论的假言联锁推理。其推理有两种形式：

1. 肯定式

这种推理的结论是通过肯定第一个前提的前件，从而肯定后一个前提的后件而得出的。其逻辑形式是：

如果 p，那么 q
如果 q，那么 r
所以，如果 p，那么 r

或

$$\frac{p \to q \quad q \to r}{\therefore p \to r}$$

用公式可以表达为：$(p \to q) \land (q \to r) \to (p \to r)$

王某被指控犯了虐待罪，在法庭审理中，他极不服气，为自己狡辩说："打几次妻子算什么虐待呢？这不是小题大做吗？"公诉人立即反驳说："根据法律规定，如果多次打骂妻子，不给治病，这就是虐待行为；如果是虐待行为，就是犯罪行为；如果是犯罪行为，就必须受到法律的惩罚。你多次打骂妻子，不给治病，难道你的行为不构成虐待罪吗？难道不应该受到法律的惩罚吗？"被告人听后哑口无言，立刻表示认罪并服从法院的判决。

2. 否定式

这种推理的结论是通过否定最后一个前提的后件，从而否定第一个前提的前件而得出的。其逻辑形式为：

如果 p，那么 q
如果 q，那么 r
所以，如果非 r，那么非 p

或

$$\frac{p \to q \quad q \to r}{\therefore \neg r \to \neg p}$$

用公式可以表达为：$(p \to q) \land (q \to r) \to (\neg r \to \neg p)$

如果生产发展了，那么人民的生活水平就会提高；如果人民的生活水平提高了，那么人民的幸福感就高。所以，如果人民的幸福感不高，那么生产就没有发展。

（二）必要条件假言联锁推理

必要条件假言联锁推理是以必要条件假言判断作为前提的假言联锁推理。它的推理有两种有效形式：

1. 否定式

这种推理的结论是通过否定第一个前提的前件，从而否定最后一个前提的后件而得出的。其逻辑形式是：

只有 p，才 q
只有 q，才 r
所以，如果非 p，那么非 r

或

$$\frac{p \leftarrow q \quad q \leftarrow r}{\therefore \neg p \to \neg r}$$

用公式可以表达为：$(p \leftarrow q) \land (q \leftarrow r) \to (\neg p \to \neg r)$

只有深入钻研，才能发现问题；只有发现问题，才能解决问题。因此，如果没有深入钻研，就不能解决问题。

2. 肯定式

这种推理的结论是通过肯定最后一个前提的后件，从而肯定第一个前提的前件而得出的。其逻辑形式为：

只有 p，才 q		$p \leftarrow q$
只有 q，才 r	或	$q \leftarrow r$
所以，如果 r，那么 p		$r \rightarrow p$

用公式可以表达为：$(p \leftarrow q) \wedge (q \leftarrow r) \rightarrow (r \rightarrow p)$

只有反腐倡廉，才能规范官员的行为；只有规范官员的行为，才能维护国家的稳定；所以，如果要想维护国家的稳定，就必须反腐倡廉。

思考题

歌曲《酒干倘卖无》中唱道：没有天哪有地；没有地哪有家；没有家哪有你；没有你哪有我。

这是运用何种推理？从以上歌词可以得到什么结论？

四、假言选言推理（二难推理）

假言选言推理是由两个充分条件假言判断和一个选言判断作为前提，并根据充分条件假言判断和选言判断的逻辑性质进行的推理。无论是肯定或是否定其中的哪一种可能，结果都会陷入进退维谷、左右为难的境地。所以它又被称作“二难推理”。

中世纪宗教神学盛行，一些无神论者为了驳斥“上帝是万能的”论点，曾巧妙地向神学家提出一个问题：“上帝能不能创造一块连他自己都举不起的石头？”无神论者提问的巧妙之处在于，对方无论作出什么样的回答，总会陷入两难之境。

无神论者的推理如下：

如果上帝能造出一块他自己举不起的石头，那么上帝不是万能的，

如果上帝不能造出一块他自己举不起的石头，那么上帝也不是万能的，

上帝或者能造出一块他自己举不起的石头，或者不能造出一块他自己举不起的石头，

总之，上帝不是万能的。

这样，不管“上帝”能否创造出自己能够“举得起的石头”，都证明“上帝”不是万能的，有力地反驳了宗教神学的观点。

假言选言推理的结论有的是性质判断，有的是选言判断，根据假言选言推理的结论的形式，可以把假言选言推理分成简单式和复杂式，结论是假言推理的称为简单式，结论是选言推理的称为复杂式。根据选言前提的选言支是肯定假言前提的前件还是否定其后件，可以把假言选言推理分为构成式和破坏式。肯定假言前提的前件的称为构成式，否定假言前提的前件的称为破坏式。这样，假言选言推理就有四种形式：简单构成式、简单破坏式、复杂构成式和复杂破坏式。

1. 简单构成式

两个充分条件假言前提的前件不同，后件相同，选言前提的两个选言支分别肯定两个假言前提的前件，结论肯定两个假言前提的共同后件。

其逻辑形式为：

如果 p，那么 q		$p \to q$
如果 r，那么 q		$r \to q$
$\underline{p\text{ 或者 }r}$	或	$\underline{p \vee r}$
所以，q		$\therefore q$

用公式可以表达为：$[(p \to q) \wedge (r \to q)] \wedge (p \vee r) \to q$

春秋时期，齐国的国君齐景公，有一天长了一身疥疮，又痒又痛，很不好受。他派人去向天帝祈祷，没有见好，就怪罪于祈祷的人，想把他杀掉。齐国的大夫晏子听到这个消息后，对齐景公说：“你以为向天帝祈祷真的有用吗？如果天帝真有灵，你的过错就瞒不过他，说好话也没有用。如果天帝没有灵，向他祈祷又有什么用呢？”齐景公听了晏子这番话，就把那人给放了。

为了解救无辜，晏子用了简单构成式的二难推理，推理过程如下：

如果天帝有灵，派人去说好话是没有用的（因你的过错瞒不过他），

如果天帝没有灵，派人去说好话也是没有用的，

天帝或者有灵，或者没有灵，

所以，派人去说好话没有用。

简单构成式的逻辑根据是充分条件假言推理的肯定前件式和相容选言判断的逻辑性质：由 $p \vee q$ 断定 p 与 q 至少有一个是真的。设 p 为真，则由 $p \to r$ 可得出结论 r；设 q 为真，则由 $q \to r$ 也得出结论 r 。

2. 简单破坏式

两个充分条件假言前提的前件相同，后件不同，选言前提的两个选言支分别否定两个假言前提的后件，结论否定两个假言前提的共同前件。

其逻辑形式为：

如果 p，那么 q		$p \to q$
如果 p，那么 r		$p \to r$
非 q 或者非 r	或	$\neg q \vee \neg r$
所以，非 p		$\therefore \neg p$

用公式可以表达为：$[(p \to q) \wedge (p \to r)] \wedge (\neg q \vee \neg r) \to \neg p$

如果甲是作案者,那么他有作案动机，
如果甲是作案者，那么他有作案时间，
甲或者没有作案动机，或者没有作案时间，
所以，甲不是作案者。

简单破坏式的逻辑根据是充分条件假言推理的否定后件式和相容选言判断的逻辑性质：$\neg q \vee \neg r$ 为真，则 q 与 r 至少有一个为假。设 q 为假，则由 $p \to q$ 为真，必得 p 为假；设 r 为假，则由 $p \to r$ 为真，必得 p 为假。

3. 复杂构成式

通过肯定两个充分条件假言判断的不同前件，结论肯定其不同后件的推理形式。

其逻辑形式为：

如果 p，那么 q		$p \to q$
如果 r，那么 s		$r \to s$
p 或者 r	或	$p \vee r$
所以，q 或 s		$\therefore q \vee s$

用公式可以表达为：$[(p \to q) \wedge (r \to s)] \wedge (p \vee r) \to q \vee s$

如果花木兰从军，她就不能尽孝，
如果花木兰顾家，她就不能尽忠，
花木兰或者从军或者顾家，
所以，花木兰或不能尽孝或不能尽忠。

4. 复杂破坏式

两个充分条件假言前提的前后件都不同，在前提中否定它们的后件，在结论中否定它们的前件的二难推理形式。

其逻辑形式为：

如果 p，那么 q		$p \rightarrow q$
如果 r，那么 s		$r \rightarrow s$
非 q 或者非 s	或	$\neg q \vee \neg s$
所以，非 p 或非 r		$\therefore \neg p \vee \neg r$

用公式可以表达为：$[(p \rightarrow q) \wedge (r \rightarrow s)] \wedge (\neg q \vee \neg s) \rightarrow (\neg p \vee \neg r)$

如果是酸性溶液，那么就能使试纸变红色，
如果是碱性溶液，那么就能使试纸变蓝色，
这种溶液或者没有使试纸变红色或者没有变蓝色，
所以，这种溶液或者不是酸性或者不是碱性。

综上所述，我们可以对假言选言推理的四种形式概括如下：

类型 / 事项	简单构成式	简单破坏式	复杂构成式	复杂破坏式
形式特点	a. 两个充分条件假言前提的前件不同，后件相同； b. 选言前提的两个选言支分别肯定两个假言前提的前件； c. 结论肯定两个假言前提中相同的后件。	a. 两个充分条件假言前提的前件相同而后件不同； b. 选言前提的两个选言支分别否定两个假言前提后件； c. 结论否定两个假言前提中相同的前件。	a. 两个充分条件假言前提的前后件均不相同； b. 选言前提的两个选言支分别肯定假言前提不同的前件； c. 其结论分别肯定假言前提不同的后件。	a. 两个充分条件假言前提的前后件均不相同； b. 选言前提分别否定假言前提不同的后件； c. 结论分别否定假言前提不同的前件。

（继上表）

类型 事项	简单构成式	简单破坏式	复杂构成式	复杂破坏式
推理形式	如果 p，则 q；如果 r，则 q；p 或者 r，所以，q	如果 p，则 q，如果 p，则 r；非 p 或者非 r，所以，非 p	如果 p，则 q，如果 r，则 s；p 或者 r，所以，q 或者 s	如果 p，则 q，如果 r，则 s；非 q 或者非 s，所以，非 p 或非 r
公式表达	$[(p\to q)\wedge(r\to q)]\wedge(p\vee r)\to q$	$[(p\to q)\wedge(p\to r)]\wedge(\neg q\vee\neg r)\to\neg p$	$[(p\to q)\wedge(r\to s)]\wedge(p\vee r)\to(q\vee s)$	$[(p\to q)\wedge(r\to s)]\wedge(\neg q\vee\neg s)\to(\neg p\vee\neg r)$

一个正确的二难推理必须遵守以下规则：

第一，前提中的假言判断必须是真实的充分条件假言判断。

第二，前提中的选言判断必须穷尽选言支。

第三，推理过程必须符合充分条件假言推理和选言推理的规则。

在这三条规则中，前两条是对前提真实性要求的规定，第三条是对形式正确性要求的规定。一个二难推理如果违反了这三条规则，那么这个二难推理就是错误的。

破斥错误二难推理的方法：

（1）指出前提不真实。

二难推理的前提不真实有两种情况：一种是前提中的假言前提不是真正的充分条件假言判断；另一种是前提中的选言判断的选言支没有穷尽。

如果你先救我，那么你就不爱你的母亲，
如果你先救你母亲 ，那么你就是不爱我，
你或者先救我，或者先救你母亲，
你或者不爱你母亲或者不爱我。

以上这个二难推理的推理前提是错误的，可能在落水的两个人中有人会游泳，那么先去救一个人也并不是因为不爱另外一个人，而是为了保证两个人都能够得救。这个推理的前提是错误的，这两个前提都不是真正的充分条件假言判断。

如果一个人自傲，就会盲目乐观；如果一个人自卑，就会缺乏信心；你或者是自傲，或者是自卑；总之，你或者是盲目乐观，或者是缺乏信心。

一个人除了“自傲”与“自卑”外，还有许多心理表现。故其推理的无效性在于其前提没有穷尽支判断，没有把所有可能的情况都罗列出来。所以，这个二难推理是错误的。

（2）指出推理形式有错误。

推理形式错误，是在进行二难推理时，不遵守充分条件假言推理和选言推理的规则而引起的。破斥错误的二难推理可以通过指出推理形式不正确的方法来达到目的。

如果犯抢劫罪，那么就要受到法律的制裁，
如果犯诈骗罪，那么就要受到法律的制裁，
他或者没有犯抢劫罪，或者没有犯诈骗罪，
他不应受到法律的制裁。

这个二难推理运用的是充分条件假言推理的否定前件式，这个形式不是有效的推理形式。因此，这个二难推理形式是错误的。

（3）构造一个相反的二难推理。

这是一个特殊的反驳方法。它是通过构造出一个与原二难推理相反的二难推理，并从中推出相反的结论，来达到驳斥原二难推理的目的。

例如，有位不用功的同学，成绩不好被老师责备，该同学说：

如果一个人是天才，那就不必用功，
如果一个人不是天才，用功也没有用，
一个人或者是天才，或者不是天才，
所以，都不必用功。

老师为了破斥学生的二难推理，构造了以下的二难推理来鼓励学生用功读书：

如果一个人是天才，那也必须用功（勤奋才可使天赋发挥得更好），
如果一个人不是天才，那更必须用功（勤能补拙），
一个人或者是天才，或者不是天才，
所以，都必须用功。

再如，古希腊有个人叫欧提勒士，向著名的辩者普罗泰戈拉学习法律。双方订下合约：毕业前欧氏先付一半学费，另一半学费待欧氏毕业后打赢第一场官司时再付清。欧氏毕业后迟迟不出庭打官司，普氏心急收费，向法院提出诉讼，诉状上言：

如果欧氏打赢这场官司，依双方合约，欧氏要付清另一半学费，
如果欧氏输了这场官司，依法庭判决，欧氏也要付清另一半学费，
欧氏这次官司或者打赢，或者打输，
总之，欧氏都要付清另一半学费。

欧提勒士为了破斥普罗泰戈拉的二难推理，构造了结论完全相反的二难推理：

如果我打赢这场官司，依法庭判决，我不应付清普氏另一半学费，
如果我输了这场官司，依双方合约，我也不应付清普氏另一半学费，
我这次官司或者打赢，或者打输，
我都不应付清另一半学费。

思考题

指出以下二难推理是否是有效式？

1.《孙悟空三打白骨精》中的孙悟空，在举起金箍棒第三次打白骨精（此时白骨精变成一个老头子）时，头脑中出现了一个复杂构成式的二难推理。他的推理过程是：

如果我打死这个妖精，那么师父就会立即把我赶回花果山；
如果我不打死这个妖精，那么师父就会被妖精吃掉；
我或者打死妖精，或者不打死妖精；
所以，师父或者赶我回花果山，或者师父被妖精吃掉。

2. 学而不思则罔，思而不学则殆，或者学而不思，或者思而不学，所以，或者罔，或者殆。

3. 苏格拉底说，无论如何应该结婚，如果你娶到一个好妻子，你会很幸福；如果你娶到一个糟糕的妻子，你会成为哲学家；你或者娶到一个好妻子，或者娶到一个坏妻子。所以，你或者生活幸福，或者成为一个哲学家。

4. 张养浩的《山坡羊·潼关怀古》中有这样的诗文："峰峦如聚，波涛如怒，山河表里潼关路。望西都，意踌躇，伤心秦汉经行处，宫阙万间都做了土。兴，百姓苦；亡，百姓苦。""兴，百姓苦；亡，百姓苦"的意思是说如果天下安定，皇家定要大兴建设，劳民伤财，百姓不好过。如果国家灭亡，灾难四起，战祸不断，百姓也

受苦。

5. 姚燧的《凭栏人·寄征衣》中写道："欲寄君衣君不还，不寄君衣君又寒。寄与不寄间，妾身千分难。"

五、假言联言推理

假言联言推理是由假言判断和联言判断作为前提，并且根据假言前提联结项的逻辑性质而推出结论的演绎推理。

假言联言推理的结论有的是性质判断，有的是联言判断。根据假言联言推理的结论的形式，可以把假言联言推理分成简单式和复杂式。结论是假言推理的称为简单式，结论是联言推理的称为复杂式。根据联言前提的选言支是肯定假言前提的前件还是否定其后件，可以把假言联言推理分为构成式和破坏式。这样，假言联言推理就有四种形式：简单构成式、简单破坏式、复杂构成式和复杂破坏式。

（一）简单构成式

两个充分条件假言前提的前件不同而后件相同，联言前提的两个联言支合取地肯定这两个充分条件假言前提不同的前件，从而结论肯定这两个充分条件假言前提中相同的后件。

如果某人想找到理想的工作，那么他要努力奋斗，
如果某人想提高生活品质，那么他要努力奋斗，
某人既想找到好工作又想提高生活品质，
所以，他要努力奋斗。

其逻辑形式为：

如果 p，那么 r		$p \to r$
如果 q，那么 r	或	$q \to r$
$\underline{p\text{ 并且 }q}$		$\underline{p \wedge q}$
所以，r		$\therefore r$

用公式可以表达为：$[(p \to r) \wedge (q \to r) \wedge (p \wedge q)] \to r$

（二）简单破坏式

两个充分条件假言前提的前件相同而后件不同，联言前提的两个联言支合取地否定这

两个充分条件假言前提不同的后件，从而结论否定这两个充分条件假言前提中相同的前件。

如果某人是煤气中毒死亡，那么尸斑呈现鲜红色，
如果某人是煤气中毒死亡，那么就会大小便失禁，
某人既没有尸斑呈现鲜红色，又没有大小便失禁，
所以，某人并非煤气中毒死亡。

其逻辑形式为：

如果 p，那么 q		$p \to q$
如果 p，那么 r	或	$p \to r$
非 q 并且 非 r		$\neg q \land \neg r$
所以，非 p		$\therefore \neg p$

用公式表达为：$[(p \to q) \land (p \to r) \land (\neg q \land \neg r)] \to \neg p$

（三）复杂构成式

两个充分条件假言前提的前件和后件都不相同，联言前提的联言支合取地肯定这两个充分条件假言前提的不同前件，从而结论合取地肯定这两个充分条件假言前提的不同后件。

如果他触犯了刑法，那就要受到刑法的制裁，
如果他触犯了民法，那就要受到民法的制裁，
他既触犯了刑法又触犯了民法，
所以，他既要受到刑法的制裁，又要受到民法的制裁。

其逻辑形式为：

如果 p，那么 q		$p \to q$
如果 r，那么 s	或	$r \to s$
p 并且 r		$p \land r$
所以，q 并且 s		$\therefore q \land s$

用公式表达为：$[(p \to q) \land (r \to s) \land (p \land r)] \to (q \land s)$

（四）复杂破坏式

两个充分条件假言前提的前件和后件都不相同，联言前提的联言支合取地否定这两个充分条件假言前提的不同后件，从而结论合取地否定这两个充分条件假言前提的

不同前件。

如果他头脑清醒，他就会认识自己的错误，
如果他态度诚恳，他就会公开承认自己的错误，
他既没有认识到自己的错误，也没有公开承认自己的错误，
所以，他头脑不清醒，且态度不诚恳。

其逻辑形式为：

如果 p，那么 q		$p \to q$
如果 r，那么 s		$r \to s$
非 q 并且非 s	或	$\neg q \land \neg s$
所以，非 p 并且非 r		$\therefore \neg p \land \neg r$

用公式可以表达为：$[(p \to q) \land (r \to s) \land (\neg q \land \neg s)] \to (\neg p \land \neg r)$

类型 / 事项	简单构成式	简单破坏式	复杂构成式	复杂破坏式
形式特点	*a*. 两个充分条件假言前提的前件不同，后件相同； *b*. 联言前提的两个联言支分别肯定假言前提的前件； *c*. 结论肯定假言前提中相同的后件。	*a*. 两个充分条件假言前提的前件相同而后件不同； *b*. 联言前提的两个联言支分别否定两个假言前提后件； *c*. 结论否定假言前提中相同的前件。	*a*. 两个充分条件假言前提的前后件均不相同； *b*. 联言前提的两个联言支分别肯定假言前提不同的前件； *c*. 其结论分别肯定假言前提不同的后件。	*a*. 两个充分条件假言前提的前后件均不相同； *b*. 联言前提的两个联言支分别否定假言前提不同的后件； *c*. 结论分别否定假言前提不同的前件。
推理形式	如果 p，则 r，如果 q，则 r，p 并且 q，所以，r	如果 p，则 q，如果 p，则 r，非 q 并且非 r，所以，非 p	如果 p，则 q，如果 r，则 s，p 并且 r，所以，q 并且 s	如果 p，则 q，如果 r，则 s，非 q 并且非 s，所以，非 p 并且非 r
公式表达	$[(p \to r) \land (q \to r) \land (p \land q)] \to r$	$[(p \to q) \land (p \to r) \land (\neg q \land \neg r)] \to \neg p$	$[(p \to q) \land (r \to s) \land (p \land r)] \to (q \land s)$	$[(p \to q) \land (r \to s) \land (\neg q \land \neg s)] \to (\neg p \land \neg r)$

思考题

1.《马王堆一号汉墓女尸研究的几个问题》一文中有这样一段话：女尸年龄50岁左右，皮下脂肪丰满，并无高度衰老现象，不可能是自然老死。经仔细检查，也未见任何暴力造成的致死创伤，故推测当是病死。但女尸营养状况良好，皮肤未见久卧病床常见的褥疮，也未见慢性消耗性疾病的证据，而且消化道内还见到甜瓜子。这些情况表明，墓主人当时因某种急性病或慢性病急性发作，在进食甜瓜之后不久死的。

你能够给出“马王堆女尸”推断的逻辑过程吗？

2. 古时有个樵夫发现自己的斧子不翼而飞，在家里翻箱倒柜也没有找着。到底在哪里呢？有两种可能，一种是借出去了，另一种就是被偷走了，但他不记得有人借过斧子，那么，肯定被人偷走了。近来只有邻居的儿子常来串门，经观察，他发现这人说话、走路都像偷斧子的人。后来，他在打柴时找到了自己丢失的斧子，再看这人，说话、走路再也不像偷斧子的人了。

“樵夫”是如何推出“偷斧子的是邻人”的呢？此推导对吗？

3. 一次联欢会上，老师让两个学生做游戏，他对学生说，我手里有三块糖，两块软糖，一块硬糖，我暗中给你们一人一块，我自己留一块，请根据你们手上的糖，猜对方手里是什么糖？当这两个学生拿到糖时，呆了一下，好像猜不出，这时，其中一个学生兴奋地喊：“我猜着了。”

这个学生是怎么猜到对方手里的糖是软糖还是硬糖的？他自己手里的糖是硬糖还是软糖呢？

练习题

一、选择题。

1. “$p \leftarrow q$”中，p 判断与 q 判断之间的逆蕴涵关系是（　　）。

A. 对称且传递

B. 非对称且传递

C. 反对称且传递

D. 反对称且反传递

2. “$(p \to q) \land (r \to s) \land (p \lor r) \to q \lor s$”这一推理式是（　　）。

A. 二难推理的简单构成式

B. 二难推理的简单破坏式

C. 二难推理的复杂构成式

D. 二难推理的复杂破坏式

3. “$p \leftarrow \neg q$”为真，当且仅当（　　）。

A. p 真 q 假　　B. p 真 q 真　　C. p 假 q 真　　D. p 假 q 假　　E. p 真 $\neg q$ 假

4. 以（$p \rightarrow \neg q$）∧（$r \leftarrow \neg q$）和 $\neg r$ 为前提可必然推出（　　）为结论。

A. p　　B. $\neg p$　　C. q　　D. $\neg q$

5. “$\neg p \rightarrow q$”为真，当且仅当（　　）。

A. p 真 q 假　　B. p 真 q 真　　C. p 假 q 真　　D. p 假 q 假　　E. p 真 $\neg q$ 假

6. “$\neg p \wedge q$”为假，当且仅当（　　）。

A. p 真 q 假　　B. p 真 q 真　　C. p 假 q 真　　D. p 假 q 假　　E. p 真 $\neg q$ 假

7. “$\neg p \vee q$”为真，当且仅当（　　）。

A. p 真 q 假　　B. p 真 q 真　　C. p 假 q 真　　D. p 假 q 假　　E. p 真 $\neg q$ 假

二、给出下列判断的推理形式，判断其是否正确并给出原因。

1. 一个人犯罪或有其主观原因，或有其客观原因；这个人犯罪的确有客观原因，所以，这个人犯罪没有主观原因。

2. 只有该行为在主观上是故意的，才是盗窃罪；该行为不是盗窃罪，所以，该行为在主观上不是故意的。

3. 这个凶手的杀人动机或是侵占财产，或是挟嫌报复，现已查明，这个凶手是挟嫌报复，所以，这个凶手不是要侵占被害人的财产。

4. 如果她是自杀，那么，她一定有自杀因素；她的确有自杀因素，所以，她是自杀无疑。

5. 只有年满十八周岁的人，才有选举权；这个年轻人已满十八周岁，所以，他有选举权。

6. 只有懂数学，才能成为天文学家；老王不是天文学家，所以，他不懂数学。

7. 如果 *SEP* 真，则 *SOP* 真；*SEP* 假，所以 *SOP* 是假的。

8. 或者 *SAP* 假，或者 *SEP* 假；已知 *SAP* 假，所以 *SEP* 是真的。

三、推理题（给出以下推理的逻辑形式）。

（一）某案的两名凶手在以下五人中，其中：

1. 只有 A 是凶手，B 才是凶手

2. 只要 D 不是凶手，C 就不是凶手

3. 或 B 是凶手，或 C 是凶手

4. D 没有 E 为帮凶，就不会作案

5. E 没有作案时间

（二）以下队员谁上场，给出推理过程。

1. 如果 P 不上场，那么 S 就不上场

2. 只有 D 不上场，G 才上场

3. A 和 C 要么都上场，要么都不上场

4. 当且仅当 D 上场，R 才不上场

5. 只有 R 不上场，C 才不上场

6. A 和 P 两人中，只能上场一个

7. 如果 S 不上场，那么 T 和 Q 也不上场

8. R 和 F 两人中只能上场一个

9. 已知主力队员 G 一定上场，那么其他队员谁会上场，谁不上场?

（三）已知在 A、B、C、D、E 五人中只有一个人说假话，其余人均说真话。经询问，他们五人对相关问题，回答如下：

A：我和 B 说真话。

B：我不说假话。

C：如果 B 不说假话，那么我也不说假话。

D：如果 A 不说真话，那么 C 也不说真话。

E：A 说假话。

请根据他们的回答推断谁是说假话者，并写出推导过程。

拓展训练题

1. 只有巧干加实干，才能创造出惊人的业绩。某公司的业务经理取得了非凡的业绩，可见该业务经理实践了巧干加实干。下列哪个推理结构与上述推理在形式上是相同的?（　　）

A. 如果一个人犯了罪，那么他就会受到刑事处罚，张某受到了刑事处罚，可见张某犯了罪

B. 这种植物只有开花才能结出果实，今年这种植物没有开花，所以不会结出果实

C. 只有通过全国统一司法考试的人才能从事律师职业。小李从事律师职业，所以小李已通过全国统一司法考试

D. 只有在特定的土质和气候条件下，这种葡萄才能获得好收成。现在这种葡萄没有获得好收成，说明这里没有这种特定的土质和气候条件

2. 有人说，工作的时候，我们要将重要事务放在主要位置。重要事务是必要条件，关系着一件事情成功与否。重要的事务没做好，一定不成功。但是，细节也是很重要的，细节是成功的充分条件，同样也与一件事情成功与否相关。一个成功的人是能够协调好重要事务与细节的关系的。由此可推出（　　）。

A. 成功并不代表着所有细节都处理好了

B. 如果不成功则说明重要事务没有做好

C. 成功的前提条件是既要做好重要事务，又要处理好细节

D. 虽然处理好了细节，但没做好重要事务，也不一定成功

3. 生物处于污染条件下，可以通过结合固定、代谢解毒、分室作用等过程将污染物放在体内富集、解毒。其中生物的解毒能力是生物抗性的基础，解毒能力强的生物都具有抗性，但解毒能力不是抗性的全部，抗性强的生物不一定解毒能力就强。由此可以推知（　　）。

A. 解毒能力不强的生物不具有抗性

B. 具有抗性的生物一定具有较强的解毒能力

C. 生物可将污染物富集、解毒，所以生物能在污染环境下生存

D. 不具有抗性的生物解毒能力一定不强

4. 知己知彼，才能百战不殆。这句话同样适用于人际交往之中，一个人只有先了解自己，才能了解别人；任何人也只信赖充分了解他的人，包括他自己。试想，如果一个人根本不了解你，他如何值得你信赖呢？由此可以推出（　　）。

A. 只有信赖自己，才能信赖别人

B. 不了解自己，就不会被任何人信赖

C. 他充分了解你，所以他值得你信赖

D. 充分了解自己，就可以获得许多人的信赖

5. 从世界经济的发展历程来看，如果一国或者地区的经济保持着稳定的增长速度，大多数商品和服务的价格必然会随之上涨，只要这种涨幅始终在一个较小的区间内，就不会对经济造成负面影响。由此可以推出，在一定时期内（　　）。

A. 如果大多数商品价格上涨，说明该国经济在稳定增长

B. 如果大多数商品价格涨幅过大，对该国经济必然有负面影响

C. 如果大多数商品价格不上涨，说明该国经济没有保持稳定增长

D. 如果经济发展水平下降，该国的大多数商品价格也会下降

6. 一个产品要畅销，产品的质量和经销商的诚信缺一不可。以下各项都符合题干的断定，除了（　　）。

A. 一个产品滞销说明它或者质量不好，或者经销商缺乏诚信

B. 一个产品只有质量高并且诚信经销才能畅销

C. 一个产品畅销说明它质量高并有诚信的经销商

D. 一个产品除非有高的质量和诚信的经销商品，否则不能畅销

7. 只要有足够的勇气和智慧，就没有办不成的事。如果上述断定为真，则以下哪一项一定为真（　　）。

A. 如果有事办不成，说明既缺乏足够的勇气，又缺乏足够的智慧

B. 如果有事办不成，说明缺乏足够的勇气，或者缺乏足够的智慧

C. 如果没有办不成的事，说明至少有足够的勇气

D. 如果缺乏足够的勇气和智慧，那就办不成任何事

8. 如果月球表面曾经是岩浆海洋，那么许多元素的分布就应该是连续的。岩浆海洋掌握着解开月球诞生之谜的钥匙，如果岩浆海洋的存在得到确认，那么“巨型冲击假说”将成为最有力的月球起源说。由此可以推出（　　）。

A. 如果月球表面不曾是岩浆海洋，那么月球表面的元素分布就不是连续的

B. 如果“巨型冲击假说”没有成为最有力的月亮起源说，那么月球表面的元素分布都不是连续的

C. 如果月球表面的元素分布不是连续的，那么月球表面不曾是岩浆海洋

D. 如果月球表面的元素分布是连续的，那么“巨型冲击假说”将成为最有力的月亮起源说

9. “不想当将军的士兵不是好士兵”等值于下列哪个判断？（　　）

A. 只想当将军的士兵不是好士兵

B. 不好的士兵想当将军

C. 想当将军的士兵就是好士兵

D. 好士兵都想当将军

10. “你只有逼自己一把，你才会知道自己有多优秀”等值于下列哪个判断？（　　）

A. 只有你不逼自己一把，你才不知道自己有多优秀

B. 只有你知道自己有多优秀，你才会逼自己一把

C. 如果你逼自己一把，你就会知道自己有多优秀

D. 如果你不逼自己一把，你根本不知道自己有多优秀

参考答案

练习题

一、

1. B　2. C　3. ABCE　4. BC　5. ABCE　6. ABCD　7. BCDE

二、

1. $(p \vee q) \wedge q \rightarrow \neg p$　　错
2. $(p \leftarrow q) \wedge \neg q \rightarrow \neg p$　　错
3. $(p \vee q) \wedge q \rightarrow \neg p$　　错
4. $(p \rightarrow q) \wedge q \rightarrow p$　　错
5. $(p \leftarrow q) \wedge p \rightarrow q$　　错
6. $(p \leftarrow q) \wedge \neg q \rightarrow \neg p$　　错
7. $(p \rightarrow q) \wedge \neg p \rightarrow \neg q$　　错
8. $(\neg p \vee \neg q) \wedge \neg p \rightarrow q$　　错

三、

（一）逻辑表达式为：

1. $A \leftarrow B$
2. $\neg D \rightarrow \neg C$
3. $B \vee C$
4. $\neg E \rightarrow \neg D$
5. $\neg E$

推理过程为：

a. 根据4、5可知D（充分条件假言判断肯前肯后）

b. 根据a、2可知C（充分条件假言判断肯前肯后）

c. 根据3、b可知B（相容选言判断否定肯定式）

d. 根据c、1，可知A（必要条件假言判断肯后肯前）

综上所述，可知A和B是凶手。

（二）逻辑表达式为：

1. $\neg P \rightarrow \neg S$
2. $\neg D \leftarrow G$
3. $A \leftrightarrow C$

4. $D\leftrightarrow\neg R$
5. $\neg R\leftarrow\neg C$
6. $A\vee P$
7. $\neg S\rightarrow(\neg T\wedge\neg Q)$
8. $R\vee F$
9. $\neg G$

推理过程为：

a. 根据 9、2 可知¬D（必要条件假言判断肯后肯前）
b. 根据 a、4 可知 R（充要条件假言判断否前否后）
c. 根据 b、5 可知 C（充要条件假言判断否前否后）
d. 根据 b、8 可知¬F（不相容选言判断肯定否定式）
e. 根据 c、3 可知 A（充要条件假言判断肯前肯后）
f. 根据 e、6 可知¬P（不相容选言判断肯定否定式）
g. 根据 f、1 可知¬S（充分条件假言判断肯前肯后）
h. 根据 g、7 可知$\neg T\wedge\neg Q$（充分条件假言判断肯前肯后）
i. 根据 h 可知，¬T 和¬Q（联言判断分解式）

通过以上可知，上场的为 ACGR，不上场的有 DFPQST

（三）逻辑表达式为：

A：$A\wedge B$
B：B
C：$B\rightarrow C$
D：$\neg A\rightarrow\neg C$
E：¬A

推理过程为：

1. 根据 A 可知 A 和 B（联言判断分解式）
2. 根据 1、E 可知两者矛盾，则 A 和 E 必有一人说假话，其他人都在说真话
3. 根据 B、C 可知 C（充分条件假言判断肯前肯后）
4. 根据 D、3 可知 A（充分条件假言判断否前否后）
5. 通过以上可知 A 在说真话，那么 E 在说假话

拓展训练题

1. C“只有巧干加实干，才能创造出惊人的业绩”，题干第一句的推理形式为：

“惊人的业绩 → 巧干加实干”；题干的第二句推理形式为：“某公司……业绩 → 巧干加实干”。对比四个选项的推理形式，与题干完全一致的只有 C 项，因此，答案为 C。

2. A　假言联锁推理。A 成功并不代表着所有细节都处理好了。题干中的逻辑关系可整理为：细节→成功→重要的事物处理好。肯定后件不能肯定前件，故成功不能推出细节处理好，A 项正确。

3. D

4. B　“任何人也只信赖充分了解他的人”一句话相对而言，就是另一方对于他人的了解，是获得别人信赖的必要条件。“一个人只有先了解自己，才能了解别人”一句说明，了解自己是了解他人的必要条件。按照必要条件的传递性，就是了解自己是被别人信赖的必要条件，就是 B 项的内容。

5. C　这是假言推理中的充分条件推理的变化，当前件是后件的充分条件时，对于后件的否定就成为前件的充分条件。

6. C

7. B

8. D

9. D

10. D

第六章　非演绎推理

第一节　归纳推理

一、归纳推理概述

（一）归纳推理的含义

归纳推理是以某类思维对象中一部分或全部分子对象具有或不具有某属性为前提，推出该类全部对象也具有或不具有某属性为结论的推理形式。

蛇是用肺呼吸的，
鳄鱼是用肺呼吸的，
海龟是用肺呼吸的，
蜥蜴是用肺呼吸的，
蛇、鳄鱼、海龟、蜥蜴都是爬行动物，
所以，所有的爬行动物都是用肺呼吸的。

直角三角形内角和是180°，
锐角三角形内角和是180°，
钝角三角形内角和是180°，
直角三角形、锐角三角形和钝角三角形是全部的三角形，
所以，一切三角形内角和都是180°。

以上两个推理的逻辑形式为：

S_1—P
S_2—P

……

S_n—P

（S_1—S_n 是 S 类的部分或全部分子）

所以，凡 S 是（或不是）P

以上两个例子都是从个别性的前提推出一般性的结论的推理形式，都是归纳推理。其中，第一个例子是不能必然得出结论的，第二个例子可以必然得出结论。归纳推理（除完全归纳推理外）的前提不蕴涵结论，是或然性推理。归纳推理与演绎推理是不同的，演绎推理是必然性推理。

（二）归纳推理的种类

根据前提所考察对象范围的不同，把归纳推理分为完全归纳推理和不完全归纳推理。完全归纳推理考察了某类事物的全部对象（上述第 2 个例子考察了所有三角形的种类，属于完全归纳推理），不完全归纳推理则仅仅考察了某类事物的部分对象（第 1 个例子只考察了爬行动物中的部分对象，属于不完全归纳推理）。不完全归纳推理根据前提是否揭示对象与其属性间的因果联系，又可以分为简单枚举归纳推理和科学归纳推理。

1. 完全归纳推理

完全归纳推理又称完全归纳法，根据某类思维对象的每一个对象有（或没有）某种属性，从而推出该类事物的全部对象有（或没有）某种属性的推理形式。

动物是由细胞构成的，

植物是由细胞构成的，

微生物是由细胞构成的，

动物、植物、微生物是生物的全部，

所以，全部生物都是由细胞构成的。

完全归纳推理的逻辑形式是：

S_1 是（或不是）P，

S_2 是（或不是）P，

S_3 是（或不是）P，

……

S_n 是（或不是）P，

$S_1 \cdots\cdots S_n$ 是 S 类的全部对象；

所以，所有 S 是（或不是）P。

完全归纳推理的逻辑特征：在前提中考察了一类事物的全部对象，结论没有超出前提所断定的知识范围。因此，其前提和结论之间的联系是必然的，完全归纳推理是必然性推理。

要想保证完全归纳推理结论是真实的，需要遵循以下两个条件：

（1）在前提中考察了一类事物的全部对象。

（2）前提中对该类事物每一对象所作的断定都是真的。

完全归纳推理的作用：

（1）认识作用。完全归纳推理根据某类事物每一对象都具有某种属性，推出该类事物都具有该种属性，使人们的认识从个别上升到了一般。比如，上例中根据“生物”这一类事物的每个对象都有“由细胞构成”这一属性，得出“全部生物都是由细胞构成的”结论。其结论在未超出前提所断定的范围的情况下，提供了新的知识，即关于某类全部类对象的知识。这就体现了完全归纳推理的认识作用。

（2）论证作用。因为完全归纳推理的前提和结论之间的联系是必然的，所以常被用作强有力的论证方法。比如，对于第四章中三段论的规则（7）“如果两个前提中有一个是特称判断，那么结论也必须是特称判断”，可以这样论证：前提是 *AI* 的三段论的结论是特称判断，前提是 *AO* 的三段论的结论是特称判断，前提是 *EI* 的三段论的结论是特称判断，前提是 *EO* 的三段论不能必然得出结论，因此，前提是 *AI* 或 *AO* 或 *EI* 或 *EO* 的三段论中有一个是特称判断的三段论的全部对象，这个论证要么得不出结论，要么得出的结论是特称判断。因此，达到了论证的目的。

完全归纳推理的局限性在于：完全归纳推理仅仅适用于数量不多的事物。当所要考察的事物数量极多甚至是无限时，不可能对包含众多个体对象的某类思维对象逐一进行考察，因而不能运用完全归纳推理。这时需要运用另一种归纳推理形式，即不完全归纳推理。

2. 不完全归纳推理

不完全归纳推理是根据某类事物部分对象都具有某种属性，从而推出该类事物都具有该种属性的结论的推理形式。不完全归纳推理有两种类型：一种是简单枚举归纳推理，另外一种是科学归纳推理。

（1）简单枚举归纳推理。

简单枚举归纳推理又称简单枚举法。它是根据部分对象都具有（或不具有）某种属性，并且没有遇到任何反例，从而推出该类的全部类对象具有（或不具有）某种属性的推理形式。

甲企业运用新技术后经济效益有显著的提高，
乙企业运用新技术后经济效益有显著的提高，
丙企业运用新技术后经济效益有显著的提高，
丁企业运用新技术后经济效益有显著的提高，
甲、乙、丙、丁企业是某市企业的一部分，在考察中没有发现反例，
所以，某市企业在运用新技术后经济效益都有显著提高。

简单枚举归纳推理的逻辑形式是：
S_1 是（或不是）P，
S_2 是（或不是）P，
S_3 是（或不是）P，
……
S_n 是（或不是）P，
S_1……S_n 是 S 类的部分对象，并且在考察中没有遇到反例，
所以，所有 S 是（或不是）P。

很多民谚都是运用简单枚举归纳推理：例如，“朝霞不出门，晚霞行千里”，“八月十五云遮月，正月十五雪打灯”，“麦苗盖上雪花被，来年枕着馍馍睡”，“下秧太冷怕烂秧，小秧出水怕青霜”，“饭后百步走，活到九十九”，“冬吃萝卜夏吃姜，不用医生开药方”等，都是根据部分对象具有（或不具有）某种属性，来推断全部对象具有（或不具有）某种属性。

简单枚举归纳推理只考察了部分对象考察的范围，参照小于结论断定的范围，其结论超出了前提所断定的知识范围，简单枚举归纳推理的结论是或然的。因此，简单枚举归纳推理的局限性是结论不完全可靠。

提高简单枚举归纳推理结论可靠性程度的条件有三个：

（1）前提中所考察的对象的数量尽量多；

（2）前提中所考察的对象的范围尽量广；

（3）注意搜集可能出现的反面事例。

简单枚举归纳推理的作用：

简单枚举归纳推理有助于发现的作用。它能帮助人们从个体事例中引出全称性的

结论，为进一步掌握对象与属性的内在必然联系提供线索。因而，形成科学假说时常用到简单枚举归纳推理，根据已有的部分材料进行初步概括，推出一个或然性结论。例如，在波义耳定律的发现过程中，简单枚举归纳推理就起了一定的作用。波义耳从自己所掌握的许多实验事实中，概括出“在一定条件下，气体体积和它所受到的压强成反比”这个一般性的结论，至于这个结论是否真实，还需要进一步的验证。

运用简单枚举归纳推理要防止出现“轻率概括”的错误。如果只根据一部分对象的表面的、偶然的事实，就轻率地推出全称性的结论，那就犯了“轻率概括”的错误。“轻率概括”的特征是以不具有代表性的样本为根据，推断一类对象的总体都具有或不具有某种属性。例如，仅仅根据看到的“天鹅是白色的”，就归纳出“所有天鹅都是白色的”，就犯了“轻率概括”的错误。

（2）科学归纳推理。

科学归纳推理又称科学归纳法。根据所考察的某类对象的部分个别对象之所以具有（或不具有）某种属性，且这类事物中的部分对象与其属性之间具有因果联系，从而推出该类事物的全部对象都具有该属性的不完全归纳推理形式。

金受热后体积膨胀，
银受热后体积膨胀，
铜受热后体积膨胀，
铁受热后体积膨胀，
因为金属受热后，分子的凝聚力减弱，分子运动加速，分子彼此距离加大，从而导致膨胀，而金、银、铜、铁都是金属，
所以，所有金属受热后体积都膨胀。

科学归纳推理的逻辑形式是：

S_1 是 P，
S_2 是 P，
S_3 是 P，
……
S_n 是 P，
S_1、S_2、S_3……S_n 是 S 类的部分对象且未发现反例，并且 S 与 P 有因果联系，
所以，所有 S 是 P。

科学归纳推理与简单枚举归纳推理的联系：

第一，二者均属于不完全归纳推理；

第二，二者的前提均只考察了某类的部分对象；

第三，二者的结论均超出了其前提所断定的范围。

科学归纳推理与简单枚举归纳推理的区别：

第一，二者的推理根据不同。简单枚举归纳推理仅仅根据已观察到的部分对象都具有某种属性，并且没有遇到任何反例。科学归纳推理则不仅仅局限在对事物的观察上，而是把握对象与属性之间的因果联系。

第二，二者对前提数量的要求不同。简单枚举归纳推理的前提中考察的对象数量越多，范围越广，结论越可靠。科学归纳推理的前提的数量不具有决定性的意义，对象与属性之间的因果联系才具有决定意义。

第三，二者结论的可靠程度不同。科学归纳推理与简单枚举归纳推理相比，结论的可靠程度更大。

二、探求因果联系的逻辑方法

在研究自然界的因果关系时，英国逻辑学家穆勒在《逻辑体系》中创造出的五种寻找因果关系的逻辑方法，称为穆勒五法。穆勒五法是归纳法在科学研究和实验中的应用。

1. 求同法

求同法也叫契合法，它是指在被研究现象出现的若干场合中，如果只有一种情况是在这些场合中共同具有的，那么这个唯一的共同情况就可能是被研究现象的原因。

有一天，皮埃尔·居里的一位同事将装有镭试剂的小玻璃管放在内衣口袋里数小时。几天后，他发觉挨着内衣口袋的皮肤发红，其形状和装有镭试剂的玻璃管一样。又过了几天，皮肤开始破裂，成为溃疡。皮埃尔·居里也在自己身上做了一系列的实验，用镭射线对手上的皮肤作用数小时，几天后就出现同样的后果：发红、发炎。可见皮肤的损伤是由镭射线引起的。

求同法的逻辑形式是：

场合	先行情况	被研究现象
(1)	A、B、C	a
(2)	A、D、E	a
(3)	A、F、G	a

……　　　　……　　　　……

所以，A 是 a 的原因。

求同法的特点是异中求同。求同法的前提与结论之间的联系是或然的，结论不是必然可靠的。为了提高其结论的可靠程度，必须注意以下两点：

第一，尽量增加被比较场合的数量，进行比较的不同场合愈多，结论的可靠性程度就愈高。

第二，分析各个场合中除了已发现的某一共同情况外，是否还隐藏着其他的共同情况。人们往往在发现了一个共同情况后，就把它当作被研究现象的原因。

在应用求同法寻找原因时，必须注意前提和结论之间是否存在因果联系。

某人晚上看了两个小时的书，喝了几杯浓茶，结果失眠了；第二天晚上他同样看了两小时的书，抽了许多烟，也失眠了；第三天晚上他看了两小时的书，喝了大量咖啡，也失眠了。

我们运用求同法寻找这个人失眠的原因，连着三个晚上失眠，原因似乎应该是其三天晚上的共同情况“看了两个小时的书”，即“晚上看了两个小时的书”是导致“失眠”的原因，但这个结论显然是不对的。事实上，“茶叶”、“烟”和“咖啡”中含有令人兴奋的物质才是导致这个人失眠的真正原因。

2. 求异法

求异法也叫差异法。它的基本内容是：如果某一现象在一种场合下出现，而在另一场合下不出现，但在这两种场合里，其他情况都相同，只有一个先行情况不同，在某现象出现的场合里有这个情况，而在某现象不出现的另一个场合里则没有这个情况，那么，这唯一不同的情况，就可能是某现象产生的原因。

有一种龙虾遇到强烈的气味就立即逃跑。但把这种龙虾的触须剪掉后，再遇到这种强烈气味就不再逃跑。这说明这种龙虾是用触须感知强烈的气味的。

求异法的逻辑形式是：

场合	先行情况	被研究现象
(1)	A、B、C	a
(2)	—、B、C	—

所以，A 是 a 的原因。

应用求异法必须注意两点：

第一，在先行情况中，除唯一不同情况外，其余情况必须都相同。因此，在应用求异法时，先行情况中必须保证除了唯一不同的情况外，其他情况都是相同的。例如，某人一上逻辑课就头晕，不上逻辑课就不头晕。因此，上逻辑课是其头晕的真正原因。其实，这个人因为近视配了副眼镜，眼镜度数偏高，上逻辑课的时候戴眼镜才是其头晕的真正原因。

第二，分析两个场合唯一不同的先行情况是被考察现象的全部原因还是部分原因。例如，两个实验大棚里种上相同数量的黄瓜苗，在第一个大棚里施加镁盐，但在第二个里不加。第一个产出了10千克黄瓜，而第二个只产出5千克黄瓜。由于除了水以外没有向大棚施加任何别的东西，第一个大棚较高的产量一定是由于镁盐。其实，两个实验大棚的土质和日照量也是不同的，而土质和日照也是影响产量的原因。因此，我们在应用求异法的时候要注意，先行情况是被考察对象出现的全部原因还是部分原因。

3. 求同求异并用法

求同求异并用法，也称契合差异并用法。它的基本内容是：考察两组事例，一组是由被研究现象出现的若干场合组成的，称为正面场合组；一组是由被研究现象不出现的若干场合组成的，称为反面场合组。如果在正面场合组的各场合中只有一个先行情况是相同的，而在反面场合组这个先行情况都不出现。那么，这个情况就可能是被研究现象的原因。

户外植物的叶子一般是绿色的。但把马铃薯、白薯、葱头、萝卜等放在地窖里，它们发芽长出的叶子都没有绿色。田里的韭菜、蒜都是绿叶，但在暗室里培养出来的韭菜、蒜都是黄色的。把一株在户外生长的有绿叶的植物移入暗室，它的绿色渐渐退去；若再把它移至户外，则绿色逐渐恢复。由此可见，阳光照射是植物叶子长成绿色的原因。

求同求异并用法的逻辑形式是：

场合	先行情况	被研究现象	
(1)	A、B、C	a	
(2)	A、D、E	a	正面事例组
(3)	A、F、G	a	
……	……	……	

(1)	—、E、F	—	
(2)	—、F、G	—	
(3)	—、G、H	—	反面事例组
……	……	……	

所以，A是a的原因。

求同求异并用法的特点是多次运用求同和求异，其前提和结论之间的联系也是或然的，结论虽比求同法和求异法都更可靠，但仍不是必然可靠的。为了提高求同求异并用法结论的可靠性程度，应用求同求异并用法要注意以下几点：

第一，正面事例组和反面事例组愈多，其结论的可靠性程度愈高。

第二，与正面事例组相比较的反面事例组，除了没有某个共同的先行情况外，其他情况愈是相似，结论就愈可靠。

4. 共变法

共变法的基本内容是：在其他先行情况相同的条件下，如果在被研究现象发生变化的各个场合中，只有一个先行情况在发生变化，那么这个唯一发生变化的先行情况就有可能是被研究现象的原因。

随着太阳黑子数目的增加，磁暴的强度增大。当太阳黑子的数目减少时，磁暴的强度降低。所以科学家推测，太阳黑子的出现可能是磁暴的原因。

共变法的逻辑形式是：

场合	先行情况	被研究现象
(1)	A_1、B、C	a_1
(2)	A_2、D、E	a_2
(3)	A_3、F、G	a_3
……	……	……

所以，A是a的原因（或结果）。

共变法的前提与结论的联系也是或然的，其结论虽较前面各方法更为可靠，但仍不是必然可靠的。

为了提高共变法结论的可靠性程度，运用共变法时应注意以下几点：

第一，只有在其他因素保持不变时，两种现象才能说明因果联系，与被研究现象发生共变的先行情况应当是唯一的。

第二，有些现象之间有共变关系，但它们并无因果联系，因此，要注意区分有因果联系的共变现象和无因果联系的共变现象。例如，雷鸣与闪电，从表面看，闪电光越强，雷声越大，但闪电并非雷鸣的原因，二者都是自然放电的结果，雷鸣和闪电之间并不具有因果联系。

第三，两种现象的共变是有一定限度的，超过这个限度，就不再有共变关系。例如，农作物的密植，在一定限度内，可以增产；但若超过一定限度，则反而会减产。

5. 剩余法

剩余法的基本内容是：如果某一复合现象是由另一复合原因所引起的，那么，把其中确认有因果联系的部分减去，则剩下的部分也有因果联系。

1846 年前，天文学家在观察天王星的运行轨道时发现，其运行轨道与计算出来的结果发生了四个方向的偏离。已知三个方向的偏离是由一些已知行星的引力所致，而另一个方向的偏离则原因不明。法国科学家勒维列考虑，既然其余三个方向的偏离是行星引力所致，那么剩余的那个方向的偏离也应是另一个未知的行星的引力所引起的。根据天体力学理论，勒维列计算并预测了未知行星的运行轨道。他于 1846 年 9 月 18 日告知柏林天文台的伽勒请求帮助。果然，当年 9 月 23 日，在与计算结果相差不到 1 度的地方发现了海王星。

剩余法的逻辑形式是：

复合情况（A、B、C、D）是被研究现象（a、b、c、d）的原因（或结果），
A 是 a 的原因（或结果），
B 是 b 的原因（或结果），
C 是 c 的原因（或结果），
所以，D 是 d 的原因（或结果）。

应用剩余法所得结论一般较为可靠，但也不一定为真。为提高剩余法结论的可靠性程度，要注意以下两点：

第一，必须准确地掌握复合原因与复合现象之间已知的因果部分，并且，已知构成了部分因果联系的原因同剩余部分的被研究现象之间不能有任何因果联系，否则，结论不能成立。

第二，被研究现象的剩余部分，既可能是由单一的原因引起的，也可能是由复合的原因引起的。

思考题

选两块相邻的土地，它们的土壤成分、地势高低等情况相同，在浇水、施肥、防治病虫害和田间管理等措施上也大体相同，不同的是一块田地选用优良麦种，另一块田地用的仍是普通麦种，结果选用优良麦种的那块田地收成好，另一块田地则收成不好。由此可以得到结论：选用优良麦种是麦田收成好的重要原因。

请问上例中采用了哪种求因果关系的方法，并写出其推理形式。

第二节　类比推理

一、类比推理的含义和特点

1. 类比推理的含义

类比推理是根据两个（或两类）思维对象的某些属性相同或相似，以及其中一个（或一类）对象的某些已知特征，推出另一个（或一类）对象也具有这些特征的推理。

地球和火星都绕太阳运转、绕轴自转、有大气层、有季节变换、大部分时间的温度适合某些生物的生存等。地球上有生命存在。所以，火星上可能有生命存在。

类比推理的逻辑形式是：

A 对象具有属性 *a*、*b*、*c*、*d*
B 对象具有属性 *a*、*b*、*c*
———————————————
所以，*B* 对象也具有属性 *d*

2. 类比推理的特点

类比推理的前提不蕴涵结论，即使前提为真，其结论仍可能真也可能假，因而是或然性推理。类比推理不同于演绎推理，也不同于归纳推理（完全归纳推理除外）。

二、类比推理的类型

类比推理的对象，可以是两个不同的个体对象，也可以是两个不同的对象类，还可以是一个对象类的个体与另一个对象类。

类比推理按照不同的分类方式可以分为：同类类比和异类类比；同向类比、异向类比和中性类比；性质类比和关系类比。

1. 同类类比和异类类比

根据类比中的前提和结论中的对象不同，类比可分为同类类比和异类类比。同类类比指的是前提和结论中的对象是同种类的，如“老吾老以及人之老，幼吾幼以及人之幼”式的推理。

据记载唐朝王室有位叫李载仁的后人，平常最不喜欢吃猪肉。一天他的下属有人打架，李载仁大怒，想重重地惩罚他们，于是从厨房里拿来大饼和猪肉，命令他们面对面地吃掉，并且说如果再犯，不仅要罚吃猪肉，而且还要在猪肉中加上大油。这位李载仁通过同类类比给下属提供了一次打牙祭的好机会，下属求之不得。

异类类比指的是前提和结论中的类别是不同的。

鲁班发明锯子就运用了一个类比推理，
丝芽草两边有许多小细齿，能把人的手指划破，
铁片的边上刻成许多小细齿，
那么，铁片也可能很锋利，能把树锯倒。

这个类比的前提中是“丝芽草”，结论中是“锯子”，这两个种类是不同的，这就是异类类比。

2. 同向类比、异向类比和中性类比

同向类比就是根据两个（或两类）对象在一些属性上相同或相似，从而推知它们在另一属性上也相同或相似的推理。它又分为肯定类比和否定类比两种。

肯定类比是根据两个对象存在某些相似的属性推出它们在另一属性上也是相似的。

肯定类比可用公式表示如下：

对象 A 有属性 a、b 、c、d

对象 B 有属性 a、b、c

所以，对象 B 也有属性 d

已知红外线是一种具有一定穿透力的不可见光，它能使微生物细胞的某些成分发生变化，并因此具有杀菌作用；同时又知紫外线也是一种具有穿透力的不可见光，它也能使微生物细胞的某些成分发生变化。由此推知，紫外线也具有杀菌作用。

否定类比就是根据两个（或两类）对象都不具有某些属性，从而推知它们都不具有另外属性的推理。

否定类比可用公式表示如下：

对象 A 不具有属性 a、b 、c、d

对象 B 不具有属性 a、b、c

所以，对象 B 也不具有属性 d

鲸不具有鱼的属性，鲸的体表无鳞，不用鳃呼吸，不是卵生的，不是变温动物，血液循环不是一条直线等等。在非洲东海岸发现的空棘鱼，也像鲸一样，不具有鱼的属性，所以可得出结论：这一新发现的海洋动物也可能不属于鱼类。

异向类比，也称反向类比，是根据两个（或两类）对象在一些属性上的不同，推导出它们在另一属性上也不同的推理。

铁有金属光泽和延展性，是电与热的良导体，

硼没有金属光泽，缺乏延展性，

所以，硼不是电与热的良导体。

以上类比就是异向类比。根据“铁”和“硼”在一些属性上的不同，推导出它们在另外一个属性上也是不同的，即“铁是电与热的良导体”，而“硼不是电与热的良导体”。

中性类比是根据两个对象在某些方面存在的相似而在另一方面存在的差异，在平衡两者之间的相似点和差异点的基础上，依据关键的相似或相异要素，推出它们在其他方面也相似或相异的结论。

中性类比可以用公式表示如下：

对象 A 具有属性 a、b、c、p、q、r 还有 x
对象 B 具有属性 a、b、c，不具有 p、q、r
所以，对象 B 也具有（或不具有）属性 x

中国江浙地区的地形、水文、土壤、湿度、温度、光照等具有某些属性而不具有另一些属性，适于种柑橘而不适于种苹果；美国加利福尼亚州的地形、水文、土壤、湿度、温度、光照等具有某些属性而不具有另一些属性（即属性有无与江浙一致）。

所以，美国加利福尼亚州也适于种柑橘而不适于种苹果。

中性类比比较复杂，究竟得出的结论是否具有属性 x，这样依赖于 x 与 a、b、c 或 p、q、r 哪一组属性的相关性更强。由于中性类比从正反两个方面考察了认识对象可能具有或不具有的属性，一般说来，其结论的可靠程度比同向、异向类比都高。

3. 性质类比和关系类比

根据所类比的是事物的性质还是事物的关系，把类比推理分为性质类比和关系类比。

性质类比是以两个对象的某些性质相同、相似或不同，从而推出它们在另外的性质方面也相同、相似或不同的推理。

行星是围绕恒星运转的，行星围绕恒星运动是分层的，
电子围绕原子运转，
所以，电子围绕原子运动也是分层的。

性质类比的逻辑表达式为：

A 有 a，b，c，d
B 有 a，b，c
所以，B 也有 d

关系类比是根据两个对象之间具有某种关系，从而推知另外的两个对象之间也有相同或相似的关系的推理。

中国一汽大众研发部门从模型中研究得出汽车的刹车系统的敏锐性与刹车的材

质、刹车杆的长度、刹车系统装配的部位、刹车时行驶的速度分别有关系 R_1，R_2，R_3，R_4；

按照模型的设计实际制造出来的汽车的刹车系统的敏锐性与刹车的材质、刹车杆的长度、刹车系统装配的部位分别有关系 R_1，R_2，R_3；

所以，实际制造出来的汽车的刹车系统的敏锐性与刹车时行驶的速度也有关系 R_4。

关系类比的逻辑表达式为：

A 存在关系 R_1，R_2，R_3，还有 R_n
B 存在关系 R_1，R_2，R_3
所以，B 也存在关系 R_n

三、提高类比推理结论可靠性程度的条件

（1）相类比的两个（或两类）对象的相同属性愈多，则结论的可靠程度就愈大。例如，法医为了确定某种毒物对人的致害量，就常用高等动物做实验，因为高等动物与人的相同点或相似点多，这样得出的结论可靠性就大。

（2）相类比的两个（或两类）对象相同的本质属性愈多，则结论的可靠程度就愈高。例如，富兰克林曾把天空中的闪电和地面上的电火花进行比较，发现它们有很多相同的特性，都能发出同样颜色的光、爆发时都有噪声、都有不规则放射、都是快速运动、都能射杀动物、都能引燃易燃物。同时又知地面上电机的电可以用导线传导，由此推知天空中的闪电也可以用导线传导。后来这一结论通过著名的风筝实验得到了证实。

（3）相类比的两个（或两类）对象的共有属性与推出属性之间的联系愈紧密，则结论的可靠程度就愈高。例如，动物的心理智能活动同动物大脑发达的程度有着必然的联系，凡是具有发达大脑的动物一定有着复杂的心理活动和灵巧的智能活动。猿猴的大脑发达，其大脑的绝对重量大，且与身体重量相比的相对重量也大，猿猴具有复杂的心理和灵巧的智能，现在发现生活在海洋中的海豚也有复杂的心理和灵巧的智能。这个结论的可靠性较高，因为推出的属性与共有属性之间有着本质的联系。

（4）被推论的对象如果存在着与推出的属性相矛盾的情况，推出的结论就不能成立。例如，比较地球和月球，两者都是球体，都有自转、公转等，而地球上有动物，那么月球上是否也有动物呢？这就要看月球上是否存在着和推出属性不相容的属

性，即同动物生存条件相矛盾的属性。研究结果发现，月球上昼夜温差很大，白天温度高达135℃，夜间下降到－160℃，月球上没有水，空气也很稀薄，这些条件都不适合动物的生存。这样一比较，就可防止作出“月球上有动物”的错误结论。

在进行类比推理时，要注意避免犯“机械类比”的错误。所谓“机械类比”，就是指仅仅依据两个（或两类）对象表面相似或偶然相似的情况进行类比，从而导致荒谬的结论。例如，《庄子·天运》中有个“东施效颦”的故事，美女西施因病而皱着眉头，邻居丑女见了觉得很美，就学西施也皱起眉头，结果显得更丑。后人称这个丑女为东施，用“东施效颦”嘲讽不顾本身条件而一味模仿他人的行为，这里东施就犯了“机械类比”的错误。

东施效法西施，运用的是类比推理。东施的思路如下：

西施按住胸口，愁眉蹙额，就增添了美丽，
我东施按住胸口，愁眉蹙额，
所以，我东施也会增添美丽。

可惜，东施运用的这个类比推理是错误的。因为正确的类比推理要求类比对象之间的相同属性要多，并且这些相同属性应该是本质属性。东施只知道西施按胸皱眉的样子很美丽，却不知道西施按胸皱眉显得更美的道理，不了解西施之美是客观存在的，是由多方面的条件决定的，误认为西施之美是按住胸口、愁眉蹙额的缘故，从而忽视了自身的条件，生搬硬套，也学西施病态的动作，自然弄巧成拙，传为笑话。

《庄子·至乐》中所载鲁侯养鸟的故事，鲁侯把飞到鲁国城郊的一只海鸟看作神鸟，就用招待贵宾的办法，把它迎到庙堂里，献酒供奉。海鸟被吓得惊慌失措，不吃不喝，三天之后就死了。鲁侯以自己之所好，推之于鸟，忽略了人与鸟的本质区别。

基督教神学为证明“上帝”的存在，就说宇宙是由许多部分构成的和谐整体，正如同钟表是由许多部分构成的和谐整体一样。而钟表有一个创造者，所以宇宙也有一个创造者，这就是上帝。

以上三个例子都犯了“机械类比”的错误，我们在运用类比推理的时候，应该遵守类比推理的规则，避免犯这种逻辑错误。

四、类比推理的作用

类比推理可以为人们认识世界、推动社会进步提供一个有效的思维方法。

（1）类比推理是构造科学假说和科学发现的重要途径。例如，惠更斯把光和声两类对象进行类比，在类比中抓住了它们之间具有一系列本质相同的属性：直线传播，有反射、折射和干扰的现象等。而声是由一种周期运动所引起的，呈波动状态；由此，惠更斯提出了光也呈波动状态的假说。哈维描述了心脏的运动过程及其与脉搏的关系，强调心脏的功能是通过心室将血液从静脉运送到动脉，再通过动脉将血液分配到全身，在这一过程中，他还将心脏的功能与水泵作类比。同时，他还讨论了已被前人发现的肺循环，强调肺动脉的存在是为了使血液能够通过肺而不是为了营养肺本身。许多科学理论，当它一开始以假说形式出现时，往往是通过类比推理提出来的。如魏格纳提出大陆漂移说，是类比了冰山在水上漂移受到的启示；卢瑟福发现了原子核并提出他的原子结构的行星模型时，也是类比了太阳系结构受到的启示。类比推理还帮助生物学家施辒发现了动物细胞中的细胞核等。这些都说明类比推理是构造科学假说和科学发现的重要途径。

（2）类比推理是激发人们创造性思维的重要方法。在人类历史进程中，类比推理激发了人们的创造性思维，很多伟大的技术发明都运用了类比推理。例如，类比推理激发奥恩布鲁格医生发明了“叩诊法”。19 世纪中叶，奥地利首都维也纳医生奥恩布鲁格给一位病人看病，没有检查出什么严重疾病，但病人很快就死了。经过解剖尸体查看，发现其胸膛积满脓水。医生想：以后再碰到这样的病人该怎么诊断？忽然他想起父亲在经营酒时，常用手指关节敲木质酒桶，听到“咚咚”的叩击声，就能估量出木桶中还有多少酒。他思考：人们的胸膛不是很像酒桶吗？他通过反复探索胸部疾病和叩击声音之间变化的关系，发明了“叩诊”这一医疗方法。

类比推理还促进了仿生学的发展，使人类可以创造与生物相同的条件，从而获得生物的特长。例如，人类以蛙眼具有准确地跟踪空中飞行目标的功能为依据，研制出能跟踪卫星、监视空中飞行目标的“电子蛙眼”；人类还根据蝙蝠具有发射、回收超声波的功能，发明了超声波探测仪；人类类比鱼制造出潜水艇等。这些都离不开类比推理的激发作用。

（3）类比推理是论证思想、说服教育的有利工具。类比推理具有生动的说明作用，有一定的说服力，可以作为论证的辅助手段，并且别具风格。例如，加拿大外交官切斯特·朗宁曾在竞选省议员时，由于他幼儿时期喝过中国奶妈的奶水一事，受到政敌的攻击，说他身上一定有中国血统。朗宁反驳说：“你们是喝牛奶长大的，你们身上一定有牛的血统了。”这样的反驳有力、幽默，显示了类比推理在论证中的特殊作用，达到了说服教育的目的。根据《折狱龟鉴》记载，三国时吴国，浙江句章县，有一个妇女谋害了丈夫后，立即放火把房子烧了，然后哭着告诉别人，说房屋失火烧死了丈夫。死者之弟怀疑此事，告到县衙。当时句章县的县官张举验了尸后当众向这一妇人宣告："你丈夫不是失火烧死的。凡烧死的人，烟熏火烧，呛得喘不过气来，迫于呼吸，口中势必吸进一些灰尘，而你丈夫口中却一点灰也没有。"这个妇女不服。张举就叫人取来两头活猪，杀死其中的一头，然后将活猪和死猪同时放到柴堆里点火烧着。火灭后，取出两头烧焦的猪来检查，活猪是烧死的，口中有灰，而死猪口中无灰。杀夫的妇人这才不得不供认了谋杀亲夫的经过。张举运用的就是类比推理。

总之，类比推理是人们常用的一种推理方法，在科学认识和改造世界的过程中，它可以启发思想、开阔视野，起到由此及彼、由表及里、举一反三、触类旁通的作用。擅长运用类比推理不仅可以培养和开发一个人的创造性思维能力，而且也是人们认识事物、解决问题的重要手段之一。

思考题

一个司机被交警拦下，交警："喝酒了?"司机："没有!"交警："怎么有酒味?"司机："喝了杯啤酒。"交警："啤酒也是酒!"司机："蜗牛是牛吗?瀑布是布吗?水银是银吗?石墨是墨吗?水泥是泥吗?恐龙是龙吗?"交警："都不是。"司机："那啤酒为什么非得是酒呢?"

请问：司机犯了哪种逻辑错误?

第三节　回溯推理

一、回溯推理的含义及逻辑特征

从有待解释的观察出发，利用背景知识和试探性的构想，溯本求源地推测原因的一种方法。

回溯推理的逻辑形式：

观察到了令人惊异的事实 E，
如果 H 是真的，E 理所当然是真的，
因此，有理由猜想 H 是真的。

回溯推理的逻辑表达式为：

E　　待解释的观察陈述

$H \rightarrow E$ 猜测性假说可导出观察陈述

H　　猜测性假说成立

某打火机厂在返修漏气的（丁烷）打火机 15 000 余只后，在门窗紧闭的工作间发生爆炸事故，造成 17 人死亡，3 人轻伤。对其原因分析时可作如下回溯推理：

工作间发生爆炸；

如果工作间内的丁烷气体达到爆炸极限且遇明火，那么工作间就会发生爆炸；

所以，工作间内的丁烷气体达到爆炸极限且遇明火。

回溯推理的逻辑结构是由一个（或一组后件相同的）充分条件假言判断为前提，而另一个前提则肯定充分条件假言判断的后件，从而结论或然地肯定充分条件假言判断的前件。我们只能根据现在的观察猜测“工作间内的丁烷气体达到爆炸极限且遇明火”，至于情况是否果真如此，还需要再检验，也有可能是有人点燃炸弹使得工作间发生爆炸的。回溯推理以充分条件假言判断为前提的肯定后件肯定前件式，它是不符合充分条件假言推理的规则的，因为根据充分条件假言判断的推理规则肯定后件不能因此而肯定前件。所以，溯因推理的前提与结论之间的联系是或然的，前提真，结论可能真，但是结论并不是充分可靠的，回溯推理和归纳推理、类比推理一样都属于或然性推理。

二、回溯推理的分类

（一）简单回溯推理

简单回溯推理是一个前提为充分条件假言判断，另一个前提为肯定充分条件假言判断的后件，结论则肯定充分条件假言判断的前件的回溯推理。

溯因解释法，是对已知现象的机理（或原因）作出回溯推测的推理方法。它是溯因推理的典型形式，可用公式表示如下：

已观察到的某现象 E，

如果 H，则 E。（猜想理论 H 成立，则 E 可被解释）

所以，H。　　　　（猜想理论成立）

人们观察到，每年 3 月至 7 月，有一种名叫格鲁昂鱼的小银鱼随海潮涌上海滩来产卵，几分钟之内，随另一个涌上海滩的浪头游向海里；退潮之后，鱼卵被埋了起来；两三个星期之后，恰好是下一次海潮能涌到埋卵的地方的时候，孵化出的小鱼已发育到可在水中游弋觅食了。这时又正是另一批小银鱼随海潮涌上海滩产卵之时。这种现象作何解释呢？

运用溯因解释法可以表述如下：

格鲁昂鱼的活动周期与海潮周期合拍，

如果格鲁昂鱼有生物节律且为每两三周一次，那么这种鱼的活动周期与海潮周期合拍现象就可被解释，

因此，格鲁昂鱼的生物节律为每两三周一次。

溯因解释不具有必然性，因此运用溯因解释法寻求解释性理论，应注意与其他方法综合运用，并在实践中加以验证。

（二）复杂回溯推理

复杂回溯推理是一组前提为前件不同而后件相同的充分条件假言判断，另一组前提肯定充分条件假言判断的后件，结论选言地肯定充分条件假言判断的前件的回溯推理。

1. 多元溯因法

由于事物现象的因果联系的复杂性，某一现象可能由多种不同的现象分别引起，也有可能由互相联系的多种不同现象共同引起。因此，人们追溯某一现象的原因时，可从不同的角度推测出不同的原因。

多元溯因法可用以下公式表示：

$$E$$
$$H_1 \rightarrow E$$
$$H_2 \rightarrow E$$
$$\cdots\cdots$$
$$H_n \rightarrow E$$

推测：$H_1 \lor H_2 \lor \cdots \lor H_n$

沃森与克里克想弄清楚 DNA 物质如何在结构上同生物学功能相适应的问题，他们对 DNA 物质配对方式提出了以下 4 种猜测假说。H_1：碱基朝外而糖－磷酸骨架朝内的二链式；H_2：碱基朝内而糖－磷酸骨架朝外的二链式；H_3：碱基朝外而糖－磷酸骨架朝内的三链式；H_4：碱基朝内而糖－磷酸骨架朝外的三链式。随后，沃森和克

里克对这4种假说进行分析研究，排除了H_1、H_3和H_4，选择了H_2，并且在另一化学家J. 多诺林的协助下找到了DNA双螺旋式结构。

从这里我们可以看出，多元溯因法的推测是多元的、不确定的。多元溯因法往往促使人们进一步运用其他研究方法，在比较多元假说优劣的基础上，以求揭示事物现象的真正机理。

2. 多级溯因法

多级溯因法是一种逐层探索事物现象原因的溯因思维方法。换句话说，多级溯因法是一种连续的溯因模式，即根据事实E去猜测可以解释E的原因H_1；接着根据H_1的特征，去猜测蕴涵H_1的上层原因H_2……如此连续下去，不断追求高一层次的原因。多级溯因法也是多个有内在联系的溯因推理的连锁式。

多级溯因法可用以下公式表示：

E

$H_1 \rightarrow E$

$H_2 \rightarrow H_1$

$H_3 \rightarrow H_2$

……

$\underline{H_{n+1} \rightarrow H_n}$

推测：H_{n+1}

人们观察到恒星光谱红移现象，

如果恒星在退行，那么恒星光谱红移就可解释，

如果整个宇宙在膨胀，那么恒星都在远离我们而去，

如果宇宙在某一时刻起源于大爆炸，那么宇宙就会不断膨胀，

因此，宇宙起源于大爆炸。

多级溯因法在公安部门的侦破过程中发挥了很大作用，警方根据犯罪现场的情形，逐层溯因，最终还原了案件真相并且抓获疑犯。

从逻辑上看，多级溯因法的每一推导环节都是或然性的，经过多次逆传递之后，最先的事实与最后推断之间的联系程度很可能会降低，也就是说，最后的推断不一定能合理地解释原来的观察事实。这也表明，运用多级溯因法时，要注意提高其结论的可靠性。

三、提高回溯推理结论可靠性的要求

（1）逆推时所设想的理论性假说 H 与待解释的观察现象 E 之间要有逻辑相关性，即从前者可推导出后者（如果 H 真，则 E 可被解释）。否则，逆推的理论就无可靠性。例如，有人在解释“牛顿为什么能够发现万有引力”这一观察现象时，运用“星座学说”等迷信来论证。这种论证不能为“牛顿为什么能够发现万有引力”这一现象提供任何理由。

（2）逆推的解释理论不应是特设性的，而应是可检验的。如果逆推的理论不能进行检验，那么它就推导不出与实际相符合的事实性推断，因而它就不能为待解释现象提供任何说明。例如，燃素说认为物体燃烧的时候从物质中散发出燃素，这种特设性的理论不能为“蜡烛燃烧”提供解释。

（3）要注意分析假设原因 H 与现象 E 之间的联系是否具有必然性。如果 H 蕴涵 E，溯因的推测结论才是可靠的。

回溯推理在知道结果而寻找原因中起了非常重要的作用，在侦查工作中广泛应用。

练习题

一、分析下列各题运用了何种探求因果联系的方法？

1. 国外文献报道，长期用1%阿托品滴眼，每天一次，可防止近视深化。上海某个眼防所在这方面做了大量研究工作。他们用一只眼滴1%的阿托品和另一只眼不滴阿托品作对照，经7个月治疗，滴药的眼睛近视度数平均降低0.88度，不滴药的眼睛视力无进步。但是这个疗法的缺点是患者畏光。后来他们将阿托品减低浓度（一般不小于0.01%）治疗近视的学生，疗效和副作用也随阿托品浓度降低而减弱。

2. 加拿大洛文教授为了弄清候鸟迁徙之谜，曾将秋天捕捉的几只候鸟，在入冬后，一部分置于白昼一天短于一天的自然环境里，另外的置于日光灯照射之下的仿照白昼一天天延长的人工环境里。到了12月间，将两种环境里的候鸟全都放飞，结果发现，日光灯照射的候鸟像春天的候鸟一样向北飞去，而未受日光灯照射的候鸟却留在原地。据此，洛文教授认为：候鸟迁徙的原因不是气温的升降，而是昼夜的长短。

3. 1917年，美国的生理学家雅克洛布等人发现，在其他条件不变而气温正常变化的情况下，气温每降低8℃，果蝇的寿命可延长一倍。例如，果蝇在26℃的环境下活35～50天，在18℃的环境下大约活100天，在10℃的环境下可活200天。由此可断定，果蝇的寿命与气温有关。

4. 蛆是不是由肉变成的，多年来人们对此迷惑不解。1668 年，意大利医生雷地把相同的肉放在两个容器内，一个容器封闭，另一个容器敞开。结果，敞开的容器内肉里生蛆，而封闭的容器内没有生蛆。他宣布，蛆并不是肉变的。

5. 为了探索太阳在候鸟迁徙过程中是否有定向功能，科学工作者曾做过这样的实验：建立一座中心对称的六角亭，每面墙壁开一个窗户。把玻璃底圆柱形铁丝笼罩于亭中，将处于迁徙兴奋状态的候鸟——椋鸟放入笼中，被实验的椋鸟只能透过亭窗看到一块不大的天空。阳光透过亭窗时，椋鸟马上将头转向通常迁徙的方向，振翅欲飞。如果用镜子将阳光折射 60 度或 90 度，椋鸟飞行方向也随之相应地调转 60 度或 90 度。每逢阴天或雨天，云遮住了太阳，笼中的椋鸟就迷失了方向，在亭中六面墙壁上乱撞。而一旦太阳重新露脸，椋鸟则又复向通常迁徙的方向飞行。科学家们由上述实验得出结论：有些候鸟（如椋鸟）是以阳光作为定向标的。

6. 长期生活在又咸又苦的海水中的鱼，它的肉却不是咸的，这是为什么？科学家们考察了一些生活在海水中的鱼，发现它们虽然在体形、大小、种类等方面不同，但它们鳃片上都有一种能含盐分的特殊构造，叫“氯化物分泌细胞”组织。科学家们又考察了一些生活在淡水中的鱼，发现它们虽然也在体形、大小、种类等方面不同，但它们鳃片上都没有这种“氯化物分泌细胞”组织。由此可见，具有“氯化物分泌细胞”组织是海鱼在海水中长期生活而肉不具有咸味的原因。

7. 种植马铃薯是选用大个的薯块作种好，还是选用小的好？有一个农业试验站曾做过这样的试验：用 10 克、20 克、40 克、80 克、160 克重的马铃薯分别播在同一块田里，施同样的肥料。结果 10 克重的产量是 245 克，20 克重的产量是 430 克，40 克重的产量是 565 克，80 克重的产量是 940 克，160 克重的产量竟达 1 090 克。这说明选用大个的薯块作种，可以提高产量。

8. 1885 年，德国夫顿堡矿业学院的矿物学教授威斯巴克发现了一种新矿石。他首先请当时著名化学家李比希对矿石作定性分析，发现其中含有银、硫和微量的汞等。后来，他又请文克勒作一次精确的定量分析，一方面证明李比希对矿物成分的分析是正确的，但另一方面又发现，把各种化验出来的已知成分按百分比加起来，始终只得到 93%，还有 7% 的含量找不到下落。文克勒认为，既然已知成分之和只得 93%，那么剩余的 7% 必定是由矿物中含有的某种未知元素所构成。于是，他对矿石进行分离和提纯，终于得到了新元素。

9. 19 世纪，当时的人们从各种化合物中分离出来的氮，其密度总是相同，可是大气中的氮，却比从化合物中得到的氮，多出 0.5% 的重量，于是人们分析，这多出来的重量，一定有它另外的原因。经过对大气的反复测定，终于证明空气中的氮气加重的原因，是因为存在着氩气。

10. 棉花能保温，积雪也能保持地面温度。据测定，新降落的雪有40%到50%的空气间隙，棉花是植物纤维，雪是水的结晶，很不相同，但两者都是疏松多孔的。由此可见，疏松多孔的东西能够保温。

11. 因船舶遇难落水，人在水中最多能坚持多久？有人研究发现：识水性的人在水温0℃时可坚持15分钟；在水温2.5℃时，是30分钟；在水温5℃时，是1小时；在水温10℃时，是3小时；在水温25℃时，是一昼夜。可见，人在水中坚持的时间长短与水温高低有因果关系。

12. 一个心理学家曾做过这样一次实验：他把一群生活条件相同、饲养方法相同的同种狗分成两组，对其中一组狗做手术切除它们的大脑皮层，另一组狗则不实施这种手术。他发现，做了手术的那组狗失去了条件反射，未做手术的则有条件反射。那位心理学家据此得出结论：大脑皮层的作用是狗有条件反射的原因。

13. 德国医生梅林和俄国病理学家明科夫斯基合作研究消化功能，他们发现在实验狗群中，切除了狗的胰脏，这类狗的尿总是会招来成群的苍蝇，化验表明狗的尿中含有大量的糖分。由此找到了胰脏功能与糖尿病的联系，并催生了用胰岛素控制糖尿病的发明。

14. 国外有人对处于磁场中工作的546人进行了调查，发现这些人的年龄、爱好、饮食、生活习惯等各不相同，但手上的血管都扩张为红色，手指温度比肩部高出1℃~2℃，还出现大量的汗水。这显然是磁场造成的不良影响。

15. 我国古代一位著名医师发现某山区许多人得了一种“夜盲症”。白天视力正常，晚间如同盲人。他进一步观察分析后发现，穷人吃荤少，缺少其中某种成分，多得夜盲症，但同地区的富人吃荤多，不缺这种成分，不得夜盲症。他最后得出结论：少吃荤菜是得夜盲症的原因。

二、指出以下类比推理的类型。

1. 古人把自然物拟人化，把人的某种能力、情况类比到别的事物身上，设想自然物同人一样，具有情感意识，如人有喜怒，故天也有喜怒；人能思能语，所以认为顽石能思，鸟兽能言，石头能从山上走下来。刀砍树，树就会有痛感。

2. 人类早期思维认为万物和人一样都有灵魂。例如，天有灵魂、地有灵魂、山有灵魂、水有灵魂、风有灵魂、雷有灵魂、树木也有灵魂。所以，万物都有灵魂。

3. 电视剧《陀枪师姐》中就有这么一个案件：在1个月内，香港城区连续发生4

起恶性强奸案，重案组接手调查后，发现这些案件十分相似：作案者都戴着一个魔鬼面具；作案手法都是先尾随受害人，然后用粗暴手段殴打受害人，直到受害人昏迷过去之后实施强奸；受害人在案发前都曾坐出租车；受害人都是生活作风有问题的人。根据这些相同点，侦察人员认为，这4起案件极有可能是同一人所为。侦察结果表明，这些案件果然都是由一个患有人格分裂症的人所为。

4. 人们根据高粱是草本植物，种子红褐色或白色，不带酸味，有甜味（含糖），含淀粉，可食用，能酿酒；就想到刺葡萄虽然是藤本植物，果实黑色，带有酸味，但它也有甜味，含淀粉，可食用，应该也能用来酿酒。后来用刺葡萄酿酒果然成功。

5. 响叶杨是落叶乔木、叶互生、单叶、有托叶、花单性、雌雄异株，但不具有动物的形态和生理机能，不具有动物的生命特征。旱柳是落叶乔木、叶互生、单叶、有托叶、花单性，也不具有动物的形态和生理机能。所以旱柳是雌雄异株，但不具有动物的生命特征。

6. 1976年7月28日河北唐山发生地震前，某县数百群蜜蜂跑光；昌黎县刘台庄某地青蛙忽然增多，而且容易捕捉；另一个县的鸟类如燕子、鸽子则纷纷飞走。在兽类中，发现鼠和黄鼠狼等结队迁移，并不怕人；骡、马不进厩，且狂奔乱叫。结果不久就发生了七八级的大地震。1976年8月16日四川松潘、平武发生地震前，江油县新建村村民养的蜜蜂全部飞走，落在树上打团转，怎么也收不回来。这个县的305工地约有十万只癞蛤蟆聚在一起，随后排成两米宽、两百多米长的队形朝着一个方向爬，爬了三天以后不知去向。另外还有成千上万的青蛙排成一米宽、一百五十米长的队形，由河边起程，越过厂区，沿公路爬上山坡，第二天下落不明。在鸟类中，乌鸦、斑鸠纷纷飞离松潘、平武地区；在兽类中，鼠搬家、打架，马、牛、羊不安惊叫，狗狂吠，猪不吃食。人们发现这些与唐山地震前发生的异象有些相似，于是推测松潘、平武地区可能会有地震，并及时作了预报，结果减少了地震所造成的损失。

7. 李四光断定我国的松辽平原储备有大量石油。他研究了中亚细亚的地质结构，发现中亚细亚的地质情况与中国的松辽平原的地质结构极其相似，中亚细亚的地质结构，就是一种生成石油的结构，从而推断出松辽平原也像中亚细亚那样蕴藏着石油。

8.《列子·汤问》中有一个《两小儿辩日》的小故事：

孔子东游，见两小儿辩斗，问其故。

一儿曰："我以日始出时去人近，而日中时远也。"一儿以日初时远，而日中时近也。一儿曰："日初出大如车盖。及日中则如盘盂，此不为远者小而近者大乎？"一儿曰："日初出沧沧凉凉，及其日中如探汤，此不为近者热而远者凉乎？"

孔子不能决也。

两小儿笑曰：“孰为汝多知乎？”

9. 某甲患神经衰弱症，由于能坚持体育锻炼，适当用药，注意劳逸结合，培养良好心境等等，结果恢复了健康。又知道某乙也患神经衰弱症，用药也适当，因而推断“某乙也能恢复健康”。

10. 南极的企鹅是“滑雪健将”，每小时能滑雪30公里。人们观察企鹅滑雪时让肚皮贴在雪面上，雪面承受全身重量，双脚作“滑雪杖”蹬动。人们由此设计了“极地汽车”，车身贴在雪面上，两边的“轮勺”作“滑雪杖”蹬动，这样，极地越野汽车试制成功了，时速可达50公里，比企鹅还快。

拓展训练题

1. 一艘远洋帆船载着5位中国人和几位外国人由中国开往欧洲。途中，除5位中国人外，全患上了败血症。同乘一艘船，同样是风餐露宿，漂洋过海，为什么中国人和外国人会如此不同呢？原来这5位中国人都有喝茶的习惯，而外国人却没有。于是得出结论：喝茶是这5位中国人未得败血症的原因。

以下哪个推理最类似于提干的论证（　　）。

A. 警察锁定了犯罪嫌疑人，但是从目前掌握的事实看，都不足以证明他犯罪。专案组由此得出结论，必有一种未知的因素潜藏在犯罪嫌疑人身后

B. 在两块土壤情况基本相同的麦地上，对其中一块施氮肥和钾肥，另一块只施钾肥。结果施氮肥和钾肥的那块麦地的产量远高于另一块。可见，施氮肥是麦地产量较高的原因

C. 孙悟空：“如果打白骨精，师父会念紧箍咒；如果不打，师父就会被妖精吃掉。”孙悟空无奈地得出结论：“我还是回花果山算了。”

D. 天文学家观测到天王星的运行轨道有特征 a、b、c，已知特征 a、b 分别是由两颗行星甲、乙的吸引造成的，于是猜想还有一颗未知行星造成天王星的轨道特征 c

E. 一定压力下的一定量气体，温度升高，体积增大；温度降低，体积缩小。气体体积与温度之间存在一定的相关性，说明气体温度的改变是其体积改变的原因

2. 完全归纳推理就是根据一类事物中的部分对象具有（或不具有）某种属性从而推出该类事物的全部对象都具有（或不具有）某种属性推理。

下列事例中，属于不完全归纳推理的是（　　）。

①一个贩毒团伙共有六名成员，通过考察了解到这个团伙的每一个人都有前科，于是得出结论：这个贩毒团伙的所有人都有前科

②鲁班将“手被叶子为锯齿状的草划破”的事实用于“更快捷省力地伐木”的

问题情景，从而创造出锯子

③人们发现元素的排列、天体的运动、四季的交替、生物的进化、社会的发展都是具有规律的，由此概括出：一切物体运动的形式都是有规律的

④一法医通过解剖几具溺水而亡的尸体，乙、丙溺水死亡，内脏有硅藻反应，于是得出结论：凡是溺水者，其内脏都有硅藻反应

⑤麻雀会飞，燕子会飞，鸽子会飞，喜鹊会飞，老鹰会飞，海鸥会飞，因此所有鸟都会飞

A. ①②③　　B. ④⑤　　C. ②④⑤　　D. ③④⑤

3. 婚礼看得见，爱情看不见；情书看得见，思念看不见；花朵看得见，春天看不见；水果看得见，营养看不见；帮助看得见，关心看不见；刮风看得见，空气看不见；文凭看得见，水平看不见。有人由此得出结论：看不见的东西比看得见的东西更有价值。下面哪个选项使用了与题干中同样的推理方法？（　　）

A. 三角形可以分为直角三角形、钝角三角形和锐角三角形三种。直角三角形的三个内角之和等于180°，钝角三角形的三个内角之和等于180°，锐角三角形的三个内角之和等于180°，所以，所有三角形的三个内角之和都等于180°

B. 我喜欢“偶然”胜过“必然”。你看，奥运会比赛中充满了悬念，比赛因此激动人心；艺术家的创作大多出自“灵机一动”，科学发现与发明常常与“直觉”、“灵感”、“顿悟”、“机遇”连在一起；在茫茫人海中偶然碰到“他”或“她”，互相射出丘比特之箭，成就人生中最美好的一段姻缘。因此，我爱“偶然”，我要高呼“偶然性万岁”

C. 外科医生在给病人做手术时可以看 X 光片，律师在为被告辩护时可以查看辩护书，建筑师在盖房子时可以对照设计图，教师在备课时可以看各种参考书，为什么不允许学生在考试时看教科书及其他相关材料

D. 铜受热体积膨胀，铁受热体积膨胀，铝受热体积膨胀……铜、铁、铝都是金属；我们知道分子受热其分子间距增加，是导致体积膨胀的内在原因。所以，我们可以确定一般情况下，金属受热体积都会膨胀

4. 科学家发现，一种名为“SK3”的蛋白质在不同年龄的实验鼠脑部的含量与其记忆能力密切相关：老年实验鼠脑部“SK3”蛋白质的含量较高，年轻实验鼠含量较少；而老年实验鼠的记忆力比年轻实验鼠差，因此，科学家认为，脑部“SK3”蛋白质含量增加会导致实验鼠记忆力衰退。

以下哪项如果为真，最能支持科学家的结论？（　　）

A. 在年轻的实验鼠中，也发现脑部“SK3”蛋白质含量较高的情况

B. 已经发现人类的脑部也含有“SK3”蛋白质

C. 当科学家设法降低老年实验鼠脑部“SK3”蛋白质的含量后，它们的记忆力出现了好转

D. 科学家已经弄清了“SK3”蛋白质的分子结构

5. 巴斯德认为，空气中的微生物浓度与环境状况、气流运动和海拔高度有关。他在山上不同的高度分别打开装着煮过的培养液的瓶子，发现海拔越高，培养液被微生物污染的可能性越小。在山顶上，20 个装了培养液的瓶子，只有一个长出了微生物。普歇另用干草浸液做材料重复了巴斯德的实验，却得出不同的结果：即使在海拔很高的地方，所有装了培养液的瓶子都很快长出了微生物。

以下哪项如果为真，最能解释普歇和巴斯德实验所得到的不同结果？(　　)

A. 只要有氧气的刺激，微生物就会从培养液中自发地生长出来

B. 培养液在加热、消毒、密封、冷却的过程中会被外界细菌污染

C. 普歇和巴斯德的实验设计都不够严密

D. 干草浸液中含有一种耐高温的枯草杆菌，培养液一旦冷却，枯草杆菌的孢子就会复活，迅速繁殖

E. 普歇和巴斯德认为，虽然他们用的实验材料不同，但是经过煮沸，细菌都能被有效地杀灭

参考答案

练习题

一、

1. 求异法 2. 求异法 3. 共变法 4. 求异法 5. 求异法 6. 求同求异并用法 7. 求异法 8. 剩余法 9. 剩余法 10. 求同法 11. 共变法 12. 求同求异并用法 13. 求异法 14. 求同法 15. 求异法

二、

1. 异类类比、同向类比、性质类比
2. 异类类比、同向类比、性质类比
3. 同类类比、同向类比、关系类比
4. 异类类比、同向类比、性质类比
5. 同类类比、中性类比、性质类比
6. 异类类比、同向类比、性质类比
7. 同类类比、同向类比、性质类比
8. 异类类比、同向类比、关系类比
9. 同类类比、同向类比、关系类比
10. 异类类比、同向类比、性质类比

拓展训练题

1. B
2. D
3. B
4. C
5. D

第七章　模态判断及其推理

“模态”一词是英文“modal”的音译，原意为“样式的”、“情态的”。它与实质的、实在的是相对而言的。模态判断是指断定思维对象情况的必然性或可能性的判断。在语言表达上，表示模态的词有“可能”、“必然”等。

第一节　模态判断

一、模态判断的含义

模态判断就是断定思维对象的必然性或可能性的判断。与性质判断和关系判断是关于断定对象存在或不存在的陈述不同，模态判断是断定对象的存在或不存在是必然的或者可能的陈述。模态判断反映人们对客观事物认识的程度。

大象必然比蚂蚁大。

可能他估计不到严重的后果。

如果下雨，地上必然会湿。

上面例子中的“必然”和“可能”是表示对象必然性和可能性的词，这些词叫“模态词”。含有“必然”、“可能”、“不可能”等模态词的判断是模态判断，不含有模态词的判断是非模态判断。模态判断一般由一个判断（性质判断、关系判断或者复合判断）加上模态词构成，模态词在模态判断中的位置是不固定的，模态词可以加在判断的中间，也可以加在判断的前面或后面。如“大象必然比蚂蚁大”可以表述为“必然大象比蚂蚁大”。

二、模态判断的种类

根据模态判断的定义，可对其作如下分类：第一类为可能判断，也叫或然判断，是反映事物情况可能性的判断，又分为可能肯定判断和可能否定判断，如“吸烟可能导致肺癌”、“今年春天可能不会有沙尘暴”等；第二类为必然判断，是反映事物情况必然性的判断，又可分为必然肯定判断和必然否定判断，如“摩擦必然生热”、“冬天到了，春天必然不会太遥远”、“努力不必然会成功”等。

模态判断种类和逻辑形式可以如下表所示：

模态判断种类	逻辑形式	判断含义
必然肯定判断	必然 p	断定某件事情的发生是必然的
必然否定判断	必然非 p	断定某件事情的不发生是必然的
可能肯定判断	可能 p	断定某件事情的发生是可能的
可能否定判断	可能非 p	断定某件事情的不发生是可能的

1. 必然肯定判断

必然肯定判断就是断定事物必然存在的判断。在自然语言中，通常用“必然”、“必定”、“一定”等语词作为它的模态词。

必然肯定判断就是陈述事物情况必然存在的判断。

物质必然运动。

犯罪必然是危害社会的。

必然肯定判断的形式为：必然 p 。

必然肯定判断可用符号表示为：$\Box p$。

2. 必然否定判断

必然否定判断就是陈述事物情况必然不存在的判断。在自然语言中，通常用“不必然”、“不必定”、“不一定”等语词作为它的模态词。

他一定不是作案人。

宇宙一定不是上帝创造的。

必然否定判断的形式是：必然非 p。

必然否定判断可用符号表示为：$\Box\neg p$。

3. 可能肯定判断

可能肯定判断就是断定事物存在可能性的判断。在自然语言中，通常用“可能”、“或许”、“也许”、“大概”等语词作为它的模态词。

其他星球可能有人居住。

明天可能会下雨。

可能肯定判断的形式是：可能 p。

现代逻辑一般用符号“$\Diamond$”表示“可能”，“可能 p”又可以写作“$\Diamond p$”。

4. 可能否定判断

可能否定判断就是断定事物可能不存在的判断。在自然语言中，通常用“不可能”、“或许不”、“也许不”等语词作为它的模态词。

明天可能不下雨。

患阑尾炎可能不用做手术。

可能否定判断的形式是：可能非 p。

可能否定判断可用符号表示为：$\Diamond\neg p$。

三、模态判断之间的关系

以上四种模态判断之间，也可以用逻辑方阵来表示出它们类似性质判断对当关系的一种真值关系。如下图：

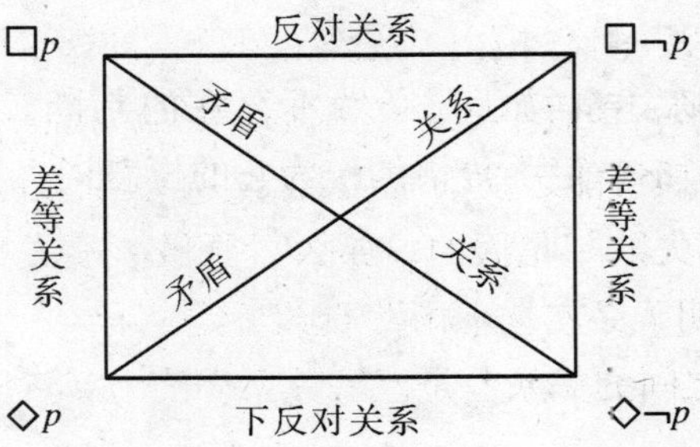

根据模态判断的对当关系，我们可以得出：

（1）□p 与□¬p 之间的关系是反对关系。□p 与□¬p 不能同真，可以同假，其中，□p 与□¬p 中有一个为真，另一个必假，可以由一个真推出另一个假。□p 与□¬p 中有一个假，另一个则真假不定，因此不能由一个假推出另一个真。比如，“骄傲必然失败”是真的，那么“骄傲必然不失败”就是假的。“骄傲必然不失败”是假的，则“骄傲必然失败”真假不定。“火星必然没有生命”是真的，那么“火星必然有生命”就是假的。“火星必然有生命”是假的，则“火星必然没有生命”真假不定。

（2）◇p 与◇¬p 之间的关系是下反对关系。◇p 与◇¬p 不能同假，可以同真。其中，◇p 与◇¬p 中有一个假，另一个必真，可以由一个假推出另一个真；◇p 与◇¬p 中有一个真，另一个则真假不定，◇p 与◇¬p 不能由一个真推出另一个假。例如，“植物可能会跳舞”是假的，“植物可能不会跳舞”则是真的。“李红可能考不上公务员”是假的，则“李红可能考上公务员”是真的。“明天可能是晴天”是真的，“明天可能不是晴天”则真假不定。“明天可能不下雨”是真的，“明天可能下雨”则真假不定。

（3）□p 与◇¬p 之间的关系是矛盾关系。□p 与◇¬p 既不能同真，也不能同假。其中，一个真，另一个必假；一个假，另一个必真。例如，“物质必然运动”为真，那么“物质可能不运动”必为假。“被告可能没撒谎”为真，那么“被告必然撒谎”必为假。“上帝必然存在”为假，“上帝可能不存在”必为真。“明天可能不下雨”为假，“明天必然下雨”必为真。

（4）□¬p 与◇p 之间的关系也是矛盾关系。□¬p 与◇p 既不能同真，也不能同假。其中，一个真，另一个必假；一个假，另一个必真。例如，“上帝必然不存在”为真，那么“上帝可能存在”必为假。“被告可能撒谎”为真，“被告必然没有撒谎”必为假。“物质必然不运动”为假，“物质可能运动”必为真。“明天可能下雨”为假，“明天必然不下雨”必为真。

（5）□p 与◇p 之间的关系是差等关系。□p 与◇p 中“必然的真”可以推出“可能的真”，“可能的假”可以推出“必然的假”。即□p 真，则◇p 必真；◇p 假，则□p 必假；□p 假，则◇p 真假不定；◇p 真，则□p 真假不定。例如，“物质必然运动”为真，那么，“物质可能运动”也为真。“明天可能下雨”为假，“明天必然下雨”必为假。“骄傲必然失败”是假的，那么“骄傲可能失败”真假不定。“明天可能会下雨”为真，则“明天必然会下雨”真假不定。

（6）□¬p 与◇¬p 之间的关系也是差等关系。□¬p 与◇¬p 中“必然的真”可以推出“可能的真”，“可能的假”可以推出“必然的假”。即$\Box p$真，则$\Diamond p$必真；$\Diamond \neg p$假，则$\Box \neg p$必假；$\Box \neg p$假，则$\Diamond \neg p$真假不定；$\Diamond \neg p$真，则$\Box \neg p$真假不定。例如，“物质必然不静止”为真，那么，“物质可能不静止”必为真。“物质可能不运动”为假，“物质必然不运动”必为假。“罪犯必然不撒谎”为假，那么“罪犯可能不撒谎”真假不定。“癌症可能不是绝症”为真，那么“癌症必然不是绝症”则真假不定。

其中，由（3）、（4），我们可以得到：

（7）$\Box p \leftrightarrow \neg \Diamond \neg p$

$\Box \neg p \leftrightarrow \Diamond \neg p$

$\Diamond p \leftrightarrow \neg \Box \neg p$

$\Diamond \neg p \leftrightarrow \neg \Box p$

根据上面模态判断的对当关系，我们在知道一个模态判断前提的真值的情况下，可以推导出其他三个模态判断的真值情况。

第二节　模态推理

一、模态推理的含义

模态推理是以模态判断为前提或为结论构成的演绎推理。它是根据模态词的逻辑性质以及模态判断相互之间的逻辑关系进行的推演。

经济过热必然导致通货膨胀，
所以，经济过热不可能不导致通货膨胀。

社会必然不断进步，
所以，社会不断进步。

金属受到摩擦必然生热，
铁是金属，
所以，铁受到摩擦必然生热。

上述都是模态推理，它们是根据“必然”、“可能”这两个模态词的性质以及模态判断的关系进行推演的。

二、模态推理的种类

模态推理一般分为三种：模态对当关系推理、模态判断与非模态判断推理以及模态三段论推理。

1. 模态对当关系推理

模态对当关系推理就是根据模态逻辑方阵进行推演的对当关系模态推理。同素材的必然 P、必然非 P、可能 P 和可能非 P 四种简单模态判断之间，存在着一种真假制约关系，即对当关系。这种对当关系同 A、E、I、O 四种性质判断间的对当关系是非常相似的。我们根据逻辑方阵中的四种模态判断之间的关系，模态对当推理共有四种，现分别说明如下：

（1）反对关系对当推理。

“必然 P”和“必然非 P”之间的关系是反对关系。$\Box p$ 与 $\Box\neg p$ 之间，其中，一个真，另一个必假；一个假，另一个则真假不定。所以，$\Box p$ 与 $\Box\neg p$ 之间可以由真推导假。

反对关系模态推理的规则：

由一个判断为真，可以推知另一个判断为假；

由一个判断为假，不能推知另一个判断的真假。

根据反对关系进行模态推理有两个有效式：

①必然 p，所以，不必然非 p。（$\Box p\rightarrow\neg\Box\neg p$）

生物体必然要进行新陈代谢，所以，生物体不必然不进行新陈代谢。

②必然非 p，所以，不必然 p。（$\Box\neg p\rightarrow\neg\Box p$）

客观规律必然不以人的意志为转移，所以，不必然客观规律以人的意志为转移。

（2）下反对关系对当推理。

“可能 P”和“可能非 P”之间的关系是下反对关系。其中，一个假，另一个必真；一个真，另一个则真假不定。$\Diamond p$ 与 $\Diamond\neg p$ 之间可以同真但不可同假。所以，$\Diamond p$ 与 $\Diamond\neg p$ 之间的关系是可以由假推真。

下反对关系模态推理的规则：

由一个判断为真，不能推知另一个判断的真假；

由一个判断为假，却可以推知另一个判断为真。

根据下反对关系进行模态推理有两个有效式：

①不可能 p，所以，可能非 p。（$\neg\Diamond p\rightarrow\Diamond\neg p$）

人不可能完美无缺，所以，人可能不完美无缺。

②不可能非 p，所以可能 p。（$\neg\Diamond\neg p\rightarrow\Diamond p$）

人不可能没有缺点，所以，人都可能有缺点。

（3）差等关系对当推理。

"必然 p 和可能 p"、"必然非 p 和可能非 p"之间的关系是差等关系。其中，$\Box p$ 真，则 $\Diamond p$ 必真；$\Diamond p$ 假，则 $\Box p$ 必假；$\Box p$ 假，$\Diamond p$ 则真假不定；$\Diamond p$ 真，则 $\Box p$ 真假不定。$\Box\neg p$ 真，则 $\Diamond\neg p$ 必真；$\Diamond\neg p$ 假，则 $\Box\neg p$ 必假；$\Box\neg p$ 假，则 $\Diamond\neg p$ 真假不定；$\Diamond\neg p$ 真，则 $\Box\neg p$ 真假不定。所以，由 $\Box p$ 真可推知 $\Diamond p$ 真；由 $\Diamond p$ 假推知 $\Box p$ 假。

差等关系模态推理的规则：

由一个必然判断为真，可推知可能判断为真；

由一个必然判断为假，不能推知可能判断的真假；

由一个可能判断为真，不能推知必然判断的真假；

由一个可能判断为假，可推知必然判断为假。

根据差等关系进行模态推理，差等关系模态推理有以下四个有效式：

①必然 p，所以，可能 p。（$\Box p\rightarrow\Diamond p$）

贫富两极分化必然导致社会不稳定，所以，贫富两极分化可能导致社会不稳定。

②必然非 p，所以，可能非 p。（$\Box\neg p\rightarrow\Diamond\neg p$）

汽车速度必然不超过光速，所以，汽车速度可能不会超过光速。

③不可能 p，所以，不必然 p。（$\neg\Diamond p\rightarrow\neg\Box p$）

科学不可能是一个人的事业，所以，科学不必然是一个人的事业。

④不可能非 p，所以，不必然非 p。($\neg\Diamond\neg p\rightarrow\neg\Box\neg p$)

水不可能不往低处流，所以，水不必然不往低处流。

根据以上差等关系，我们可以看出：必然判断是可能判断的充分条件。前者真，后者必真，后者假，前者必假；前者假，则后者真假不定，后者真，则前者真假不定。

(4) 矛盾关系对当推理。

模态判断间的矛盾关系是指 $\Box p$ 与 $\Diamond\neg p$ 之间、$\Box\neg p$ 与 $\Diamond p$ 之间的关系。其中，一个真，另一个必假；一个假，另一个必真。二者既不可同真又不可同假。所以，由其中一个真，可以推知另一个假；由其中一个假，可以推知另一个真。

矛盾关系模态推理的规则：

由一个判断为真，可以推知另一个判断为假；

由一个判断为假，可以推知另一个判断为真。

矛盾关系模态推理有以下四个等值的有效式：

①必然 p 等值于不可能非 p（必然 p，所以，不可能非 p；不可能非 p，所以，必然 p）。逻辑表达式为：($\Box p\leftrightarrow\neg\Diamond\neg p$)

例如，“罪犯必然有作案时间”可以推导出“罪犯不可能没有作案时间”；“罪犯不可能没有作案时间”可以推导出“罪犯必然有作案时间”。

②不必然 p 等值于可能非 p（不必然 p，所以，可能非 p；可能非 p，所以，不必然 p）。逻辑表达式为：($\neg\Box p\leftrightarrow\Diamond\neg p$)

例如，“明天不必然会下雨”可以推导出“明天可能不下雨”；“明天可能不下雨”可以推导出“明天不必然会下雨”。

③可能 p 等值于不必然非 p（可能 p，所以，不必然非 p；不必然非 p，所以，可能 p）。逻辑表达式为：($\Diamond p\leftrightarrow\neg\Box\neg p$)

例如，“他可能是 18 岁”可以推导出“他不必然不是 18 岁”；“他不必然不是 18 岁”可以推导出“他可能是 18 岁”。

④不可能 p 等值于必然非 p（不可能 p，所以，必然非 p；必然非 p，所以，不可能 p）。逻辑表达式为：($\neg\Diamond p\leftrightarrow\Box\neg p$)

例如，“幸福不可能会从天降”可以推导出“幸福必然不会从天降”；“幸福必然不会从天降”可以推导出“幸福不可能会从天降”。

2. 模态判断与非模态判断推理

模态判断与非模态判断推理就是根据模态判断与非模态判断之间的真假关系进行的推理，是指根据“实然”和“必然”、“可能”之间的关系进行推演的模态推理。实然判断是非模态判断，是形如“S 事实上是 P”和“S 事实上不是 P”的判断形式，也就是我们前面提到的性质判断，一般我们是用“p”和“非 p”分别表示实然肯定判断和实然否定判断。这样，模态判断与非模态判断的推理就是$\Box p$、$\Box\neg p$、$\Diamond p$、$\Diamond\neg p$、p 和$\neg p$ 这六种判断形式之间的关系。

p 和$\Box p$、$\Diamond p$，$\neg p$ 和$\Box\neg p$、$\Diamond\neg p$，有如下几种关系：

（1）如果$\Box p$ 真，则 p 真。（$\Box p\rightarrow p$）

所有的结果必然有原因，那么，所有的结果有原因。

（2）如果 p 真，则$\Diamond p$ 真。（$p\rightarrow\Diamond p$）

所有的花都有固定的开放时间，所以，所有的花可能都有固定的开放时间。

（3）如果$\Box\neg p$ 真，则$\neg p$ 真。（$\Box\neg p\rightarrow\neg p$）

汽车速度必然不能超过光速，那么，汽车速度不能超过光速。

（4）如果$\neg p$ 真，则$\Diamond\neg p$ 真。（$\neg p\rightarrow\Diamond\neg p$）

地球上没有来过外星人，所以，地球上不可能来过外星人。

由以上的推理可以看出：“必然”的陈述较“实然”的陈述多，“实然”的陈述较“可能”的陈述多。因此，可以从必然判断推导出实然判断，从实然判断推断可能判断。反之，就不能推导，即不能由可能判断推断实然判断，不能由实然判断推断必然判断。同时，p 和非 p 又是相互矛盾的判断。通过以上的关系分析，我们可以得到模态判断与非模态判断推理六角阵图。如下图：

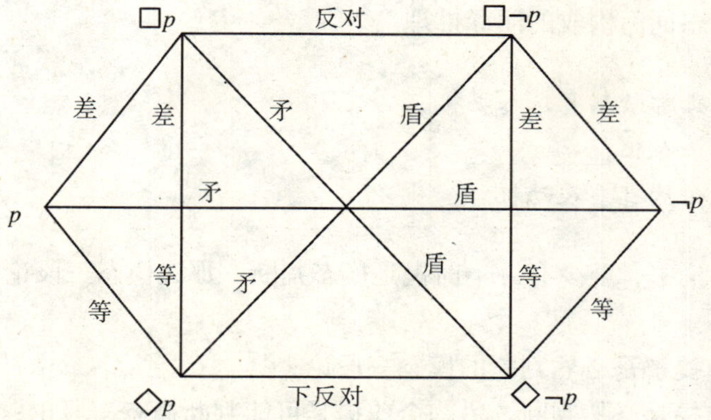

模态判断与非模态判断推理关系如下：

(1) 反对关系，存在于□p 和□¬p、□p 和¬p、□¬p 与 p 之间。

它们彼此之间遵守反对关系模态推理的规则：

由一个判断为真，可以推知另一个判断为假；

由一个判断为假，不能推知另一个判断的真假。

(2) 下反对关系，存在于◇p 和◇¬p、p 和◇¬p、¬p 和◇p 之间。

它们彼此之间遵守下反对关系模态推理的规则：

由一个判断为真，不能推知另一个判断的真假；

由一个判断为假，却可以推知另一个判断为真。

(3) 差等关系，存在于□p 和◇p、□¬p 和◇¬p、□p 和 p、p 和◇p、□¬p 和¬p、¬p 和◇¬p 之间。

它们彼此之间遵守差等关系模态推理的规则：

由一个必然判断为真，可推知可能判断为真，

由一个必然判断为假，不能推知可能判断的真假；

由一个可能判断为真，不能推知必然判断的真假，

由一个可能判断为假，可推知必然判断为假。

(4) 矛盾关系，存在于□p 和◇¬p、□¬p 和◇p，p 和¬p 之间。

它们彼此之间遵守矛盾关系模态推理的规则：

由一个判断为真，可以推知另一个判断为假；

由一个判断为假，可以推知另一个判断为真。

3. 模态三段论推理

模态三段论就是以模态判断为前提或结论的三段论。模态三段论推理就是在三段论系统中引入模态词而构成的演绎推理。

凡故意杀人犯都必然有杀人动机，
某甲是故意杀人犯，
所以，某甲必然有杀人动机。

在模态三段论中，至少有一个前提是模态判断。那么模态三段论可以分为以下五种类型：

（1）两个前提都是必然判断的模态三段论；
（2）一个前提是必然判断，另一个前提是可能判断模态三段论；
（3）一个前提是必然判断，另一个前提是实然判断的模态三段论；
（4）一个前提是实然判断，另一个前提是可能判断模态三段论；
（5）两个前提都是可能判断的模态三段论。

模态三段论主要有以下五种：

（1）必然模态三段论。

必然模态三段论是在三段论中引入“必然”这一模态词所构成的三段论。以三段论的 *AAA* 式为例，它的推理形式是：

所有的 *M* 必然是 *P*，
所有的 *S* 必然是 *M*，
所以，所有的 *S* 必然是 *P*。

逻辑表达式为：
必然 *MAP*
必然 *SAM*
必然 *SAP*

所有伟大的科学家必然具有求实精神，
爱因斯坦必然是伟大的科学家，
所以爱因斯坦必然具有求实精神。

绿色植物必然能进行光合作用，
海洋里的藻类必然是绿色植物，
所以，海洋里的藻类必然能进行光合作用。

（2）必然和可能结合的模态三段论。

这种模态三段论是指由必然模态判断和可能模态判断为前提而组成的三段论，其结论是可能模态判断。其推理形式是：

所有的 *M* 必然是 *P*

<u>所有的 *S* 可能是 *M*</u>

所以，所有的 *S* 可能是 *P*

逻辑表达式为：

必然 *MAP*

<u>可能 *SAM*</u>

可能 *SAP*

灵长类动物必然有发达的大脑，

<u>那个小动物可能是灵长类动物，</u>

所以，那小动物可能有发达的大脑。

（3）必然和实然结合的模态三段论。

这种三段论是指由必然模态判断和实然判断为前提而组成的三段论，其结论是必然模态判断。这样的推理形式一般分以下两种：

①大前提是必然判断，小前提是实然判断。其推理形式为：

所有的 *M* 必然是 *P*

<u>所有的 *S* 是 *M*</u>

所以，所有的 *S* 必然是 *P*

逻辑表达式为：

必然 *MAP*

<u>*SAM*</u>

必然 *SAP*

犯罪必然有作案时间，

<u>抢劫是犯罪，</u>

所以，抢劫必然有作案时间。

②大前提是实然判断，小前提是必然判断。其推理形式为：

所有的 *M* 是 *P*

所有的 *S* 必然是 *M*

所以，所有的 *S* 是 *P*

逻辑表达式为：

MAP

必然 *SAM*

SAP

金属都是导电的，

必然所有的铁都是金属，

所以，所有的铁都是导电的。

大前提是必然判断，小前提是实然判断，结论则是必然判断。

大前提是实然判断，小前提是必然判断，则结论是实然判断。

（4）可能和实然结合的模态三段论。

这种三段论是指由可能模态判断和实然判断所构成的三段论。其结论是可能模态判断。其推理形式如下：

所有的 *M* 可能是 *P*

所有的 *S* 是 *M*

所以，所有的 *S* 可能是 *P*

逻辑表达式为：

可能 *MAP*

SAM

可能 *SAP*

年满十八周岁才具有选举权，

他可能年满十八周岁，

所以，他可能具有选举权。

（5）两个前提都是可能判断的模态三段论。

这种三段论是指由两个可能模态判断所构成的三段论。其推理形式为：

所有 M 可能是 P

所有 S 可能是 M

所以，所有 S 可能是 P

逻辑表达式为：

可能 MAP

可能 SAM

可能 SAP

证人心情紧张可能导致作伪证，

压力太大可能使证人心情紧张，

所以，压力太大可能导致证人作伪证。

模态三段论除了要遵守三段论的规则外，还要根据前提的模态确定结论的模态的规则。一般遵循结论从弱原则。必然判断最强，实然判断次之，可能判断最弱。所谓结论从弱原则，就是结论判断不得强于前提中较弱的判断。

凡与被害者有仇恨的人都可能是作案的凶手，

张某是与被害者有仇恨的人，

所以，张某可能是作案的凶手。

由于这个模态三段论中有一个前提是可能判断，故结论只能是可能判断。

如果大前提是必然判断，而小前提是实然判断，则结论判断的模态就可以是必然的，即可以不遵循“结论从弱”的原则。

违反自然规律必然遭到大自然的惩罚，

拔苗助长违背自然规律，

拔苗助长必然遭到大自然的惩罚。

总括起来，模态三段论的规则如下：

（1）必须遵守三段论的一切规则。

（2）如果两个前提都是必然判断，则结论是必然判断。

（3）如果前提之一引入必然模态，另一前提为实然模态，则有两种可能性：结论的

模态不强于否定前提的模态，或者如无否定前提，则结论的模态不强于大前提的模态。

(4) 如果前提之一引入了可能模态，另一前提无论是可能模态、必然模态还是实然模态，结论只能是可能模态。

(5) 如果一个前提是必然判断，一个前提是实然判断，一般情况下，结论只能是实然判断或可能判断；但当小前提是肯定判断而大前提是必然判断，或者小前提是必然否定判断时，结论可以是必然判断。

凡符合上述五条规则的模态三段论都是有效的，而违反其中任何一条规则的模态三段论都是无效的。

思考题

根据模态推理的规则，“哀兵必胜”、“智者千虑，必有一失”以及“弟子不必不如师”各能推导出什么结论？

练习题

选择题。

1. 已知“可能 p”假，可推知（　　）。

A. “必然 p”真　　B. “必然 p”假

C. “必然非 p”真　　D. “必然非 p”假

E. “可能非 p”假

2. 某专家针对后半年的房价作出预测：房价可能上涨。以下哪项和专家意思相同？（　　）

A. 房价不可能不上涨　　B. 房价不一定上涨

C. 房价不一定不上涨　　D. 房价上涨的可能性很小

3. 不可能有人会不犯错误。以下哪项最符合题干的断定？（　　）

A. 有人可能会犯错误　　B. 有人必然会犯错误

C. 所有的人都必然会犯错误　　D. 所有的人都可能会犯错误

4. 一把钥匙能打开天下所有的锁。这样的万能钥匙是不可能存在的。以下哪项最符合题干的断定？（　　）

A. 任何钥匙都必然有它打不开的锁

B. 至少有一把钥匙必然打不开天下所有的锁

C. 至少有一把锁天下所有的钥匙都必然打不开

D. 任何钥匙都可能有它打不开的锁

5. 不可能所有的证人都说实话。如果上述判断是真的，那么，以下哪个判断必然是真的？(　　)

A. 所有证人一定都不说实话　　B. 有的证人说实话

C. 有的证人不说实话　　D. 刑事案件的证人都说实话

6. 不可能所有的理事国都成为常任理事国。由此可见（　　）。

A. 有的理事国是常任理事国

B. 常任理事国都必须是理事国

C. 只有理事国才能成为常任理事国

D. 必定有的理事国不能成为常任理事国

拓展训练题

1. 有人认为“巨额的国家预算赤字必然会导致巨额的国家贸易逆差”，如果这样的话，那么世界上预算赤字最大的国家必然会有相应的最大的贸易逆差；但我们知道，世界上预算赤字最大的国家是美国，而美国的贸易总的来说是顺差而不是逆差(因为尽管其货物贸易亏本，但其技术和服务贸易却赚得非常多)。

由此可以推出（　　）。

A. 巨额的国家预算赤字必然不会导致巨额的国家贸易逆差

B. 巨额的国家贸易逆差必然不会导致巨额的国家预算赤字

C. 巨额的国家预算赤字可能不会导致巨额的国家贸易逆差

D. 巨额的国家预算赤字可能会导致巨额的国家贸易逆差

2. 最近一段时期，有关要发生地震的传言很多。一天傍晚，小明问在院里乘凉的爷爷：“爷爷，他们都说明天要地震了。”爷爷说：“根据我的观察，明天不必然地震。”小明说：“那您的意思是明天肯定不会地震了。”爷爷说“不对”。小明陷入了迷惑。以下哪句话与爷爷的意思最为接近？(　　)

A. 明天必然不地震　　B. 明天可能地震

C. 明天可能不地震　　D. 明天不可能地震

E. 明天不可能不地震

3. 林肯说：“最高明的骗子，可能在某个时刻欺骗所有的人，也可能在所有的时刻欺骗某些人，但不可能在所有的时刻欺骗所有的人。”

如果上述断定为真，而且世界上总有一些高明的骗子，那么下述哪项断定必定是假的？(　　)

A. 张三可能在某个时刻受骗　　B. 李四可能在任何时候都不受骗

C. 骗人的人也可能在某个时刻受骗　　D. 不存在某一时刻所有的人都不会受骗

E. 不存在某一时刻有人可能不受骗

4. 并非任何战争都必然导致自然灾害，但不可能有不阻碍战争的自然灾害。以下哪一项与上述断定的含义最为接近?（　　）

A. 有的战争可能不导致自然灾害，但任何自然灾害都可能阻碍战争

B. 有的战争可能不导致自然灾害，但任何自然灾害都必然阻碍战争

C. 任何战争都不可能导致自然灾害，但有的自然灾害可能阻碍战争

D. 任何战争都可能不导致自然灾害，但有的自然灾害必然阻碍战争

5. 若“所有灵长类动物大脑可能都具有额叶皮质”为真，则以下哪项一定为真?（　　）

A. 并非所有灵长类动物大脑都具有额叶皮质，这是不必然的

B. 所有灵长类动物大脑都具有额叶皮质，这是必然的

C. 所有灵长类动物大脑都具有额叶皮质

D. 并非所有灵长类动物大脑都具有额叶皮质，这是可能的

6. “所有公共政策的后续效应可能是难以预料的。”下列哪项判断的含义与上述判断最为相近?（　　）

A. 所有公共政策的后续效应必然是难以预料的

B. 有的公共政策的后续效应不必然不是难以预料的

C. 有的公共政策的后续效应必然不是难以预料的

D. 有的公共政策的后续效应可能不是难以预料的

7. 在一个凶杀案件的侦破过程中，警方查明以下事实：凶手只可能是甲或乙或丙；甲是一个惯窃犯，如果是他作案，必定是谋财害命；乙是一个色情狂，如果是他作案，必定是奸情杀人案。现场勘察的结果是既未发现被害人受到性侵犯，也未发现被害人的财物丢失。若以上条件成立，则下列哪项为真?（　　）

A. 凶手是甲　　B. 凶手是乙

C. 凶手是丙　　D. 不能确定凶手是谁

8. “不可能所有广州人都很有钱。”以下哪项断定的含义，与上述断定最为接近?（　　）

A. 可能有的广州人不是很有钱　　B. 可能有的广州人很有钱

C. 必然有的广州人不是很有钱　　D. 必然大部分广州人都很有钱

参考答案

练习题

1. BC　2. C　3. C　4. D　5. C　6. D

拓展训练题

1. C

2. C　根据模态判断对当关系，不必然 p 等价于可能非 p。

3. E

“最高明的骗子，可能在某个时刻欺骗所有的人，也可能在所有的时刻欺骗某些人，但不可能在所有的时刻欺骗所有的人。”而且世界上总有一些高明的骗子。

因此，张三可能在某个时刻受骗。张三是所有的人中的一个，最高明的骗子在某个时刻能欺骗所有的人，张三当然身在其中，不在话下。A 不一定为假。

李四可能在任何时候都不受骗。李四可能本身就是最高明的骗子。B 不一定为假。

骗人的人也可能在某个时刻受骗。确实可能，被别的骗子骗。C 不一定为假。

不存在某一时刻所有的人都不会受骗。只要骗子存在，所有的时刻都有可能有人被骗，不存在某一时刻所有的人都不会受骗。D 不一定为假。

选项 E“不存在某一时刻有人可能不受骗”不对。当然存在某一时刻，有人可能不受骗。否则，就意味着：可能在所有的时刻，所有的人都受骗。这与题干矛盾。所以，选 E。

4. B　根据模态判断的转化。根据“并非所有……都”等值于“有的……不”，“不必然”等值于“可能不”，题干第一句话“并非任何战争都必然导致自然灾害”等值于“有的战争不必然导致自然灾害”等值于“有的战争可能不导致自然灾害”。根据“不可能不”等值于“必然”，题干第二句话“但不可能有不阻碍战争的自然灾害”等值于“所有的自然灾害都不可能不阻碍战争”等值于“所有的自然灾害都必然阻碍战争”。故答案选 B。

5. A　根据模态判断的转化。“可能 p”等值于“不必然非 p”，即题干等值于“不必然并非所有灵长类动物大脑都具有额叶皮质”。故答案为 A。

6. B　根据模态词的转换“可能”等值于“不必然不”，题干中的“所有公共政策的后续效应可能是难以预料的”等值于“所有公共政策的后续效应不必然不是难以预料的”，然后根据直言判断的推出关系，可得“有的公共政策的后续效应不必然不是难以预料的”即B项。A、C、D项都与题干意思不符。故答案为B。

7. C

8. C 去掉判断开头的否定词“不”，“可能”变“必然”，“所有”变“有的”，肯定变否定，即得等值判断“必然有的广州人不是很有钱”。因此，选C项。

第八章 逻辑的基本规律

前面几章我们介绍了概念、判断和推理以及逻辑关系，这一章我们主要介绍逻辑的基本规律。逻辑的基本规律是关于思维的逻辑形式的规律，是普遍适用于概念、判断、推理的规律，包括同一律、不矛盾律、排中律和充足理由律。

第一节 同一律

一、同一律的基本内容和要求

同一律的基本内容是：在同一思维过程中，每一思想的自身具有同一性。

同一律的公式是“A 是 A”，或“如果 A，那么 A”。也可用符号表示为“$A \rightarrow A$”。

“A”表示任一思想，即它可以表示任一概念或判断。这个公式是说，在同一思维过程中，即在同一时间、同一关系的条件下，对同一对象的任何一个概念或判断，应保持自身的确定和同一。所谓概念同一，就是一个概念反映什么对象就得反映什么，如在同一判断、推理中，概念的内涵、外延必须确定。所谓判断同一，就是一个判断断定什么事物情况就断定什么事物情况，在同一思维过程中是始终同一的，在同一推理中，判断必须具有确定的含义。从语言表达方面来说，同一律就是要求在同一判断、推理中，任一语词不论出现多少次，始终只能表达同一个概念；在同一推理中，任一语词不论出现多少次，始终只能表达同一个判断。

同一律的基本要求：

（1）在同一思维过程中，概念必须保持同一。概念同一包括概念的内涵和外延的同一。即在同一思维过程中，必须保持概念的内容不变，按照原来约定的意义使用这个概念。为避免发生混乱，必须预先确定我们所运用的概念，对重要的基本概念、范畴和术语，要预先明确其含义和适用范围。

（2）判断也必须保持同一，不能随便转移。在同一思维过程中，判断必须保持同一，即在运用判断进行推理的时候，判断必须保持自身的同一，不能用另外的判断代替它。

二、违反同一律的逻辑错误

违反同一律所犯的逻辑错误一般包括混淆概念、偷换概念、转移或偷换论题。

（一）混淆概念

所谓混淆概念，是指在同一思维过程中，把不同的概念混为相同的概念使用。

共同富裕就是一起富裕，同步富裕。

有一篇《广州一角》的作文题，有学生写道："如今，一角钱，在广州连一盒火柴也买不到。"

甲说："你的体质这么差，想必从不参加运动。"

乙说："我对棋盘类运动就格外感兴趣。"

第一个例子混淆了"共同富裕"的概念。第二个例子中"一角"的内涵是"角落"，而学生混淆了概念，把"一角"这个概念的内涵当成"一毛钱"来使用了。第三个例子中乙也是混淆了甲所说的"运动"的内涵是"体育运动"的概念。

（二）偷换概念

所谓偷换概念是指在同一思维过程中，有意地不确定概念的内涵、外延，以同一语词表达不同的概念，或将不同的概念当作内涵、外延相同的概念来使用。

甲：我们应该为中国的四大发明而骄傲。

乙：不能那样说，骄傲使人落后。

甲运用的"骄傲"概念的内涵是"自豪"，乙用的"骄傲"概念是"自满"的意思，两个概念的内涵是不同的。这里乙对"骄傲"的运用就违反了同一律，犯了"偷换概念"的错误。

阿凡提当理发匠的时候，一位吝啬得出奇的财主常找阿凡提理发，但每次理完发后都分文不付。一天，他又请阿凡提理发。阿凡提给他理完发，开始给他刮脸时问道："老爷，您的眉毛还要不要?""当然要了!"财主回答说。阿凡提咔嚓两下把他的眉毛剪了下来，交到他手里，财主很生气。继续刮脸，阿凡提又问："老爷，您要胡子么?"财主心想，不能再上当了，慌忙地答道："不要，不要，一根也不要!"阿凡提又是咔嚓几下把财主的胡须剃下来扔到地上说："那好吧，如果不需要胡须，就把它扔掉。"财主气得目瞪口呆。

阿凡提故意违反同一律，利用偷换概念的手法惩罚了这个吝啬鬼。

偷换概念的主要手法有：①偷偷改变一个概念的内涵和外延，使之变成另外一个概念。像阿凡提就是偷偷改变了"要"和"不要"的内涵和外延。②利用多义词混淆不同的概念，像前面偷换"骄敖"概念的例子。③抓住概念之间的某种联系和表面相似之点，抹杀不同概念之间的根本区别。④混淆集合概念与非集合概念，集合概念反映的是一类事物的整体属性，而非集合概念所反映的是组成一类事物的每个分子的属性。如，"人是由古猿进化来的，赫胥黎是人，赫胥黎是由古猿进化来的"，这个推理两次提到了"人"，第一个"人"指的是"人类"这个总体，是集合概念，后一个"人"指的是具体的"个人"，是非集合概念，这个推理前后概念不一致，犯了"偷换概念"的错误。

混淆概念与偷换概念是有区别的。一般来说，在说话和写文章中，由于认识不清或文理不通，无意违反了同一律要求所犯的逻辑错误叫"混淆概念"，由于某种需要（如诡辩、应对等），编造出似是而非的说法，有意违反同一律的要求，所犯的逻辑错误叫"偷换概念"。

（三）转移或偷换论题

转移或偷换论题，是指在同一思维过程中，人们在运用判断进行推理的时候，或者在论证某一问题的时候，没有保持判断的同一，中途以其他判断（论题）取代了原来的判断（论题）。

在一次宴会上，美国著名作家海明威身边坐着的一位富翁问海明威："您能告诉我什么是最好的写作方式吗?"海明威说："从左往右写。"

海明威的回答从形式上看是回答了问题，但实际上却等于什么也没说，他并不是不知道这个简单的道理，而是故意用了一种不包含任何新信息的回答来奚落和搪塞对方。

母亲："我已经告诉过你要准时回来，你怎么又晚回来一小时?"

女儿："你总喜欢挑我的毛病。"

有人向执法人员质疑其乱罚款的问题，执法人员说："罚款本身不是目的，严格执法是为了维护人民的合法权益。"

上述第一个例子中母亲论题是"为什么晚回来"的问题，女儿转移论题为"妈妈爱挑毛病"。第二个例子中执法人员从"为什么乱罚款"这个论题转移为"罚款的目的"这个论题。以上例子有意或无意地转换或者偷换了论题，违反了逻辑的"同一律"。

有个小朋友在看画，画面是一个人在聚精会神地射击。这个小朋友就问他的爷爷，说："爷爷，为什么打枪时要睁一只眼，闭一只眼？"他的爷爷回答："如果两只眼都闭上，那就什么也看不见了。"

小朋友的疑点是"为什么射击时不让两只眼睛都睁着，而非闭一只眼睛呢"？而他的爷爷对这个问题故意避而不谈，给出"两只眼睛闭着不能射击"这个答案，爷爷的论题跟小朋友的论题是不同的，这在逻辑上就叫偷换论题。

转移论题与偷换论题既有联系又有区别。转移论题一般是指议论离开了论题，例如，考试中的答非所问，写作文时的东拉西扯、文不对题，与人辩论时各讲各的、互不交锋等，都属于转移论题。而偷换论题是故意把一个论题改换为另一个论题，它往往是诡辩的一种手法。

思考题

一天，当你向老板请假的时候，他这样回答你：你想请一天假？

一年里有365天你可以工作。

一年52个星期，你每星期休息2天，剩下261天工作。

你每天有16小时不在工作，去掉170天，剩下91天。

每天你花30分钟时间喝咖啡，加起来每年23天，剩下68天。

每天午饭时间你花掉1小时，又用掉46天，还有22天。

通常你每年请2天病假，这样你的工作时间只有20天。

每年有5个节假日公司休息不上班，你只干15天。

每年公司还给你14天年假，算下来你就工作1天，而你还要请这一天假？

以上老板的话是否违反同一律，如果违反了同一律，是犯的哪种逻辑错误？

第二节　不矛盾律

一、不矛盾律的基本内容和要求

不矛盾律的基本内容是：在同一思维过程中，两个互相矛盾的思想不能都真，必有一假。(不矛盾律也称为矛盾律)

不矛盾律的公式是“A不是非A”，或用符号表示为“$\neg(A\wedge\neg A)$”。

这里的“A”表示一个思想，“非A”表示与A互相矛盾或者互相反对的思想。这个公式是说，在同一思维过程中，A与非A不可能都是真的，即如果A真，则非A假；如果非A真，则A假，A与非A之中必有一个是假的。

在伽利略之前，古希腊的亚里士多德认为，物体下落的速度和它的重量成正比，物体越重，下落的速度越快。比如，10磅重的物体，下落的速度要比1磅重的物体快10倍。伽利略认为，如果这句话是正确的，那么把这两个铁球拴在一起，落得慢的就会拖住落得快的，落下的速度应当比10磅重的铁球慢；但是，如果把拴在一起的两个铁球看作一个整体，就有11磅重，落下的速度应当比10磅重的铁球快。

这样，从一个假设却可以得出两个矛盾的结论，说明亚里士多德的理论是错误的。伽利略就是运用不矛盾论推翻了亚里士多德的理论。

不矛盾律的要求：

(1) 在同一思维过程中，不能用两个互相矛盾的概念去反映同一个对象；不能同时对同一对象或对象情况作出两个具有矛盾关系的判断。

(2) 在概念方面，不矛盾律要求在同一思维过程中，不能同时用两个相互否定的概念。

(3) 在判断方面，不能同时肯定两个互相矛盾或互相反对的判断同真，必须肯定其中有一个是假的。

二、违反不矛盾律的逻辑错误

违反不矛盾律所犯的逻辑错误称作“自相矛盾”。

1. “自相矛盾”的概念

不矛盾律要求在同一思维过程中，不能同时用两个相互否定或者内涵相矛盾的概念。

五颜六色的红旗迎风飘舞。

“五颜六色”指的是颜色比较多，“红旗”仅仅指的是“红色的旗子”。因此，这两个概念就犯了“自相矛盾”的错误。像这样自相矛盾的概念还有：方的圆、杂乱无章的和谐、可计算的无限序列等。我们在使用概念的时候要注意，不能犯“自相矛盾”的错误。

2. “自相矛盾”的判断

在判断方面，不能同时肯定两个互相矛盾或互相反对的判断同真，必须肯定其中有一个是假的。不矛盾律指的是在同一思维过程中，两个互相矛盾的思想不能都真，必有一假。“自相矛盾”的判断不能与性质判断中的矛盾判断混淆，在性质判断中，矛盾判断不能同真，必有一假。性质判断中的反对关系也是不能同真，必有一假的。因此，为了不违反不矛盾律，不能同时肯定具有矛盾关系或反对关系的两个判断同真。

广州物华天宝、人杰地灵，拥有世界上没有的“广州塔”。

既然“世界上”都没有，那么“广州”却拥有，这就犯了判断上的“自相矛盾”的错误。

《韩非子》中有一个故事。楚国有一个既卖矛又卖盾的人，他赞美自己的盾，说：“我的盾很坚固，任何武器都无法刺破。”接着，他又夸起了他的矛，说：“我的矛很锐利，没有穿不透的东西。”当有人问他：“如果拿你的矛去刺你的盾，会怎么样？”他便无话可说了。刺不破的盾和什么都刺得破的矛，是不可能同时存在的。

矛利（A 真），则盾不坚（非 B 真，即非 A 假）；盾坚（B 真），则矛不利（非 A 真，即非 B 假）。不难看出，或矛利，或盾坚，二者不能同真，这两组矛盾关系判断不能同真，否则，就犯了“自相矛盾”的错误。像这样的自相矛盾的判断还有：捐款达到了近 6 000 多元；他是无数死难者中幸存的一个；刚刚转学过来两个学期的同学；我基本上完全赞同你的意见等。

3. “自相矛盾”的言行

“自相矛盾”的言行指的是人的行动和言语是矛盾的，言行不一。比如，大家看过的一则广告“今年过节不收礼，收礼只收某某某”。这一则广告一方面宣传“今年过节不收礼”；另一方面又鼓励大家去买广告上推荐的产品送给老年人，也就是“今年过节要收礼”，这是两个相互矛盾的判断，对它们同时加以肯定也就违反了不矛盾律，犯了“自相矛盾”的言行的逻辑错误。

第三节　排中律

一、排中律的基本内容和要求

排中律的基本内容：在同一思维过程中，两个互相矛盾的思想不能都假，必有一真。

排中律的公式是“A 或者非 A”，也可用符号表示为“$A \vee \neg A$”。

“A 或者非 A”表示两种互相矛盾的思想，必有一真。即在同一思维过程中，如果 A 假，则非 A 真；如果非 A 假，则 A 真。A 与非 A 之中必有一个是真的。

公式中的“A”和“非 A”是指同一思维过程中的两个互相矛盾的思想，它们可以是矛盾关系的概念，也可以是矛盾关系的判断，还可以是下反对关系的判断。

排中律的要求：

（1）在概念方面，排中律要求在同一思维过程中，在用两个具有矛盾关系的概念指称同一个对象的情况下，必须承认其中有一种情况是真的，不能对两者都加以否定。就反映某对象的概念来说，或者是“A”，或者是“非 A”，二者必居其一。

（2）在判断方面，不能同时否定两个互相矛盾或下反对关系的判断，必须肯定其中有一个是真的。对反映同一事物情况的两个互相矛盾的判断或下反对关系的判断（即一切不能同假的判断）不能都加以否定。否则，就会违反排中律。

二、违反排中律的逻辑错误

违反排中律的逻辑错误是“模棱两不可”。

排中律要求对两个互相矛盾的思想作出明确的选择。违反排中律所犯的逻辑错误称作“模棱两不可”，例如：

在一次关于有无鬼神问题的讨论中，基本意见有两种：大多数人认为无鬼，少数人认为有鬼。有人提出了第三种意见，认为既不能承认有鬼，也不能承认无鬼，对于这个问题要具体分析，因人而异。

第三种意见同时否定两个具有下反对关系的判断，因而是违反排中律的，犯有“模棱两不可”的逻辑错误。

甲说：“有的句子表达判断。”
乙说：“有的句子不表达判断。”
丙说：“他们俩的话都对，我都赞成。”
丁说：“他们俩的话都不对，我都不赞成。”

其中，甲的表达和乙的表达是互为下反对关系的两个判断。丙对两个互为下反对关系的判断都肯定，就违反了不矛盾律，犯了“模棱两可”的错误。丁对两个互为下反对关系的判断都否定，也违反了排中律，犯了“模棱两不可”的错误。

排中律的作用在于保证思维的明确性、鲜明性，防止与排除思维中出现的“两不可”和“不置可否”的逻辑错误，从而使思维具有确定性。

排中律与不矛盾律的区别在于：

（1）适用范围不同。不矛盾律适用于互相矛盾、互相反对的思想；排中律则适用于互相矛盾的思想与具有下反对关系的判断。

（2）要求不同。不矛盾律要求不能同时肯定两个互相反对、互相矛盾的判断；排中律要求不能同时否定两个互相矛盾、互相有下反对关系的判断。

（3）逻辑错误不同。违反不矛盾律所犯的逻辑错误是“自相矛盾”；违反排中律所犯的逻辑错误是“模棱两不可”。

（4）作用不同。运用排中律可以由假推真，从而保证思维的明确性，运用不矛盾律可以由真推假，从而保证思维的首尾一贯性。

思考题

有一天，某国首都的一家珠宝店被盗贼窃去一块价值5 000美元的钻石。经过三个月的侦察，查明作案的是甲乙丙丁四人中的一人。于是，这四人作为重大嫌疑犯被捕入狱。

在审讯中，四人的口供如下：

甲：钻石不是我偷的，那天我在外地。

乙：钻石是丁偷的，那天，他去过珠宝店。

丙：乙是偷这块钻石的罪犯，我看见他到黑市去卖过钻石。

丁：乙同我有私仇，有意诬陷我。

如果这四个人中只有一个讲真话，那么罪犯是谁呢？

如果这四个人中只有一个讲假话，那么罪犯又是谁呢？

第四节　充足理由律

一、充足理由律的基本内容与要求

充足理由律的基本内容是：在思维过程中，任何一个正确、真实的思想总有它的充足理由。在同一思维过程中，一个思想必须具有充足理由才能被确定为真。在一个论证过程中，任何一个论断被确定为真的，必须具有真实的充足理由，并且理由与推断之间要有必然的逻辑联系。

充足理由律：A 真，因为 B 真并且 B 能推出 A。用公式表示为“$A \wedge (A \rightarrow B) \rightarrow B$”。

这里的“A”表示所要确定为真的思想，“B”表示断定“A”为真的“理由”。“B”可以是一个判断，也可以是一组判断。“B 能推出 A”表示“B”与“A”之间的逻辑的必然联系。“B 真并且 B 能推出 A”表示“B”既是真实的，又是充分的，是“A”的充足理由。

充足理由律的逻辑要求：

（1）理由必须真实。

（2）理由必须充足，即理由与推断之间有逻辑的必然联系。

二、违反充足理由律的逻辑错误

根据充足理由律的要求，违反充足理由律的逻辑错误有两种：违反充足理由律的第一条要求“理由必须真实”所犯的逻辑错误是“虚假理由”，违反充足理由律第二条要求“理由必须充足”所犯的错误是“推不出”。

1. 虚假理由

所谓虚假理由就是用作理由的判断是虚假判断。

一个小偷偷东西被警察抓住，警察问："你为什么偷人家苹果手机?"小偷回答道："他有苹果手机，我没有苹果手机，所以我就偷他手机了。"

上例子中小偷的理由是虚假的，偷东西无论是在道德层面还是法律层面都是不允许的，小偷给出的理由对于他偷手机来说显而易见是虚假的，这就犯了"虚假理由"的错误。

历史上的诗人都能喝酒，李白是诗人，所以李白能喝酒。

"历史上的诗人都能喝酒"是个虚假的理由，因此即使结论"李白能喝酒"是真的，但是，"历史上的诗人都能喝酒"对于结论来说也是个"虚假理由"。

2. 推不出

所谓"推不出"就是作为理由的判断虽然是真实的，但是，与推断之间没有必然联系，从理由的真推不出结论的真。

大学生＝吃饭＋睡觉＋谈恋爱
猪＝吃饭＋睡觉
所以：大学生＝猪＋谈恋爱
以上推出：
大学生－谈恋爱＝猪
所以，大学生不谈恋爱的都是猪。

以上推导过程就违反了充足理由律，犯了"推不出"的错误，因为"大学生≠吃饭＋睡觉＋谈恋爱"，大学生的主要任务是学习知识。

问：当我国是白天时，美国正是黑夜，对吗？为什么？
答：对的。因为美国和中国相隔一个太平洋，相隔那么远，时间肯定不相同。

这段论述的理由"美国和中国相隔一个太平洋"与其推断"当我国是白天时，美国正是黑夜"之间不具有蕴涵关系。犯了"推不出"的逻辑错误。

一般来讲，违背充足理由律的“虚假理由”错误属于思维内容方面的非形式错误，理由对于结论来说是不真实的。违反充足理由律“推不出”的逻辑错误属于思维形式方面的错误，理由到结论不符合逻辑规律。

契诃夫的名著《套中人》写到别里科夫有一次看到他学校的同事柯瓦连科同他的妹妹在街上骑自行车，吓得脸色由青到白。第二天他到柯瓦连科家里，说：“你骑自行车，这种消遣，对于青年教育者来说，是绝对不合宜的！”当柯瓦连科问他为什么时，他说：“难道这还用解释吗？密哈益·沙维奇，难道这不是理所当然吗？如果教师骑自行车，那还希望学生作出什么好事来？他们可做的就只有倒过来，用脑袋走路了！既然政府还没有发出通告允许做这件事，那就做不得。”

别里科夫反对青年教育者骑自行车的理由有两个：一是“如果教师骑自行车，那么学生就不会作出好事来”；二是“政府还没有发出通告允许做这件事”。这两个理由，前者是虚假的，犯“虚假理由”错误；后者虽真实，但与“青年教育者不能骑自行车”的结论之间没有必然联系，犯了“推不出”的逻辑错误。别里科夫的话违反了充足理由律。

逻辑的基本规律，像同一律、不矛盾律、排中律都是针对思维形式而言的，同思维内容无关。但是，充足理由律所规范的对象、范围、理由是否真实等部分属于思维内容方面的内容，“理由与推断之间是否存在形式上的逻辑联系”是充足理由律针对思维形式而言的。充足理由律既关涉思维形式，也关涉思维内容。

同一律、不矛盾律、排中律和充足理由律从不同的角度保证思维的确定性，对人们的思维具有强制性。具体说来，同一律保证了人们思维的确定性、一致性；不矛盾律保证思维的一贯性；排中律保证思维的明确性；充足理由律保证思维的论证性。

思考题

1. 一个小伙子对女友说：“我非常爱你，愿意为你做任何事情，赴汤蹈火在所不辞，如果周末不下雨的话，我去找你吧。”

电站外挂着一个标语牌，上面写着“严禁触摸高压电，一触即死，违者法办”。

请分析上面两则笑话犯了哪种逻辑错误。

2. 莎士比亚的名著《威尼斯商人》中有这样一个情节：贝尔蒙特城的富家少女鲍西娅，不仅姿容绝世，而且德性完美。许多王孙公子纷纷前来向她求婚。但是，鲍西娅并没有择婚的自由，她的亡父在遗嘱中规定要“猜匣为婚”。鲍西娅家有三只匣子：金匣子、银匣子和铅匣子。在这三只匣子中，只有一只匣子里放着一张鲍西娅的肖像。三只匣子上分别刻着一句话：金匣子上刻的话是“肖像不在此匣子中”；银匣子上刻的话是“肖像在金匣中”；铅匣子上刻的话是“肖像不在此匣中”。在三只匣子旁边的一张大纸上写着：“这三句话中只有一句是真话。”鲍西娅父亲的遗言是：如果有哪一个求婚者能通过以上四句话，猜中鲍西娅的肖像放在哪只匣子里，鲍西娅就嫁给谁。

有一位威尼斯的青年来到贝尔蒙特，他深深地爱上了鲍西娅。这位年轻人看了看三只匣子上面的话，稍作思考，来到鲍西娅面前，非常自信地对她说：“你的肖像在铅匣子中。”鲍西娅微微点了点头。年轻人打开铅匣子一看，鲍西娅的肖像果然在里面。鲍西娅十分佩服年轻人的智慧，问：“亲爱的，您是怎么猜中的?”

你能帮年轻人回答鲍西娅的问题吗?他用到了哪些逻辑的基本规律呢?

练习题

一、请简略分析下列议论是否违反逻辑规律的要求?如有违反，它违反了哪条逻辑规律的要求?

1. 我们应该考虑国家利益和集体利益，而不是个人利益。为什么呢?因为我国是社会主义国家，在我国个人主义是不可能占有合法地位的。

2. 有人说：“经验主义不能一概都反对，例如工作经验、生产经验等，就不应该反对。”

3. 一个工会主席在回答“星期天能否搞点棋类活动”的问题时说：“星期天下棋么，我们既不禁止，也不提倡。”

4. 原告丁某与被告于某结婚多年，感情一直不错，但由于原告与被告的婚姻确实是父母包办的婚姻，因此，双方的婚姻难以继续维持下去，故准予离婚。

5. 经过修建工人的抢修，南山路下水道的淤塞现象终于彻底解决了。现在，这条路除了有一小段还在加紧施工外，其余地段的排水系统已经畅通无阻。

6. 刚才八位同志就电影剧本《青春》谈了一些不同的意见，尽管这些意见是有分歧的，但对我都是有启发的。这八位同志从事戏剧、电影创作都有十几年、几十年的经验了，都是电影界的老前辈了，所以，他们的意见都是很中肯的，很正确的。

7. 司马光夫人说：“我要去看花灯。”

司马光说：“家中这么多灯，何必去看?”

司马光夫人说：“我要去看游人。”

司马光说："家中这么多人，何必出去看？"

8. 桂林山水甲天下，阳朔山水甲桂林。

9. 说"如果一个人年满十八岁，那么他有选举权"，这显然是不对的；说"有人年满十八岁，但他没有选举权"，这同样是不对的。

10. 这篇文章的观点不能说是全面的，也不能说是片面的。

二、以下四个人的话是否符合逻辑规律？如果不符合，请指出违反了哪些逻辑规律。

1. 甲说："现实存在都是合理的"与"现实存在不都是合理的"，这两种说法各有道理，都能成立。

乙说：我同意"现实存在不都是合理的"，因为这句话的意思是"只有一些现实存在是合理的"。

丙说：不能说"现实存在都是合理的"，也不能说"现实存在不都是合理的"。

丁说：我认为，不能说"现实存在都是合理的"，也不能说"现实存在都不是合理的"。

2. 甲说，根据某些资料，我认为火星上必然有人，不过，火星上没有人这也是可能的。

乙说，根据某些资料，我不认为火星上必然没有人，也不认为火星上可能有人。

丙说，我不同意你们两人的观点，目前只能说，火星上可能有人，也可能没有人。

丁说，我认为，既然不能确定火星上必然有人，这就是说，火星上必然没有人。

拓展训练题

1. 张先生买了块新手表。他把新手表和家中的挂钟对照，发现手表比挂钟慢了三分钟；然后他又把家中的挂钟和电台的标准时对照，发现家中的挂钟比电台标准时快了三分钟。张先生因此推断：他的表是准确的。以下哪项是对张先生推断的正确评价？（　　）

A. 张先生的推断是正确的，因为手表比挂钟慢三分钟，挂钟比标准时快三分钟，这说明手表准时

B. 张先生的推断是正确的，因为他的手表是新的

C. 张先生的推断是错误的，因为他不应该把手表和挂钟比，应该直接和标准时比

D. 张先生的推断是错误的，因为挂钟比标准时快三分钟，是标准的三分钟；手表比挂钟慢三分钟，是不标准的三分钟

E. 张先生的推断既无法断定为正确，也无法断定为错误

2. 一天，小方、小林做完数学题后发现答案不一样。小方说："如果我的不对，那你的就对了。"小林说："我看你的不对，我的也不对。"旁边的小刚看了看他们两人的答案后说："小林的答案错了。"这时数学老师刚好走过来，听到了他们的谈话，并查看了他们的运算结果后说："刚才你们三个人所说的话中只有一句是真的。"

请问下述说法中哪一个是正确的？（　　）

A. 小方说的是真话，小林的答案对了

B. 小刚说的是真话，小林的答案错了

C. 小林说对了，小方和小林的答案都不对

D. 小林说错了，小方的答案是对的

E. 小刚说对了，小林和小方的答案都不对

3. 已知：①甲要被录取，乙就不被录取；②只要乙不被录取，甲就被录取；③甲被录取。已知这三个判断中一个真，两个假。

由此推出（　　）。

A. 甲乙都被录取

B. 甲乙都未被录取

C. 甲被录取，乙未被录取

D. 甲未被录取，乙被录取

4. 老王的四个儿子老大、老二、老三和老四中有一人买彩票中了大奖。有人问他们时，老大说："中大奖的可能是老三也可能是老四。"老二说："老四中了大奖。"老三说："我没有中大奖。"老四说："中大奖的肯定不是我。"了解儿子的老王说："他们中有三位绝对不会说谎话。"如果老王说的正确，则中大奖的为（　　）。

A. 老大　　B. 老二　　C. 老三　　D. 老四

5. 在某次税务检查后，四个工商管理人员有如下结论：

甲：所有个体户都没纳税。

乙：服装个体户陈老板纳了税。

丙：个体户并非都没有纳税。

丁：有的个体户没纳税。

如果四个人中只有一人断定属实，那么以下哪项是真的？（　　）

A. 丁断定属实，陈老板未纳税　　B. 丁断定属实，但陈老板纳了税

C. 丙断定属实，陈老板纳了税　　D. 甲断定属实，陈老板没有纳税

E. 丙断定属实，但陈老板没纳税

6. 小王参加了某公司招工面试，不久，他得知以下消息：

①公司已决定，他与小陈至少录用一人。

②公司可能不录用他。

③公司一定录用他。

④公司已录用小陈。

其中两条消息为真，两条消息为假。

如果上述断定为真，则以下哪项为真？(　　)

A. 公司已录用小王，未录用小陈

B. 公司未录用小王，已录用小陈

C. 公司既录用了小王，也录用了小陈

D. 公司既未录用小王，也未录用小陈

7. 张三问李四："你常看韩寒的作品吗？"李四回答："谁说我不看，我大量收集，常看韩寒的作品。"张三又问李四："这么说你常看韩寒的作品？"李四回答："我并不是说我常看韩寒的作品。"

从逻辑规律角度判定，李四的回答（　　）。

A. 违反了不矛盾律

B. 违反了排中律

C. 既违反了不矛盾律，又违反了排中律

D. 既没有违反不矛盾律，又没有违反排中律

参考答案

练习题

一、

1. 违反同一律（混淆概念）
2. 违反同一律（偷换概念）
3. 不违反规律
4. 违反充足理由律
5. 不违反规律
6. 违反不矛盾律
7. 违反同一律
8. 违反同一律
9. 违反排中律
10. 违反排中律

二、

1. 甲违反不矛盾律，犯了“自相矛盾”的逻辑错误。

乙违反同一律，犯了“偷换论题”的逻辑错误。

丙违反排中律，犯了“模棱两不可”的逻辑错误。

丁不违反逻辑规律，因为二者是反对关系，可以同假。

2. （1）“火星上必然有人”是必然肯定判断：$\Box p$。“火星上没有人这也是可能的”是可能否定判断：$\Diamond\neg p$。二者是矛盾关系，根据不矛盾律，两个互相否定的思想，不能同真，必有一假。因此，甲犯了“自相矛盾”的错误。

（2）“我不认为火星上必然没有人”等于“火星上必然有人”是必然肯定判断：$\Box p$。“火星上可能有人”是$\Diamond p$。“不认为火星上可能有人”等值于“火星上不必然有人”是$\Box\neg p$。$\Box p$和$\Box\neg p$之间是反对关系，根据不矛盾律，两个互相否定反对的思想，不能同真，必有一假。因此，乙犯了“自相矛盾”的错误。

（3）“火星上可能有人”是$\Diamond p$，“也可能没有人”是$\Diamond\neg p$。$\Diamond p$与$\Diamond\neg p$之间是下反对关系，根据排中律，在同一思维过程中，两个下反对关系的思想不能都假，必有一真。因此，丙的回答是正确的。

（4）“火星上必然有人”是$\Box p$，其负判断“不能确定火星上必然有人”等值于“火星上不可能有人”，可以看作$\Diamond\neg p$。“火星上必然没有人”等同于“火星上不必然有人”，可以看作$\Box\neg p$。$\Diamond\neg p$与$\Box\neg p$是从属关系，如果“$\Box\neg p$”真，$\Diamond\neg p$必真。但由$\Diamond\neg p$真，推不出“$\Box\neg p$”真。因此，丁的推理也是错误的，违反了充足理由律。

拓展训练题

1. D 因为确定两个三分钟不是同一概念。张先生的推断违反同一律，犯了“混淆概念”的错误。

2. A 题干中小方和小林的话是相互矛盾的，根据排中律，其中必有一句是真的。既然老师说三句话中只有一句是真的，则小刚的话就是假的，由此可知小林的答案没有错，是对的，于是又可以知道小林的话是假的，而小方的话是真的。

3. A

（1）题中提示：三个判断一真两假。分析①②两个判断都是要么录取甲而不录取乙；要么录取乙而不录取甲，究竟录取谁却不能确定。但两者语义完全相同，因此，它们的“真或假”也必然相同。假设两者“同真”则不合题义（只有一真），即可推知①②两个判断都假。

（2）剩余的判断③“甲被录取”就是真的。

（3）根据“甲被录取”真，又知道①②都假，可推出：乙也被录取。正确答案为 A。

4. D 由老王的话可以推知四个人中只有一人说假话。由于老二和老四的话矛盾，结合前面的理论分析可知说假话者必为其中一人，那么老大、老三的话为真话，由此可以推出老四中奖。

5. E 分析四人的讲话可知，丙的意思是有的个体户纳税了，结合丁所说的有的个体户没纳税可知，二人的话必不能同时为假，所以必有一个人说的是真的。因此甲和乙所说的必然为假。故陈老板没纳税。再结合甲所说的话可知所有个体户都没纳税为假，则必然有丙说的话为真。

6. A 这类题一般运用不矛盾律、排中律和假设法即可解决。消息②和③互相矛盾，必为一真一假。又由条件“四条消息中有两真两假”可知，消息①和④中，也必有一真一假。假设消息①假，可推出小王和小陈都未录用，则消息④亦假，不符合条件。因此，假设不成立，即消息①真，因而消息④假，从而得出结论：公司录用小王，未录用小陈。故正确答案为 A。

7. B

第九章　论　证

无论是科学研究，还是人们的日常交流，人们在思维活动中经常要证实某种思想或观点。为了令人信服，就要说出这些观点或判断成立的理由或根据，即用另一些判断的真实性来支持某种观点，这就用到了论证。

第一节　论证的概述

一、论证的含义

论证就是引用一个或一些真实性已经确定的判断，通过逻辑推理来确定另一个判断的真实性或虚假性的思维过程。

商纣王自高自大，一意孤行，最终落得葬身火海；唐太宗虚心纳下，开创“贞观盛世”；楚怀王闭目塞听，弃屈原的诤谏于不顾，无奈客死他乡；齐威王善于纳谏，门庭若市，赢得诸侯朝拜。这样的事例不胜枚举，“从谏如流”势在必行。

在这个例子中，根据“商纣王”、“唐太宗”、“楚怀王”和“齐威王”四个真实性的判断的对比，推断出“‘从谏如流’势在必行”的判断为真的过程。

在现代社会，许多人更喜欢参与过程而不是享用最后产品。原因是他们在全身心参与的过程中得到心理上的满足。奥林匹克运动证实了这一点。奥林匹克冠军只有一个，但每项奥林匹克比赛都有很多人参加，他们知道自己可能不获奖，但是他们在比赛的过程中挑战了自己的能力。因而奥林匹克的口号之一便是“重在参与”。所以，生产经营过程比最终产品重要。

在这个例子中，根据“许多人更喜欢参与过程而不是享用最后产品”与“奥林匹克运动重在参与”这两个已知为真的判断，推出“生产经营过程比最终产品重要”

这一判断为真。以上两个例子反映了论证的思维过程。

二、论证的结构

从结构上看，论证由论题（论点）、论据、论证方式三个要素构成。

（1）论题是论证中其真实性或虚假性需要确定的判断，它是论证的主题和核心，即所谓的“问题”。

论题一般分为两类：一类是科学上已知为真的判断，如“地球围绕太阳转”、“光具有波粒二象性”、“人是由古猿进化来的”等；另一类是真实性需要检验的判断，如“其他星球是否有生物存在?”等判断。还有一种论题是辩论赛的正题和反题，辩论赛的题目本身没有真实和虚假的区分，如“网络使人更亲近”还是“网络使人更疏远”、“顺境更利于人成才”还是“逆境更利于人成才”等。

（2）论据是用来确定论题的真实性或虚假性的已知为真的判断。论据是论证中确定论题真实性所依据的判断，论据是一个论证的根据，它是使论题得以成立的理由或根据。它所要回答的是“用什么来证明或反驳论题”。

论据主要有两类，一类是已经得到确认的关于事实的判断。选择反映典型事实的真实判断作为论据来论证论题的真实性或虚假性，即通常所说的“摆事实”。

陶渊明不为五斗米折腰，李白不摧眉折腰事权贵，顾炎武不做清朝的高官……古今有志气、有骨气的人，都不以高官厚禄为荣，居下有节，自强不息。他们的高尚品质永远为后世传诵。

这个论证即以反映典型事实的判断作为论据。

另一类是科学定义、定律、公理和原理等判断。运用经过实践的反复检验的判断论证论题，即通常所说的“讲道理”。

英国科学家哈维就是用论证的形式确定“人体血液是循环流动的”这一科学论断的。他指出：如果血液不是循环的而是通过心脏、动脉遍流全身后就消耗完毕，然后又由身体产生全部的血液，那么，由于在半小时内通过心脏的血液量已经等于人体的全部血量，人体必须在半小时内把同样大量的血重新造出来。但是，在这样短的时间内产生如此多的血液事实上是不可能的。

这个论证以经过检验的判断作为论据。

在论证过程中，人们经常把“摆事实”与“讲道理”结合使用，以增强论证效果。

秦始皇之所以能“吞二周而亡诸侯，履至尊而制六合”，是因为他在父亲的刻意安排下，羁留异国，饱经磨难，终成雄才大略。世界著名文豪小仲马，之所以能写出震惊世界的名作《茶花女》，是因为他从父亲大仲马的身上继承的不是万贯家财，而是敏锐的观察力和细致入微地描写人物的能力。事实告诉我们：以本事处世，则事业可成，功名可就。相反，身继巨富，而无本领者，则只能是事业无成，乃至国破家亡。秦二世胡亥继承了秦始皇留下的“践华为城，因河为池，金城万里”的万世之业，可谓遗产之巨了，然而仅仅三年，便落得个“身死人手而七庙隳”为天下人耻笑的下场。究其原因就是胡亥自己没有经天纬地的治世之才。历史上的后主刘禅及李煜不都是鲜明的例子吗?

上述“秦始皇”、“小仲马”和“秦二世胡亥”的例子主要是“摆事实”，而其他部分主要从正反两个方面来“讲道理”，这样，更能够让我们体会以“本事处世”的意义，增强了论证的效果。

（3）论证方式是论据与论题的联系方式，即由论据推出论题所运用的推理形式。它回答的是“如何论证”的问题，即“怎样用论据来论证论题”。论证是由论据的真实性推出论题的真实性，因此，仅仅有了论题，论据并不等于作了论证，必须有一个由论据到论题的推演过程。论证的推演过程总是借助于一定的推理形式完成。论证是各种推理形式的综合利用。

论证方式不像论题和论据那样明显，它隐含在论题和论据之中。正确分析一个论证的论证方式，需要在熟练掌握各种推理形式的基础上，正确把握论据和论题之间的逻辑联系。

三、论证与推理

1. 论证与推理有着密切的联系

任何论证都是一个推理的过程，论证是推理的实际运用。论证方式和推理形式都是判断之间的逻辑推演过程。论证过程必须应用一个或一系列的推理，是推理形式的运用，推理是论证的工具。论证的论题相当于推理的结论，论据相当于推理的前提，论证方式相当于推理形式，如下图所示：

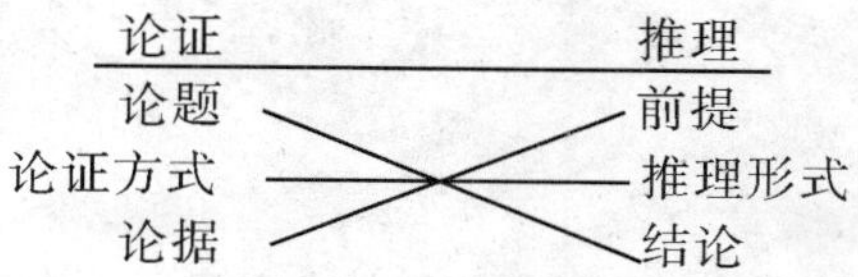

（论证）　论题　高速公路上通常没有路灯照明

　　　　　论据　因为，路灯会影响高速运行车辆的驾驶员观察，造成危险

（推理）　前提　为了避免路灯影响高速运行车辆的驾驶员观察，造成危险

　　　　　结论　所以，高速公路上通常没有路灯照明

2. 论证和推理的区别

（1）二者的思维进程不同。论证则是由论题到论据，为确立论题的真实性而找论据。推理是由已知的前提推导出结论，由已知推导出未知。

（2）二者的结构方式繁简不同。推理通常是单一类型的，论证则通常由几种或一系列不同类型的推理构成，它可以由一个推理组成，也可以由一系列推理组成，论证的逻辑结构比推理复杂。

（3）二者对判断的要求不同。推理要求前提真时结论也真，但不要求前提一定真。而论证要求论据和论题都真。

（4）前提与结论的关系不同。论证的前提对结论是一种支持、保证关系，回答“结论何以为真”；推理的前提对结论是真值蕴涵关系，回答“前提对结论有何真值关联”。

推理和论证的根本区别是论证是为相信某论断提供充足理由，目的是使人接受该论断；推理只是显示判断之间的逻辑关系。因此，论证是使人相信某个判断，而推理是使人相信判断间的关系。

第二节　论证的种类

根据不同的标准，论证可以作不同形式的划分。论证可以分为证明和反驳（根据论证的作用和任务的不同）；论证也可以分为演绎论证、归纳论证和类比论证等（根据论证所运用的推理形式的不同）；论证还可以分为直接论证和间接论证（根据证明中论题与论据的联系方式的不同）。

一、证明和反驳

证明，是根据已知为真的判断通过推理来确定另一个判断为真的论证。反驳，是根据真实判断来确定某个论证的论题错误、论据虚假或论证方式不能成立的论证。

我们必须大力发展经济，因为，我们要实现四个现代化，而如果要实现四个现代化，就必须大力发展经济。

以上例子是证明，是从已知为真的论据来确定论题为真的论证的。

论题：我们必须大力发展经济。

论据：如果要实现四个现代化，就必须大力发展经济；我们要实现四个现代化。

论证方式：假言证明。

有些东南亚小国的反华人士说："南沙群岛离 *F* 国近，就应该属于 *F* 国。"爱国人士说："按照你们的逻辑，你们国家所在地区离着中国近，你们 *F* 国也应该属于中国的。"

以上例子是反驳，是根据真实判断来确定某个论证的论题错误和论证方式有错误的。

反驳的论题：南沙群岛属于 *F* 国。

论据：*F* 国离着中国近。

论证方式：类比反驳。

思考题

《庄子·秋水》中有这样一段话：庄子与惠子游于濠梁之上，庄子曰："鯈鱼出游从容，是鱼之乐也。"惠子曰："子非鱼，安知鱼之乐？"庄子曰："子非我，安知我不知鱼之乐？"

请问以上这段话是证明还是反驳？论题、论据和论证方式各是什么？

二、演绎论证、归纳论证和类比论证

根据论证所用的推理形式的不同，论证可以分为演绎论证、归纳论证和类比论证。

1. 演绎论证

演绎论证是运用演绎推理形式所进行的证明。它是根据一般性的公理、原理、定律和有关事实的判断，运用演绎推理的形式，推导出特殊性的判断的真实性。由于演绎推理是具有必然性的推理，演绎论证也是具有必然性的，即当论据真时论题必真。

喜马拉雅山脉在过去地质年代里曾经是海洋地区。因为地质学已经证明：凡是有水生生物化石的地层都是地质史上的海洋地区。地质普查探明：喜马拉雅山脉的地层中遍布了珊瑚、苔藓、海藻、鱼龙、海百合等化石。因此可以得出结论：喜马拉雅山脉在过去的地质年代里曾经被海洋淹没过。

上述论证为演绎论证，论证方式为：

凡是有水生生物化石的地层都是地质史上的海洋地区，

喜马拉雅山脉是含有水生生物化石的地层（它的地层中遍布了珊瑚、苔藓、海藻、鱼龙、海百合等水生生物的化石），

所以，喜马拉雅山脉在地质史上曾经是海洋地区。

上述演绎论证的逻辑表达式为：

MAP

SAM

———————

所以，*SAP*

这是运用有效的三段论推理的论证，因此，如果前提真，结论也是真的。

演绎论证还可以运用选言推理、假言推理等其他各种演绎推理作为论证方式。

在社会主义现代化建设过程中，我们既要坚持自力更生的方针，又要实行对外开放的政策。如果不坚持自力更生的方针，一切都照搬照抄，就不能建设社会主义现代化；如果不实行对外开放的政策，闭关锁国，那么就不会有现代化建设的成果，总之，不坚持自力更生，或者不实行对外开放，都不能建设社会主义现代化。

以上就是一个包含了假言推理的演绎论证。演绎论证的特点是：论据包含了关于一般性知识的判断，是从一般性的论据推导出特殊性的论题，因此，演绎论证的结论是可靠的。

2. 归纳论证

归纳论证是用陈述特殊事实的判断，证明一般原理或带有概括性的论断为真。它是根据关于个别或特殊的论据推导出一般性的论题的证明。它运用的是归纳推理的形式。

根据归纳是否包括了全部的对象，归纳论证可以分为完全归纳论证和不完全归纳论证。

完全归纳论证是运用完全归纳推理形式进行的证明，它的论据包括了归纳的所有对象。

地球上各大洲都有矿藏。经地质勘查发现欧洲、亚洲、非洲、北美洲、南美洲、大洋洲和南极洲都有矿藏，而这些洲是地球上所有大陆的全部。

以上例子是一个完全归纳论证。

论题：地球上各大洲都有矿藏。

论据：经地质勘查发现欧洲、亚洲、非洲、北美洲、南美洲、大洋洲和南极洲都有矿藏，而这些洲是地球上所有大陆的全部。

论证方式：完全归纳论证。

完全归纳论证依托于完全归纳推理，完全归纳推理是可靠的，因此，完全归纳论证也是可靠的。

回望人类发展史，当一个个新事物诞生的时候，遭受的几乎是同样的命运——怀疑和拒绝。当第一艘蒸汽船下水之时，人们讥笑说："这东西肯定动不了。"当第一辆火车登上铁轨时，人们讽刺它："这肯定还跑不过骡子。"当第一架飞机驶上天际之前，人们同样怀疑："人怎么可能飞上天呢?"但事实却一次次地向人们证明着，这一件件有悖常理的事物真实地存在着。

以上为一个不完全归纳论证。

论题：新事物诞生时遭到怀疑和拒绝。

论据：蒸汽船下水遭到讥笑，火车登上铁轨遭到讽刺，飞机驶上天空前遭到怀疑。

论证方式：不完全归纳推理。

杨述的《恰到好处》一文中这样论述道：我们不管做什么事情都需要"恰到好

处”。京戏著名演员表演，总讲究不温不火；优秀的歌手在热情地歌唱时，情真而又能自持；工人炼钢要注意火候；做政治工作要掌握分寸。总之，“过”与“不及”都不好。

上例也是一个不完全归纳推理。不完全归纳论证是运用不完全归纳推理形式进行的证明，常以简单枚举归纳推理、科学归纳推理等形式作为论证方式。由于归纳推理一般不具有必然性（完全归纳推理除外），归纳论证不能保证当论据真时其论题必真。在进行归纳论证时，必须注意在搜集大量材料的基础上进行科学分析，以典型事例为论据推出论题的真实性。

3. 类比论证

类比论证就是在论证过程中，根据一定条件下的两个或两类对象在某些属性上相同或类似，确定它们在另一属性上也相同或类似的论证方法。类比论证运用的是类比推理的形式，因为类比推理是或然性推理，因此类比论证的结论具有或然性。

司马迁遭受腐刑，却能在这样的耻辱中写成《史记》，汗青溢光，那是因为他有坚定如山的信念，刚毅如铁的意志，于诽谤讥嘲中坚持自己的志向，才突围成为“史圣”；一代体操王子李宁泪洒汉城黯然退出体坛后，却又另辟天地开创了自己的事业，让李宁牌系列运动用品风靡中国的体育用品市场，那是因为他懂得承受失败，不为失败所吓倒，才能在失败中开拓出一条新路。磨难，是祸，又是福。它对于意志坚强者，只不过是人生路上的一帘风雨，只要勇敢地走过去，前方会是另一片蓝天。

以上为类比论证。用司马迁、李宁的经历来类比，论证“磨难对于意志坚强者是福”这个论题。当然，类比还可以反驳性地去论证。

一个老人告诉医生，说他的右腿疼，医生说：“这是上了年纪的缘故。”老人说：“不对啊，我的左腿和右腿年纪一样大，但是左腿不疼啊。”

不管是运用类比去证明还是反驳，由于类比论证所运用的类比推理的结论是或然性的，并不完全可靠，所以在使用类比证明时，应尽量选择共同点较多的对象来进行类比，避免犯“机械类比”的逻辑错误。

三、直接论证和间接论证

根据论证过程是否直接推出论题的真实性，又可以将论证分为直接证明和间接证明。

1. 直接证明

直接证明是根据已知为真的论据，直接推出论题的真实性的证明。它的特点是：从论题出发，为论题的真实性提供正面的理由，直接推出论题，不是通过确定其他判断的虚假来间接推出论题的真实性。

直接论证的逻辑表达式为：

论题：*A*；

论据：*B*，*C*……

论证方式：*B* 和 *C*……合乎规则地推出 *A*。

高适的“莫愁前路无知己，天下谁人不识君”与王勃的“海内存知己，天涯若比邻”，都用优美的语言送走了友人，实现了友情的沟通。李白《蜀道难》一文中劝说友人归来的语言精辟，实现了友情的沟通。从李白的“上有六龙回日之高标，下有冲波逆折之回川”可知“蜀道之难，难于上青天”，友人便从言语中感受到李白的关怀，沟通也便到了心坎。沟通并不像白居易说的“此时无声胜有声”，它需要语言为它传达彼此的关切。友情的沟通，需要语言的钥匙。

论题：友情的沟通需要语言。

论据：高适、王勃、李白等人的诗词。

论证方式：不完全归纳推理方式。

这个论证就是运用不完全归纳推理进行的直接论证。

2. 间接证明

间接证明是通过确定其他判断的虚假来确定论题的真实性的证明方法。运用间接证明方法进行证明，一般有三个步骤：

（1）设立反论题（即与我们所要证明的论题相矛盾的论题）；

（2）证明反论题是虚假的；

（3）根据排中律，由反论题之假，推出所要证明的论题的真实。

从间接证明的这个特点来看，间接证明实质上是选言推理的否定肯定式的运用，即从否定反论题真实，而推出我们所要证明的论题真实。可见，为了进行间接证明，最关键的是要证明反论题的虚假（即否定反论题的真实）。为此通常采用反证法和选言证法。

①反证法，是通过确定与论题相矛盾的判断（反论题）的虚假来确定论题真实性的间接论证。反证法首先是通过确定与论题相矛盾的判断（反论题）为假，然后根据排中律不能同假的要求，证明原判断（原论题）为真的证明方法。步骤为：

论题：A

设反论题：非 A

论证非 A 假：如果非 A，那么 B（从反论题推出的必然结论）

非 B（B 假）

所以并非非 A（非 A 假）

根据排中律，非 A 假，则 A 真。

反证法采用的推理形式是充分条件假言推理的否定后件式。

王戎7岁时，与小伙伴们外出游玩，看到路边的李树上结满了果子。小伙伴们纷纷去摘取果子，只有王戎站在原地不动。有人问王戎为什么？

王戎回答说："树在道边而多子，此必苦李。"

小伙伴摘取一个尝了一下，果然是苦李。

小伙伴问王戎："这就怪了！你又没有吃，怎么知道李子是苦的啊？"王戎说："如果李子是甜的，树长在路边，李子早就没了！李子现在还有那么多，所以啊，肯定李子是苦的，不好吃！"

这个论证的论题是"路边的李子是苦的"。其论证过程是：先假设反论题"路边李子是不苦的"为真；接着由此为前件建立充分条件假言判断，即"如果路边李子不苦，那么人们就会摘来吃"；又以这个后件为前件，形成一个新的充分条件假言判断："如果路边李子可以摘来吃，那么路边李子就没了"；然后根据假言判断推理的否定后件式进行推导得出"路边李子是不苦的"为假，那么根据排中律我们知道"路边的李子是苦的"。

反证法的逻辑表达式为：

论题：p

设非 p

如果非 p，则 q

非 q

非 p 假

所以，p 真

运用反证法应注意以下几个问题：

第一，由于由论题的反对判断假不能必然推出论题为真，因此，只有论题的矛盾判断才能作为反论题，而论题的反对判断则不能作为反论题。

第二，运用充分条件假言推理的否定后件式，在证明过程中，要遵守充分条件假言推理的规则。

第三，所依据的逻辑规律是排中律，因此，运用反证法只能根据排中律由假推真，而不能误用不矛盾律由真推假。

②选言证法，是指通过证明与原论题相关的其他可能性为假，从而确定原论题真实性的论证方法。选言证法的步骤是：

第一步，构造一个包括原论题在内的真实的选言论题；

第二步，证明或指出除原论题以外的其他选言支都不成立；

第三步，根据选言推理的否定肯定式，推出原论题为真。

某盗窃案的罪犯或者是甲、或者是乙、或者是丙、或者是丁，
现查明这个盗窃案的罪犯不是乙，不是丙，也不是丁，
所以，这个盗窃案的罪犯是甲。

选言证法的逻辑表达式为：

论题：p

论据：或 p，或 q，或 r

非 q，非 r

所以，p

论题“p”、“q”、“r”穷尽了所有的选言支，“q”、“r”的总和与“p”构成矛盾关系。根据排中律，由“q”、“r”假，可以推出“p”必定是真的。选言证法也是排中律在起作用，是由假推真的间接证明。

运用选言证法应注意的问题：

第一，选言判断的选言支必须穷尽；

第二，对论题之外的选言支的否定，必须要理由充分；

第三，包括选言证法在内，直接论证和间接论证在实践中可以结合使用。

第三节 论证的规则

论证有论题、论据、论证方式三个要素，论证的规则就是关于论题、论据和论证方式的规则。

一、关于论题的规则

1. 论题明确

论题明确的要求是论题的含义要清晰、准确、单一，不能含糊其词，也不能出现歧义。论证的目的就是要确定论题的真实性，如果连论题本身都是模糊不清的，那么，我们便无法组织恰当的论据。违反“论题明确”这一规则所犯的逻辑错误，叫“论题不清”。

《吕氏春秋·淫辞》中记载了这样一件事：战国时代秦国和赵国曾订立互助条约，规定“秦之所欲为，赵助之；赵之所欲为，秦助之”。即一国想干什么，另一国就要相助。不久，秦发兵攻打魏国，要赵国协助。赵国却因为自己的国家利益而要去救魏国。秦王派人去责备赵王违约。公孙龙建议赵王也派人去责备秦王违约：“赵欲救之，今秦王独不助赵，此非约也。”

以上论证就犯了“论题不清”的逻辑错误，秦国和赵国订立的盟约“一国想干什么，另一国就要相助”，它只是笼统地规定一方干什么，另一方就要相助，而没有规定当双方意愿矛盾时该如何处理。问题就出在条约的措辞本身就含糊不清，犯了“论题不清”的逻辑错误。

2. 论题同一

即同一论证的过程中论题必须前后一致，论证要始终围绕该论题进行，遵守同一律的要求。如果随意变换论题，就无法达到论证的目的。

论题同一的规则要求：在同一个论证中只能有一个论题，这个论题必须贯彻于论证过程的始终，不允许中途加以改变。违反这一规则，就要犯“转移或偷换论题”的逻辑错误。

父亲：你竟敢背着我吸烟，我非要狠狠打你一顿不可。

儿子：爸爸，别打我，我向您保证，从现在起，我抽烟一定不背着您。

以上这个例子就是转移了论题，由论题“不能吸烟”转移到“不能背着家长吸烟”。

“偷换论题”的逻辑错误常表现为“论证过多”、“论证过少”与“偷换论题”。“论证过多”是指不去论证原论题，而去论证某个比原论题更为宽泛的判断。例如，原论题是“恒星都是发光的”，如果论证“天体都是发光的”就是犯了“论证过多”的错误。“论证过少”是指不去论证原论题，而去论证某个比原论题断定较少的判断。原本要论证“游戏可以提高人们的智力”，却仅仅论证了“棋牌类游戏可以提高人们的智力”，就犯了“论证过少”的错误。“偷换论题”是用内容完全不同的另一个判断替换了原论题。

世界上抽烟人数最多的国家是哪个呢？尼泊尔60%以上的男人抽烟，30%以上的女人抽烟，因此，尼泊尔是世界上抽烟人数最多的国家。

以上这个例子就是偷换了论题，由论题“抽烟人数最多的国家”转移为“抽烟人数比例最高的国家”，犯了“偷换论题”的错误。

二、关于论据的规则

1. 论据真实

论证中用到的论据必须是已经经过证明真实可靠的判断，不能引用尚未证明的判断。论题的真实性是靠论据的真实性支持的，如果论据不真实，那么论题的真实性就无法确立。

违反这一规则，就要犯“虚假论据”或“预期理由”的逻辑错误。“虚假论据”是以虚假判断作为论据，例如，人是由上帝创造出来的，因为上帝是万能的。“预期理由”是以尚待证明的判断作为论据，例如，有人为了证明“火星上是有人的”，提出论据“用望远镜观察火星，可以发现上面有不少有规则的条状阴影，而这就是火星人开凿的运河”。而“火星上的有规则的条状阴影是火星人开凿的运河”的真实性还未确定，这个论证犯了“预期理由”的错误。

从推理的角度看，前提假时结论也可能真，所以用虚假或真实性有待证明的判断作为论据，只表明论证不正确，论题的真实性没有得到真正的确认，但论题不一定就是虚假的。如达尔文在论述自然界中存在着生存竞争的理论，并以此作为生物进化论的理论基础时，也曾用过马尔萨斯的人口论作为论据，显然，不能因为马尔萨斯的人口论是荒谬的而由此否认达尔文的生物进化论是合理的。

2. 论据的真实性不依赖于论题

在论证中，论题的真实性依赖于论据的真实性，要用论据来确认。如果论据自身的真实性又要由论题来证明，实际上等于什么也没有证明。因此，论据的真实性不能依赖于论题。违反这一规则，就会犯“循环论证”的逻辑错误。如证明“鸦片能催眠”，所用的论据是“它有催眠的力量”。而“鸦片有催眠的力量”，又要借助于“它能催眠”来证明，这就是犯了循环论证的错误。

问：王海怎么这样喜欢睡懒觉？

答：因为他长得太胖。

又问：王海怎么长得那么胖？

再答：因为他喜欢睡懒觉。

为了说明“王海喜欢睡懒觉”的原因，就用“他长得太胖”为理由。可是当问到王海为什么“长得那么胖”，又回过头来用“他喜欢睡懒觉”为根据来回答。用乙来说明甲，又用甲来说明乙，这就犯了“循环论证”的错误。

三、关于论证方式的规则

论证方式是论证所采用的推理形式。这条规则要求，论据与论题之间具有逻辑联系，其推理必须遵守相应的逻辑形式规则。违反这条规则的论证错误，叫作“推不出”。“推不出”的逻辑错误，常表现为以下五种情况：论据与论题不相干、论据不足、以相对为绝对、以人为据、无效论证。

（1）论据与论题不相干。即论据与论题之间没有逻辑联系，即使根据真实的论据也无法推出论题真实。

例如，有位年轻人在谈论自己学习不好的原因时说：“我想，自己脑袋小，知识装不进，学习不好的原因就在这倒霉的长相上。”这位年轻人把自己学习不好的原因归之于长相不好（脑袋小），犯了论据与论题不相干的错误。

在《西游降魔篇》中也有这样的例子，孙悟空为了证明自己“杀人不眨眼”，说自己连续砍人三天三夜，眼睛都没有眨过，唐僧说：“那么长时间不眨眼，眼睛会不会干啊？”这个时候唐僧就犯了论据与论证不相干的错误。“眼睛干不干”不是孙悟空要论证的论题。

（2）论据不足。即论证中所引用的论据虽然是真实的，对于确定论题的真实性来说是必要的，但不是充分的，不足以推出论题的真实性。

例如，"如果天下雨，地就会湿，现在地湿了，因此，一定是下雨了"。"下雨"是"地湿"的充分条件，但"地湿"不是"下雨"的充分条件，不能依据"地湿"这个条件，推出"下雨"的结论。这样的推导方式就犯了"论据不足"的错误。

（3）以相对为绝对。即在论证中把在一定时间、地点、条件下真实的判断绝对化，把它当作无条件的真实判断来使用。

例如，有一位干部工作颇有能力，单位领导就常常把应由别人干的工作也压给他，理由是"能者多劳"。"能者多劳"这一论据一般来说是正确的，特别是干部本人，能用它来要求自己，是无可非议的。但是作为单位领导者，在分配任务时，一味强调"能者多劳"，就会容易让"不能者"少劳乃至不劳，会导致工作中分配任务不平均。这个例子犯了"以相对为绝对"的逻辑错误。

（4）以人为据。是指在论证中，把对某人的品质的评价移到对某人提出的论断的评价上去。换言之，用对某人品质的评价代替对论题的论证。

例如，所谓"嘴上无毛，办事不牢"，用"办事者年纪轻"为论据来证明"年轻人办不好事"就属这类错误。

诉诸权威，是"以人为据"的一种特殊表现。诉诸权威是指对论题不作任何论证，只是拿出权威的只言片语以达到论证的目的。换句话说，是用权威人士的个别言论代替对论题的逻辑论证。比如，"爱因斯坦都这么说，你竟敢不同意"？"地心说是不能怀疑的，因为亚里士多德就是这么认为的。"对于地心说不容置疑这个论题，仅仅依靠亚里士多德的言论来证明其为真，在论证中以权威作为论据的根基，而不是以逻辑或事实来支持论点，是典型的"诉诸权威"逻辑错误。

（5）无效论证。即论证中运用的推理形式不正确，违反了推理规则。比如，演绎推理的逻辑形式错误，归纳推理有反例或者机械类比等。论证要借助于推理，也就要遵守推理规则。违反了推理规则，即使论据真实，论证也不能成立。例如，"他近视得很厉害，一定很聪明"。"近视"跟"聪明"之间没有必然的联系，我们不能以近视为依据，证明他是否聪明。这个论证的推理形式如下：

所有的聪明人都是近视眼，
他近视得很厉害，
所以，他一定很聪明。

这个推理违反了三段论的推理规则：中项至少要周延一次。两个前提中的“近视”，表述方式都是肯定的，均不周延，所以这个推理形式是无效的。这样，即使两个前提都是真的，但由于前提与结论之间无必然联系，结论并不一定真。因而论据虽真，但论证不了论题的真，这就是论证中的“推不出”的逻辑错误。

一个论证如果犯了“推不出”的逻辑错误，表示它的论题没有得到证明；但论证方式错，并不等于说明其论题一定是假的。

思考题

1. 有人在餐馆点了一碗牛肉面，结果牛肉面端上来后，这人发现面里没有牛肉，就把老板叫过来说：“怎么这牛肉面里面没有牛肉啊？”老板说：“‘老婆饼’里也没有老婆啊，凭什么牛肉面里一定有牛肉呢？”

老板的话是否有道理呢？

2. 傍晚，一个女人和一个男人登上广州塔，女人看着落日余晖下的广州，感到非常浪漫，忽然有与男人过一辈子的冲动，便对男人深情地说：“我们就这样一起走下去吧！”男人道：“太高了，还是搭电梯下去吧。”

如果你是这个女人，听到这个男人的话会有什么感受？原因是什么呢？

练习题

分析下列论证中的逻辑错误。

1. 泰勒斯喜欢研究天文，观察气象。由于老是仰望天空，观察星象，以致他经常因没看清地上的沟坎而摔倒。他的婢女说：你连地上的事都没弄明白，老看天上有什么用？

2. 在某些国家，无神论传播极广，自杀率也很高，因此，失去对上帝的信任是导致自杀的原因。

3. 篮球运动员都是高个子，此人是高个子，所以，他是篮球运动员。

4. 听了韩素音的报告才知道，她原来是个医生。看来知名的作家开始都是学医的，你看契诃夫原来是个医生，柯南·道尔、鲁迅、郭沫若都学过医。

5. 甲：“同志，刚才你讲话中有一个观点是错误的。”乙：“什么，我的观点是错误的？本人重点大学毕业，已经发表了好几篇学术论文，怎么会说错话？你一个犯过错误、受过处分的人，有什么资格批评别人？”

6. 在公共汽车上，一个四五岁的男孩指着北京饭店大楼对身旁的爷爷说：“真高！真漂亮！”接着，爷爷和孙子有下面一段对话：

“爷爷，咱们为什么不住到这儿来?”

“等你长大了好好念书。只有书念得好，才能住进这样漂亮的高楼。”

“爷爷，你一定没好好学习。”

“哄”的一声，车上的人都笑了。

拓展训练题

1. 科学研究中使用的形式语言和日常生活中使用的自然语言有很大不同。形式语言看起来像天书，远离大众，只有一些专业人士才能理解和运用。其实这是一种误解，自然语言和形式语言的关系就像肉眼与显微镜的关系。肉眼的视域广阔，可以从整体上把握事物的信息；显微镜可以帮助人们看到事物的细节和精微之处，尽管用它看到的范围小。所以，形式语言和自然语言都是人们交流和理解信息的重要工具，把它们结合起来使用，具有强大的力量。以下哪项为真，最能支持上述结论?（　　）

A. 通过显微镜看到的内容可能成为新的“风景”，说明形式语言可以丰富自然语言的表达，我们应重视形式语言

B. 正如显微镜下显示的信息最终还是要通过肉眼观察一样，形式语言表述的内容最终也要通过自然语言来实现，说明自然语言更基础

C. 科学理论如果仅用形式语言表达，很难被普通民众理解；同样，如果仅用自然语言表达，有可能变得冗长且很难表达准确

D. 科学的发展很大程度上改善了普通民众的日常生活，但人们并没有意识到科学表达的基础——形式语言的重要性

E. 采用哪种语言其实不重要，关键在于是否表达了真正想表达的思想内容

2. 张教授的所有初中同学都不是博士；通过张教授而认识其哲学研究所同事的人都是博士；张教授的一个初中同学通过张教授认识了王研究员。

以下哪项作为结论从上述断定中推出?（　　）

A. 王研究员是张教授的哲学研究所同事

B. 王研究员不是张教授的哲学研究所同事

C. 王研究员是博士

D. 王研究员不是博士

E. 王研究员不是张教授的初中同学

参考答案

练习题

1. 论据与论题不相干
2. 虚假论据
3. 无效论证　推理形式错误
4. 论据不足
5. 以人为据
6. 无效论证

拓展训练题

1. C

2. B　反证法：由于通过张教授而认识其哲学研究所同事的人都是博士，现在假设王研究员是张教授哲学研究所的同事，鉴于张教授的这个初中同学通过张教授认识了王研究员（这一哲学研究所的同事），可以推出张教授的这个初中同学是博士。而这和张教授的所有初中同学都不是博士这一条件是矛盾的。

综合测试题一

一、单项选择题（本大题共 10 小题，每小题 1 分，共 10 分）。

1. “中国位于亚洲”这句话中的“中国”与“亚洲”这两个词项外延之间具有（　　）。

A. 真包含于关系　　B. 真包含关系　　C. 交叉关系　　D. 全异关系

2. 以 *PEM* 和 *SIM* 为前提构造三段论，则（　　）。

A. 可以推出结论 *SEP*　　B. 可以推出结论 *SOP*

C. 会犯“大项扩大”的错误　　D. 会犯“小项扩大”的错误

3. “并非所有金属都是固体”是（　　）。

A. 联言判断　　B. 选言判断　　C. 负判断　　D. 条件判断

4. 把直言判断分为肯定判断和否定判断，是以（　　）为根据的。

A. 主项　　B. 谓项　　C. 量项　　D. 联项

5. “班上的学生有些不是汉族”，该判断中的量项是（　　）。

A. 学生　　B. 不是　　C. 汉族　　D. 有些

6. 以“所有 *A* 是 *B*”和“有些 *C* 不是 *A*”为前提，则（　　）。

A. 可以推出 *E* 判断　　B. 可以推出 *I* 判断

C. 可以推出 *O* 判断　　D. 不能推出结论

7. 在下列判断形式中，（　　）的主项周延，谓项不周延。

A. *SEP*　　B. *SIP*　　C. *SOP*　　D. *PAS*

8. *SAP* 可以换质为（　　）。

A. *SEP*　　B. $SE\neg P$　　C. *SOP*　　D. $SI\neg P$

9. “中华人民共和国民法是调整平等主体的公民之间、法人之间、公民和法人之间的财产关系的法律”，该定义（　　）。

A. 正确的　　B. 定义过宽　　C. 定义过窄　　D. 定义不明确

10. 当 p 为真、q 为假时，下列判断公式为真的是（　　）。

A. $p \wedge q$　　B. $\neg p \vee q$　　C. $p \rightarrow q$　　D. $p \wedge \neg q$

二、多项选择题（本大题共 10 小题，每小题 3 分，共 30 分）。

1. 当主项 S 和谓项 P 之间是交叉关系时，则下列各式逻辑值为真的是（　　）。

A. SAP　B. SEP　C. SIP　D. SOP　E. $\neg SEP$

2. 一个有效的三段论，若结论是否定的，则大前提不能是（　　）。

A. MAP　B. PAM　C. MIP　D. MOP

3. 已知第二格三段论的小前提是 SIM，则（　　）。

A. 大前提是 MEP　B. 大前提是 PEM　C. 大前提是 POM

D. 结论是 SEP　E. 结论是 SOP

4. “$\neg p \vee q$” 为真，当且仅当（　　）。

A. p 真 q 假　B. p 真 q 真　C. p 假 q 真

D. p 假 q 假　E. p 真 $\neg q$ 假

5. “$p \leftarrow \neg q$” 为真，当且仅当（　　）。

A. p 真 q 假　B. p 真 q 真　C. p 假 q 真

D. p 假 q 假　E. p 真 $\neg q$ 假

6. 一个三段论推理是无效的，其错误可以是（　　）。

A. 大项在前提中周延，结论中不周延

B. 中项在两个前提中都不周延

C. 小项在前提中不周延，结论中周延

D. 两个前提全称，结论却特称

E. 前提中有特称，结论却全称

7. 定义的规则有（　　）。

A. 定义项与被定义项必须是同一关系

B. 定义项中不能直接或间接包含被定义项

C. 定义必须清楚明白

D. 定义中不能用比喻

E. 定义中可以用暗喻

8. 设 A、B 为真，X、Y 为假，P、Q 的值不确定，下列判断公式的值能够确定的是（　　）。

A. $P \vee (X \vee \neg P)$

B. $\neg(P \wedge Q) \vee (\neg P \wedge \neg Q)$

C. $(P \rightarrow A) \rightarrow (B \rightarrow Y)$

D. $(P \rightarrow Q) \rightarrow ((A \wedge P) \rightarrow (A \wedge Q))$

E. （$A\to Y$）→（$B\to$（（$A\to Q$）$\to Y$））

9. 如果主项 S 和谓项 P 之间是 S 包含于 P 的关系，那么下列各式逻辑值为真的是（　　）。

A. SAP　　B. SEP　　C. SIP　　D. SOP　　E. $\neg SEP$

10. 当主项 S 和谓项 P 之间是交叉关系时，则下列各式逻辑值为真的是（　　）。

A. SAP　　B. SEP　　C. SIP　　D. SOP　　E. $\neg SEP$

三、根据概念外延间的关系，画出下列概念的欧拉图（本大题共 3 小题，每小题 5 分，共 15 分）。

1. 衣服　黑铅笔　红色的　白色的
2. 牡丹花　水仙花　水稻　植物
3. 大学生　北京大学学生　女共产党员　共产党员

四、填空（本大题共 1 小题，10 分）

p	q	$p\wedge q$	$p\vee q$	$p\to q$	$p\leftarrow q$	$p\leftrightarrow q$	非 q	$p\leftarrow$非 q
真	真							
真	假							
假	真							
假	假							

五、证明题（本大题共 2 小题，每题 10 分，共 20 分）。

1. 证明三段论的第一格：小前提必须肯定，大前提必须全称。
2. 证明三段论的规则：如果两个前提中有一个是特称，那么结论为特称。

六、推理题（本大题共 1 小题，15 分）。

以下队员谁上场，谁不上场，给出推理过程：

1. 如果 P 不上场，那么 S 就不上场
2. 只有 D 不上场，G 才上场
3. A 和 C 要么都上场，要么都不上场
4. 当且仅当 D 上场，R 才不上场
5. 只有 R 不上场，C 才不上场
6. A 和 P 两人中，只能上场一个
7. 如果 S 不上场，那么 T 和 Q 也不上场
8. R 和 F 两人中只能上场一个
9. 已知主力队员 G 一定上场，那么其他队员谁会上场，谁不上场？

综合测试题二

一、单项选择题（本大题共 15 小题，每小题 1 分，共 15 分）。

1. “成年人”和“限制行为能力的人”的外延间的关系是（　　）。

A. 真包含关系　　B. 真包含于关系　　C. 同一关系　　D. 交叉关系

2. 如果以 POM 为大前提，MAS 为小前提构造一个三段论，则（　　）。

A. 可以推出结论 SEP　　B. 可以推出结论 SOP

C. 会犯“大项扩大”的错误　　D. 会犯“小项扩大”的错误

3. “雨下得很大，但比赛还是如期举行”是（　　）。

A. 联言判断　　B. 选言判断　　C. 负判断　　D. 条件判断

4. “有些动物不是有脊椎的”，该判断中的联项是（　　）。

A. 有些　　B. 动物　　C. 不是　　D. 有脊椎的

5. 一个有效三段论大前提为 MAP 时，小前提可以是（　　）。

A. MES　　B. MAS　　C. SEM　　D. SOM

6. 以“所有 A 是 B”和“所有 C 不是 A”为前提，则（　　）。

A. 可以推出 E 判断　　B. 可以推出 A 判断

C. 可以推出 O 判断　　D. 不能推出结论

7. 下列判断形式中，（　　）的主谓项都周延。

A. SEP　　B. SIP　　C. SOP　　D. PAS

8. SAP 可以换位为（　　）。

A. PAS　　B. $PE\neg S$　　C. SIP　　D. $PI\neg S$

9. “资本家是占有大量的生产资料，靠剥削他人为生的人”，该定义（　　）。

A. 正确的　　B. 定义过宽　　C. 定义过窄　　D. 定义不明确

10. 当 p 为真、q 为假时，下列判断公式为真的是（　　）。

A. $p\wedge q$　　B. $\neg p\vee q$　　C. $p\rightarrow q$　　D. $p\wedge\neg q$

二、多项选择题（本大题共 10 小题，每小题 3 分，共 30 分）。

1. “$\neg p\rightarrow q$”为真，当且仅当（　　）。

A. p 真 q 假　　B. p 真 q 真　　C. p 假 q 真　　D. p 假 q 假　　E. p 真 $\neg q$ 假

2. “$\neg p \wedge q$”为假，当且仅当（　　）。

A. p 真 q 假　B. p 真 q 真　C. p 假 q 真　D. p 假 q 假　E. p 真 $\neg q$ 假

3. 一个有效的三段论的小项、中项、大项分别为 S、M、P，如 P 在结论中周延，则其大前提不能是（　　）。

A. PAM　B. MOP　C. MAP　D. POM　E. PIM

4. 设 a 为“油画”，b 为“风景画”，c 为“中国画”，则下列正确的是（　　）。

A. a 包含 b 且 b 包含 c　B. a 与 c 全异，且与 b 交叉

C. a 包含 b 且与 c 全异　D. c 与 a 全异且 b 与 c 交叉

E. b 包含于 a 且 a 与 c 全异

5. 当判断“$p \wedge q$”为真时，下列判断公式为假的有（　　）。

A. $p \to q$　B. $\neg p \wedge \neg q$　C. $\neg p \vee \neg q$　D. $p \to \neg q$　E. $p \vee q$

6. 当判断“$p \vee q$”为假时，下列判断为真的有（　　）。

A. $p \to q$　B. $\neg p \wedge \neg q$　C. $\neg p \vee \neg q$　D. $p \to \neg q$　E. $p \wedge q$

7. 设 A、B 为真，X、Y 为假，下列判断公式哪些能确定为真（　　）。

A. $A \wedge (X \vee \neg Y)$

B. $A \vee (X \wedge (B \vee Y))$

C. $((A \vee B) \to Y) \to X$

D. $((B \wedge X) \to Y) \to ((B \to Y) \to X)$

E. $(A \wedge Y) \vee B$

8. 如果 p 是 q 的充分条件，那么（　　）。

A. 无 p 必无 q　B. 无 p 未必无 q

C. 有 p 必有 q　D. 有 p 必无 q

E. 有 p 未必有 q

9. 下列判断逻辑等值的是（　　）。

A. 如果这匹马儿不吃饱草，那么它不能跑

B. 只有这匹马儿吃饱草，那么它才能跑

C. 或者这匹马儿吃饱草，或者这匹马儿不能跑

D. 既要这匹马儿跑，又要这匹马儿不吃饱草，这是办不到的

E. 或者这匹马儿不吃饱草，或者这匹马儿不能跑

10. 如果 p 是 q 的必要条件，那么（　　）。

A. 无 p 必无 q　B. 无 p 未必无 q

C. 有 p 必有 q　D. 有 p 必无 q　E. 有 p 未必有 q

三、用欧拉图表示下列概念的外延间的关系（本大题共3小题，每小题5分，共15分）。

1. 工程师　老年人　上海人　青年人

2. 画家　诗人　艺术家　人

3. 工厂　工人　共产党员

四、用满足以下条件的三段论的情况进行填空（本大题共1小题，共10分）。

（　　）E（　　）

（　　）I（　　）

S（　　）P

五、证明题（本大题共1小题，10分）

有一个正确的三段论，大项在前提中周延在结论中不周延，请问它是哪一格的什么式？

六、推理题（本大题共2小题，每小题10分，共20分）。

1. 已知：

（1）只要4号上场，6号也要上场

（2）只有1号不上场，3号才不上场

（3）要么3号上场，要么6号上场

（4）如果9号和12号同时上场，则4号也要上场

（5）现在需要1号和12号同时上场

请问：为保存最佳上场阵容，9号该不该上场？

2. 某案的两名凶手在以下五人中：

（1）只有A是凶手，B才是凶手

（2）只要D不是凶手，C就不是凶手

（3）或B是凶手，或C是凶手

（4）D没有E为帮凶，就不会作案

（5）E没有作案时间

这件案件中的凶手是：

A：A和B

B：C和D

C：D和E

D：B和C

综合测试题一参考答案

一、

DBCDD　CDBBD

二、

1. CDE　2. AC　3. BE　4. BCDE　5. ABCE　6. BCE　7. ABCD　8. ACDE

9. ACE　10. CDE

三、略

四、

p	q	$p \wedge q$	$p \vee q$	$p \rightarrow q$	$p \leftarrow q$	$p \leftrightarrow q$	非 q	$p \leftarrow$ 非 q
真	真	真	真	真	真	真	假	假
真	假	假	真	假	真	假	假	真
假	真	假	真	真	假	假	真	真
假	假	假	假	真	真	真	真	真

五、

1. 三段论的第一格为：

$$\begin{array}{l} M—P \\ \underline{S—M} \\ S—P \end{array}$$

小前提必须肯定。

证明：如果小前提否定，根据规则（4）则大前提必须肯定。大前提肯定，则其谓项不周延，即大项在前提中不周延。

如果小前提否定，根据规则（5），则结论否定，结论中的谓项即大项周延，违反规则（3）。

所以，小前提必为肯定。

大前提必须全称。

证明：已知小前提肯定，此中项不周延，根据规则（2），中项在大项中必须周延。中项在大前提中是主项，所以大前提必是全称判断。

2.

A，*AI*

B，*AO*

C，*EI*

D，*EO*

EO，两个否定的前提不能必然得出结论［规则（4）］

AI

只有全称判断的主项周延，其他三项不周延

根据“中项必须周延一次原则”可知，周延的是中项

根据“在前提中不周延的项在结论中也不能周延”，大项和小项都不能周延

则这个性质判断为特称肯定判断

AO

有两个周延的项

其中一个必须是中项（中项在前提中必须周延一次）

一个必须是大项，因为“前提一个为否定，结论为否定”

所以，小项不周延

结论为 *SOP*

EI

有两个项周延

其中一个必须是中项（中项在前提中必须周延一次）

一个必须是大项，因为“前提一个为否定，结论为否定”

所以，小项不周延

结论为 *SOP*

所以，得证：如果两个前提中有一个是特称，那么结论为特称。

六、

1. $\neg P \rightarrow \neg S$

2. $\neg D \leftarrow G$

3. $A \leftrightarrow C$

4. $D \leftrightarrow \neg R$

5. $\neg R \leftarrow \neg C$

6. $A \vee P$

7. $\neg S \rightarrow (\neg T \wedge \neg Q)$

8. $R \vee F$

9. G

推理过程：

a. 根据 9、2 可知$\neg D$（必要条件假言判断肯后肯前）

b. 根据 a、4 可知 R（充要条件假言判断否前否后）

c. 根据 b、5 可知 C（充要条件假言判断否前否后）

d. 根据 b、8 可知$\neg F$（不相容选言判断肯定否定式）

e. 根据 c、3 可知 A（充要条件假言判断肯前肯后）

f. 根据 e、6 可知$\neg P$（不相容选言判断肯定否定式）

g. 根据 f、1 可知$\neg S$（充分条件假言判断肯前肯后）

h. 根据 g、7 可知$\neg T \wedge \neg Q$（充分条件假言判断肯前肯后）

i. 根据 h 可知，$\neg T$ 和$\neg Q$（联言判断分解式）

通过以上可知，上场的为 *ACGR*，不上场的有 *DFPQST*

综合测试题二参考答案

一、

DCACB　CACCD

二、

1. ABCE　2. ABDE　3. CDE　4. CD　5. BCD　6. ABCD　7. ABCDE　8. BC　9. ABCD　10. AE

三、略

四、

$$\frac{\begin{array}{c}(P)\ E\ (M)\\ (M)\ I\ (S)\end{array}}{S\ (O)\ P}\qquad \frac{\begin{array}{c}(M)\ E\ (P)\\ (M)\ I\ (S)\end{array}}{S\ (O)\ P}\qquad \frac{\begin{array}{c}(P)\ E\ (M)\\ (S)\ I\ (M)\end{array}}{S\ (O)\ P}\qquad \frac{\begin{array}{c}(M)\ E\ (P)\\ (S)\ I\ (M)\end{array}}{S\ (O)\ P}$$

五、

A. 根据条件“大项在结论中不周延”可知结论是肯定判断。

B. 根据规则（5），可知两个前提都是肯定。

C. 已知大项在前提中周延的、大前提为肯定判断，则可知大项为主项，则大前提为 *PAM*。

D. 根据 C 已知中项在大前提中不周延，根据规则（2），则中项必须在小项中周延。又知小前提是肯定判断，则 *M* 必在小前提的主项位置，则小前提为 *MAS*

E. 根据大前提为 *PAM*，小前提为 *MAS*，可知结论为 *SIP*。

所以，此三段论为第四格 *AAI* 式。

六、

1.

（1）$4\rightarrow 6$

（2）$\neg 1\leftarrow \neg 3$

（3）$3\vee 6$

（4）$9\wedge 12\rightarrow 4$

（5）$1\wedge 12$

推理过程：

A. 根据（5），可知1，12（联言判断的分解式）
B. 根据A、2可知3（必要条件假言判断否前否后）
C. 根据B、3可知¬6（不相容选言判断肯定否定式）
D. 根据C、1可知¬4（充分条件假言判断肯前肯后）
E. 根据D、（4）可知¬（9∧12）（必要条件假言判断否前否后）
F. 根据E可知（9）∨12（联言判断的负判断）
G. 根据A、F可知¬9（相容选言判断否定肯定式）
综上所述，我们知道9不上场。
2.
逻辑形式为：
（1）$A \leftarrow B$
（2）$\neg D \rightarrow \neg C$
（3）$B \vee C$
（4）$\neg E \rightarrow \neg D$
（5）$\neg E$
推理过程为：
a. 根据（4）、（5）可知$\neg D$（充分条件假言判断肯前肯后）
b. 根据a、（2）可知$\neg C$（充分条件假言判断肯前肯后）
c. 根据（3）、b可知B（相容选言判断否定肯定式）
d. 根据c、（1），可知A（必要条件假言判断肯后肯前）
综上所述，可知A和B是凶手。

参考文献

［1］金岳霖．逻辑．北京：中国人民大学出版社，2005．

［2］吴家国．普通逻辑．北京：高等教育出版社，1979．

［3］周礼全．逻辑．北京：人民出版社，1994．

［4］梁庆寅．传统与现代逻辑概论．广州：中山大学出版社，1998．

［5］中国人民大学哲学系逻辑教研室．逻辑学基础教程．北京：中国人民大学出版社，2002．

［6］熊明辉．逻辑学导论．上海：复旦大学出版社，2011．

［7］王继同，黄华新．新逻辑学．杭州：浙江大学出版社，1989．

［8］张巨青．科学研究的艺术：科学方法导论．武汉：湖北人民出版社，1988．

［9］冯景国，范墨昌．普通逻辑教程新编．石家庄：河北人民出版社，1990．

［10］周礼全．逻辑：正确思维与有效交际的理论．北京：人民出版社，2002．

［11］张智光．生活中的逻辑与智慧．北京：华文出版社，2001．

［12］杨树森．逻辑修养与科研能力．合肥：安徽人民出版社，2006．

［13］张晓芒．逻辑思维训练．北京：企业管理出版社，2006．

［14］张路安．普通逻辑基本原理．北京：中国文联出版社，1999．

［15］彭漪涟．逻辑学导论．上海：华东师范大学出版社，2000．

［16］何向东．逻辑学教程（第二版）．北京：高等教育出版社，2004．

［17］周祯祥，胡泽洪．逻辑导论——理性思维的模式、方法及其评价．广州：广东高等教育出版社，2004．

［18］彭漪涟，余式厚．趣味逻辑．北京：北京大学出版社，2005．

［19］武宏志，刘春杰．批判性思维：以论证逻辑为工具．西安：陕西人民出版社，2005．

［20］袁正校．逻辑学基础教程．北京：高等教育出版社，2007．

［21］桂起权等．机遇与冒险的逻辑：归纳逻辑与科学决策．东营：石油大学出版社，1996．

［22］苏越，王建伟．讲演辩论中的逻辑诀窍．北京：北京师范大学出版

社，1990.

［23］陈波．逻辑学导论．北京：中国人民大学出版社，2003.

［24］《普通逻辑》编写组．普通逻辑（增订本）．上海：上海人民出版社，1993.

［25］南开大学哲学系逻辑学教研室．逻辑学基础教程．天津：南开大学出版社，2003.

［26］《普通逻辑》编写组．普通逻辑（第五版）．上海：世纪出版集团·上海人民出版社，2010.

［27］林定夷．科学逻辑与科学方法论．广州：中山大学出版社，2009.

［28］王海传等．普通逻辑学（第二版）．北京：科学出版社，2011.

［29］华东师范大学哲学系逻辑学教研室．形式逻辑．上海：华东师范大学出版社，2009.

［30］杨树森．普通逻辑学（修订第三版）．合肥：安徽大学出版社，2005.